教育部人才培养模式改革和开放教育试点教材

基础写作

张杰　编

国家开放大学出版社
北　京

图书在版编目（CIP）数据

基础写作／张杰编．—北京：中央广播电视大学出版社，2005.12（2022.5重印）

教育部人才培养模式改革和开放教育试点教材

ISBN 978-7-304-03443-6

Ⅰ．基…　Ⅱ．张…　Ⅲ．汉语—写作—电视大学—教材　Ⅳ．H15

中国版本图书馆CIP数据核字（2005）第149329号

版权所有，翻印必究。

教育部人才培养模式改革和开放教育试点教材

基 础 写 作

JICHU XIEZUO

张 杰 编

出版·发行：国家开放大学出版社（原中央广播电视大学出版社）

电话：营销中心 010-68180820

总 编 室 010-68182524

网址：http://www.crtvup.com.cn

地址：北京市海淀区西四环中路45号

邮编：100039

经销：新华书店北京发行所

策划编辑：来继文　　**责任编辑：**马浩楠

印刷：廊坊十环印刷有限公司　　**印数：**223001~236000

版本：2006年1月第1版　　2022年5月第28次印刷

开本：B5　**插页：**16页　　**印张：**12　**字数：**214千字

书号：ISBN 978-7-304-03443-6

定价：26.00元

（如有缺页或倒装，本社负责退换）

意见及建议：OUCP_KFJY@ouchn.edu.cn

前　言

这是一本联系写作实际，揭示写作规律，理论高屋建瓴，例证典型精当，体系严密完整，论述简洁流畅，既反映了写作学研究的最新成果，又具有丰厚的民族文化内蕴和鲜明中国特色的基础写作教材。

全书共七章。第一章导论是对人类写作活动的一种整体认识和把握，目的在于为以下具体展开的，以写作的几个主要环节为线索而进行的写作教学和训练，确立基本指导思想。学习写作，先要有一个“从具体到抽象”的过程，即要从人们写作活动的具体过程中概括出它们相通共有的基本因素，以及它们所普遍遵循的基本规律，这样才能使我们对写作活动的一般构成及其内在逻辑关系有清晰的认识和把握。这便是本书第二章至第五章讨论“言之有物”、“言之有序”和“言之有文”的意义所在。但是，任何写作成果都是以特定文体的形态存在的，因此，“言之有物”、“言之有序”、“言之有文”必须是在适应特定文体写作要求时才会有意义，所以，学习写作还需要“从具体到抽象”之后再上升到“从抽象到具体”，这就是本书最后两章讨论“言之有体”问题的意义所在。在“言之有体”部分，我们在论述了“言之有体”对写作活动的统摄和整合作用的基础上，进一步区分了写作中的三种基本文体类型，这又为我们今后进行“实用写作”、“论文写作”、“文学写作”等课程的学习奠定了理论基础。由此可见，作为一本基础写作教材，本书既是自成一体、逻辑严密的，又是能与其他写作课程紧密衔接，具有开放性的。

在介绍了本书的基本内容之后，还想说几个“老生常谈”的问题。既然“真理总是朴素的”，所以“老生常谈”也总是必要的。

首先说说学习写作理论的作用。写作要不要有理论的指导？当然是要的，不过这个“理论”必须是来自于对写作实践的正确总结。那种以为只要一学写作理论就能“立竿见影”地提高写作能力的看法固然不对，因为理论只有经过艰苦的实践才能转化为自己的能力，但否定写作规律的存在，否定总结写作规律的写作理论对写作活动的指导作用，也是不对的。这里可以借用毛泽东在《实践论》中说过的一段话："我们的实践证明，感觉到了的东西，我们不能立刻理解它，只有理解了的东西才更深刻地感觉它。"这其中所包含的道理，相信大家在学习了写作理论之后再去从事写作实践时，都不难有切身的体验。

其次说说加强阅读的问题。理论必须与实践结合才会有生命力，从学习写作的角度来说，这个"实践"就包含了写作实践和阅读实践。道理很简单，阅读的对象作为他人写作实践的成果，当然也就具有着可以使我们通过阅读而从中领悟一定的写作规律和写作方法的作用。古代所谓"《文选》烂，秀才半"，"熟读唐诗三百首，不会作诗也会吟"，所反映的就是这种读与写之间的可转换性。茅盾在《关于技巧的问题》中，把这种可转换性说得更加明白：

> 一个作家常常阅读古今中外的名著而能深刻领悟其构思、剪裁、塑造形象的妙处，并且每再读一遍会有新的心得，这就意味着他的欣赏力在一步一步提高；而欣赏力的步步提高又反过来会提高表现能力。

正是因为读与写之间存在着这种可转换性，因此强调通过多读来学习写作就成为中国传统写作教学中的一种重要方法。巴金在《谈我的散文》中回忆他学习写作的经历时说："老师平时讲得少，而且讲得简单。他惟一的办法是叫学生多读书，多背书。"像这样"读多了，读熟了，常常可以顺口背出来，也就慢慢地体会到它们的好处，也就能慢慢地摸到文章的调子"。巴金记得他那时背得很熟的几种书中有一部《古文观止》，巴金对散文的认识和对散文写作方法的掌握，就是通过对《古文观止》的熟读来获得的，因此他说："这两百多篇'古文'，可以说是我真正的启蒙先生，我后来写了二十本散文，跟这个启蒙先生很有关系"。从现代教育学的观点来看，这种完全让学生自己去实悟实证的方式固然有其片面之处，但如果把它与理论教学结合起来，将来自于对人类写作实践经验概括总结的写作理论，与对人类写作实践成果的具体阅读体验有机融合，实在是我们学习写作的一条重要途径。

最后说说加强写作训练的问题。俗话说"光说不练假把式"。写作作为一门实践性很强的课程，其教学效果最终还是要通过切实提高同学们的写作能力来体现。这一方面要求我们所传授的写作知识，的确是来自于对人类写作实践经验的正确总结，因而对我们的写作实践具有普遍的指导意义；再一方面需要我们遵循写作规律，结合教学内容合理地设计和安排写作训练的内容和方式，循序渐进地培养和提高同学们的写作能力；但另一方面，更需要同学们的积极配合和自觉实践。从某种意义上来说，只有当我们把写作的需要变成一种生命的需要，把写作当作我们的一种生存方式时，我们才会真正热爱写作，并通过持之以恒的、艰苦的写作训练来不断培养和提高我们的写作能力。

这本写作教材主要用于电大的写作教学，它是否适应电大的教学和学习的特殊要求，还有待教学实践的检验。真诚地希望从事电大写作教学的各位同仁，以及广大的电大同学，把你们对这本教材的意见反映给我们，使我们能够更有针对性地对教材进行修订，从而充分满足电大写作教学的需要。

张　杰

2005. 10. 22

目　　录

第一章 导 论

内容提要

写作是一门理论与实践并重的课程。导论的目的，就是要为以下将要具体展开的，以写作的几个主要环节为线索而进行的写作教学和训练，奠定理论和实践的基础。本章从理论层面上阐明写作的本质和规律，包括从一般属性和特殊属性对写作本质的深入认识，以及从化生律、整合律和通变律对写作规律的全面揭示，其意义在于使我们对写作先有一种整体的认识和把握，这对以后的学习是有宏观指导作用的。

第一节 写作本质

认识写作本质的目的在于懂得写作是什么。

任何事物都具有共性与个性相统一的性质，因此，对事物本质的完整、科学的认识既不能脱离对事物一般属性的认识，也不能缺乏对事物特殊属性的把握，而应当将两者统一起来。对写作本质的认识当然也不例外。

一、写作的一般属性

不论在什么意义上使用“主体”这个概念，总是与人所拥有的“思维着的精神”，与人的“有意识地自己创造自己的历史”这个本质联系在一起的。从这种意义上来说，主体性是人的一切创造活动——无论是物质文化的，还是精神文化的——所普遍具有的一般属性，当然也是写作的一般属性。具体来说，写作活动的主体性特征表现在主体精神活动的个体性、实践性和创造性三个方面。

（一）写作的个体性特征

写作是一种具有个体性特征的主体精神活动。任何一种写作活动，包括“集体写作”，不仅其行为执行者只能是具体的个人，而且其思维承担者也只能是执行者自己。对写作的这种个体性特征所具有的意义，我们可以从以下三个方面来认识：

1. 写作是写作主体的个性心灵对写作客体的一种对象性限定

写作客体是指相对于写作主体的客观事物，包括自然客体、社会客体和精神客体——纳入写作主体思维和表达的对象范畴的那些人类精神文化现象。写作客体不是一般意义上的客观事物，而是写作主体的对象物，与写作主体处于一种互为对象性存在的关系之中，并因此而被打上了写作主体的鲜明烙印。这是因为，写作活动的个体性质决定了与写作主体构成对象性关系的写作客体，只能是经过写作主体个性心灵选择的产物，因此它已不再是单纯意义上的自在之物，而是在某种意义上成为主体所指向的为我之物。这正如巴金谈创作经验时所说的那样：“50 年来我在小说里写人，我总是按照我的观察、我的理解，按照我所熟悉的人，按照我亲眼看见的人写出来的。”① 当然，写作主体对写作客体的对象性限定不应被理解为个人的随心所欲，因为主体与客体的对象性关系的确立是互为前提的，即一方面这种关系的确立取决于主体个性的认识活动和认识能力所及的范围和程度，另一方面它也受制于客体本身所具有的客观性质。只有在这两者的交汇融合处，才有真实具体的主客体对象性关系的现实生成。

2. 写作是写作主体的个性心灵对写作意义的一种生气灌注

写作客体所固有的客观性质固然对写作意义的产生有一定作用，但不是决定性作用。能够对写作意义产生决定性作用的，是写作主体的个性心灵对写作意义的生气灌注。王蒙曾就此指出：“我们在生活中发现文学，但并不等于生活本身就是文学，或者我们把它记录下来，或用胶卷把它拍摄下来，就是作品，其实并不是。……文学是人在生活中有了发现之后，通过我们作家主观的哲学、美感、追求、理想，给生活增加了一点东西，把生活发展了一步。”他还说：“生活并不能直接化为创作，只有经过作家心灵的汲取、选择、消化、感应、酝酿、裂变、升华、飞跃，变成作家心灵的一种负载、力量、火焰以后，作家才有可能进入创作过程。”② 这说明，写作客体的意义并不能直接转化为写作意义，写作意义是在写作主客体遇合的基础之上，经过写作主体个性心灵的生气灌注，使客体主体化的结果。在这个过程中，有两种主体个性因素对写作意义的孕育产生起着根本性的作用，一种是写作主体的理论储备及理性思辨能力，一种是写作主体的人格素养及情感体验能力。对此，以后会在多处进行论述，这里就不多说了。

3. 写作是写作主体的个性心灵对写作载体的匠心独运

写作载体是指写作主体将其写作构思转化为可以用来进行交流和传播的文本时所使用的物质媒介系统。一般意义上所说的写作载体，就是人类精神交流的最基本也是最完善的符号系统——语言。毫无疑问，语言在本质上是社会化、全民性的，然而在其运用中又是最具个性色彩的。作为写作活动个体性特征的突出表现之一，就是写作主体对语言的匠心独运。写作主体总是力求通过对语言的精心选择和恰当运用，来取得最富于个性色彩的表达效果。能否做到这一点，关键在于写作主体对语言的拥有程度和驾驭能力，而一个人的语言能

---

① 巴金：《巴金论创作》，537页，上海，上海文艺出版社，1982。
② 转引自朱伯石主编：《现代写作学》，17~18页，北京，人民日报出版社，1986。

力从根本上说又是与他的基本素质和整体修养融为一体的，因此，从写作主体对写作载体的匠心独运中，往往能令阅读者直观地见出写作主体个性心灵的智慧光彩。所谓读其文而如见其人，就说明了这个道理。

（二）写作的实践性特征

所谓实践，就是精神见之于行动。写作作为人的一种主体精神创造活动，必然具有实践性特征。实践作为人的认识的基础，既是认识的唯一源泉，也是认识发展的动力；既是认识正确与否的检验标准，也是认识的目的所在。认识与实践的这种不可分割性决定了人既是认识主体，同时也是实践主体。正因为如此，写作主体同时也就是写作实践的主体。对写作所具有的这种实践性特征，我们可以从以下三个方面来认识：

1. 生活实践是确立写作主客体关系的根本途径

写作是一种思维活动，它除了要求主体具有正常的生理、心理机制以外，还必须具有思维的材料，即上面说过的写作客体。对写作主体而言，并非一切外在的客观事物都可以成为他的写作客体。客观事物在多大范围和什么程度上可以转化为他的写作客体，这完全是由他在自身认识能力的基础之上所进行的认识的实践活动来决定的。中国古代写作理论一向重视实践活动在确立写作主客体关系上的根本作用。宋代陆游所谓“工夫在诗外”，明代董其昌所谓“读万卷书，行万里路”，所强调的都是通过有意识的生活实践去确立写作的主客体关系，积累写作材料。

2. 阅读实践是感悟积累写作经验的重要途径

广义地讲，写作包括阅读。阅读既是写作的完成阶段；也是学习写作、提高写作能力的一种重要的实践方式。中国古代写作理论就十分强调写作的这种特性。所谓“读万卷书”，既是为了积累写作材料，也是在感悟积累写作经验。“读书破万卷，下笔如有神”，“熟读唐诗三百首，不会作诗也会吟”，所说的都是这个道理。中国古代写作理论还对通过阅读来学习写作提出过许多具体方法和要求。例如南宋严羽在《沧浪诗话》中提出“诗道亦在妙悟”，这除了旨在说明“诗有别材，非关书也；诗有别趣，非关理也”的“吟咏情性”的诗歌本体特征之外，也还包含着通过阅读中的感悟积累来掌握作诗之法的方法论意义。同时，严羽对通过阅读实践来感悟积累写作经验，提出了严格的要求，那便是“入门须正，立志须高”，“工夫须从上做下，不可从下做上”，因为“学其上，仅得其中；学其中，斯为下矣”。他认为：“行有未至，可加工力；路头一差，愈骛愈远。”所以，选择读什么样的作品是至关重要的，它直接关系到阅读者“识”力养成的高下偏正。毫无疑问，严羽的观点是值得肯定的。当然，严羽的观点也有偏颇之处，因为从学习的角度来讲，在阅读实践中有意识地读一些不成功的作品，何尝不是一种感悟积累写作经验的途径呢？它可以使我们在懂得“应该怎样写”的同时，也明确了“不应该怎样写”。

3. 写作实践是将写作理论转化为写作能力的唯一途径

认识的目的在于更有效地指导实践，认识的正确与否也需要通过实践来检验。写作活动不仅同样遵循人类认识的这种一般规律，而且由于写作活动中存在着鲜明的个体性特征，因此它在接受写作理论的指导并对写作理论进行检验的同时，还存在着一个写作理论的一般指导作用是否与写作主体个性要求相适应的问题，即写作主体具有根据自身特点灵活接受写作理论的指导的能动性。这种根据自身特点灵活接受写作理论的指导，并通过自身的经验来证明写作理论有效与否的唯一方式和途径，只能是真实具体的写作实践活动。只有在这种真实具体的写作实践活动中，写作理论所应当具有的指导作用才得以发挥，其中的谬误才得以纠正。更重要的是，具有一般指导性特征的写作理论由于和具有个体性特征的写作主体要求在写作实践中相融合，并最终通过写作实践转化为写作能力，从而写作理论的目的才从根本上实现了。

（三）写作的创造性特征

写作主体的创造性，表现在写作活动的各个环节，以及写作成果的各种构成因素之中。任何一个写作者，只要他是以主体个性的方式来获得和表达他对客体的某种见解或情感的，就必然会或多或少地使他的写作活动具有创造性。对此，美国学者威廉·W·韦斯特曾在《提高写作技能》中提出：所有的写作都是创造性的，因为所有的写作都包括一种新的表达的“起源、发展、形成”的过程，即使你使用的是“旧”的思想和第二手材料，你也为它们创造着一种新的而且是唯一的表达方式。你产生出一些完全新的东西，一些认真的、完全表达出你的性格和才能的东西。这是因为，每一个人都是独一无二的个人。因为你是独一无二的，你所具有的思想感情是别人从来没有的，如果你尊重你的独特性，你就会真诚而独创地写出只有你能写的东西。正是从这种主体个性的角度，我们可以借用王国维在《人间词话》中描述“古今之成大事业、大学问者”为取得其创造性成果所经历之三种境界的比喻，来认识写作的创造性特征。

1. “望尽天涯路”：创造的前提在于要有不懈追求的创新意识

与中华民族传统的“穷则变，变则通，通则久”精神相一致，中国古代写作理论十分强调创新意识，刘勰的《文心雕龙》甚至专辟《通变》一章，分析写作中继承与创新的关系，把在继承基础上寻求创新，作为人类写作活动不断发展的一个基本规律提出来。

与这种对创新意识的正面提倡相一致的，是对写作中陈陈相因、步武古人的坚决否定。韩愈于此讲得最为激烈，他在《南阳樊绍述墓志铭》中说："惟古于词必己出，降而不能乃剽贼。"对于韩愈所提倡的"惟陈言之务去"，解说者纷纷，其中清人刘熙载的看法表现出对创新意识较为深刻的理解。他在《艺概·文概》中说："昌黎尚陈言务去。所谓陈言者，非必剿袭古人之说以为己有也，只识见议论落于凡近，未能高出一头、深入一境，自结撰至思者观之，皆陈言也。"在刘熙载看来，陈言务去不应简单地看作反对语言的因袭，而应当看作反对在立意构思上未能脱出前人窠臼。

2. "衣带渐宽终不悔"：创造的基础在于要有坚忍不拔的毅力

写作中任何创造成果的取得，都必然要经历一番艰苦的努力。杜甫用"语不惊人死不休"来表达他寻求创新的决心，也同时表明了创造之途的艰难辛苦。贾岛"两句三年得，一吟双泪流"，表现出他经过苦心孤诣的苦苦求索之后取得成果时的那种欣喜之情。写作史上类似的例子俯拾即是：李频的"只将五字句，用破一生心"；卢延让的"吟安一个字，拈断数茎须"；杜荀鹤的"此心闲未得，到处被诗磨"；归仁和尚的"日日为诗苦，谁论春与秋"……乃至现代诗人徐志摩亦在《猛虎集·序》中感叹："就经验说，从一点意思的晃动到一篇诗的完成，这中间几乎没有一次不经过唐僧取经似的苦难的。诗不仅是一种分娩，它并且往往是难产！这份甘苦是只有当事人自己知道。"这些都说明，只有具有"衣带渐宽终不悔"的顽强毅力，敢于经历"唐僧取经似的苦难"，写作者才有可能取得创造性成果。

3. "回头蓦见"：创造的成功在于要有捕捉灵感的能力

文化史上无数的事例早已证明，创造成果的取得往往是不期而至的。当然，这种不期而至只能出现在创造者苦苦求索之途中，而且通常以灵感闪现的方式出现。

灵感是创造者在求索过程达到高潮阶段出现的一种最富有创造性的心理状态。它在科学和艺术创造领域出现得最多。在这种状态中，科学家会突然获得发现，艺术家会突然构思出绝妙的情节、动人的诗句……但是，灵感并非上帝的恩赐，而是必然性与偶然性相遇合的产物。所谓必然性，是指灵感的产生建立在主体长期执著追求的基础之上，因此从某种意义上来说，是"功到自然成”。所谓偶然性，是指灵感的出现无法预计，往往是不期而至，所以要善于捕捉，不可失之交臂。历来的写作大家和写作理论家，无不重视和强调这种心理能力的培养。清代金圣叹评论《西厢记》时说过的一段话很有代表性：“文章最妙是此一刻被灵眼觑见，便于此一刻放灵手捉住。盖于略前一刻亦不见，略后一刻便亦不见，恰恰不知何故，却于此一刻忽然觑见，若不捉住，便更寻不出。今《西厢记》若干文字，皆是作者于不知何一刻中，灵眼忽然觑见，便疾捉住，因而直传到如今。细思万千年以来，知他有何限妙文，已被觑见，却不曾捉得住，遂总付之泥牛入海，永无消息。”正是为了避免这种遗憾，写作意识强烈的作者都会有一种共同的习惯，那便是“到处无不以笔砚自随”，遇有偶感“便疾捉住”。广义地说，一切具有新颖性的感悟与见解都具有灵感的性质，因此善于做笔记，就成为有成就的写作者的“法宝”之一。

二、写作的特殊属性

应当说，写作所具有的个体性、实践性和创造性特征，是写作活动与人的其他一切创造活动所共同具有的一般属性。要科学地、完整地认识和把握写作本质，除了必须对写作的一般属性有所了解之外，还应当在此基础上更进一步地从写作活动是人的创造活动的一种特殊形态这一具体规定出发，通过对写作行为过程的具体分析，认识和把握贯穿写作活动始终并决定着写作成败的那些关键因素及其内在联系，以求得对写作活动有别于人的其他创造活动的特殊属性的认识与把握。具体来说，写作的特殊属性主要表现在写作的化生性、书面性和交流性三种特征之中。

（一）写作的化生性特征

任何写作成果的诞生，都是写作主体既遵循人类思维活动的一般规律，又根据写作的具体要求而展开的一种特殊而复杂的个体思维活动的结果。所谓化生，是指在这一过程中，从认识客观事物到完成写作成果，必须经过主体思维的多重加工、转化，才能最后生成。从这种意义上来说，化生性特征既体现了写作主体的一种特殊心理功能，也反映了写作主体的一种特殊心理过程。一般说来，这个过程可以划分出以下三个阶段：

1. 潜化阶段

中国传统写作理论曾将写作中灵感产生的必然性与偶然性之间的关系，形象地表述为：“得之在俄顷，积之在平日”。没有平日长期的，甚至是艰苦的精神财富的积累，便不可能有写作时的慷慨付出和随意挥洒。无论是写作中“妙思泉涌，奔赴笔下”的一时酣畅，还是“信手拈来，皆成华章”的一时挥洒，都是建立在写作者长期对材料的收集、选择、综合、提炼、概括，以及逐步形成相应的认识的“潜化”基础之上的。没有“积之在平日”，也就没有“得之在俄顷”。对此，鲁迅在《叶紫作〈丰收〉序》中的一段话讲得很透彻：“作者写出创作来，对于其中的事情，虽然不必亲历过，最好是经历过……我所谓经历，是所遇，所见，所闻，并不一定是所作，但所作自然也可以包含在里面。天才们无论怎样说大话，归根结底，还是不能凭空创造。描神画鬼，毫无对证，本可以专靠了神思，所谓‘天马行空’似的挥写了，然而他们写出来的，也不过是三只眼，长颈子，就是在常见的人体上，增加了眼睛一只，增长了颈子二三尺而已。这算什么本领，这算什么创造?”

2. 化生阶段

当写作主体与写作客体产生对象性联系，并在对写作客体的感知、选择、综合、提炼、概括的认识过程中引发出某种写作动机，直至形成某种写作意图时，写作主体会进入对自身主观精神现象进行自我反思的阶段。所谓主观精神现象，是指主体在对外界客观事物的认识反映活动中所形成的印象、思维等心理意识现象。人作为思维主体，除了对外界对象进行思考外，还能对自身活动的结果进行反思审度。也就是说，思维主体在认识反映外界对象的过程中所形成的一切心理意识现象，无论是感知印象、情感体验，还是理性认识，又都可以重新成为思维主体的对象，但不是反映对象，而是反思对象，是主体化了的写作客体。传统写作理论将这种反思过程称之为“收视反听”的“耽思”。主体在这个反思过程中，通过调动各种智力的和非智力的心理因素，对在反映活动中形成的写作动机和写作意图进行重新思考、推敲和印证，使其逐渐由一种朦胧、模糊、不具体、不完善的精神对象，化生为一种清晰、具体、完善的精神对象。它既可以是某种更具情感化特征的审美意象，也可以是某种更具理性化特征的理论观念。由写作的特殊性质所决定，写作主体在完成对这种精神对象的心营意造的过程中，很自然地会将写作的书面性、交流性因素融注其中。

3. 生成阶段

写作成果最终要以书面形式来表现。准确地说，在写作主体的自我反思——构思阶段所形成的清晰、具体、完善的精神对象，其清晰、具体、完善的程度总是未定的，因此通常所说的“表达”并不确切，因为表达的过程并不是简单地、被动地将某个既成的精神对象书面化的过程，而是对这种精神对象——写作内容最后的思考、推敲和修正的过程。写作表达阶段所仍然具有的这种化生性质，鲜明地体现在这样几个方面：一是行文前的拟定提纲，包括不以书面形式出现的对篇章结构的思考，其作用主要在于进一步清理思想，使要表达的内容更清晰、更具体、更完善。二是行文中的语言推敲，其实质同样在于通过进一步的检验或思考，使要表达的内容更清晰、更具体、更完善。三是行文后的修改润饰，这时原本作为主体内在反思对象的写作内容已经外化为主体可以直观的书面形式，接受写作主体对它进行最后的审度修正。值得说明的是，修改定稿只是在相对意义上意味着一个写作过程的结束。因为：一方面，随着写作主体素质能力的不断变化，经过一定时间之后，主体会从新的角度或高度重新审视已经完成的文稿，并加以修改，这种情况在写作史上并不罕见；另一方面，写作过程的结束即意味着接受过程的开始，文本在被阅读的同时也就在被不同的接受主体理解和解释，并因此而不断取得不一定同于写作者的新的意义。总而言之，写作永远处于一种不断化生的过程之中。

（二）写作的书面性特征

书面性与化生性一样，也是贯穿写作活动始终，并决定着写作成败的一个根本性因素。它对写作所具有的重要意义绝非只表现在没有书面化过程便没有写作成果的最终生成，而是更主要地表现在它作为主体写作意识中的一个基本的主导的因素而深深渗透到主体写作活动的所有环节之中。如果从支配我们行为的意识中除去书面性因素，那我们所进行的活动也就不再是写作活动了。写作活动中书面性因素所具有的根本性作用主要体现在以下三个方面：

1. 文字因素对写作所具有的根本性作用

人类创造文字的目的就是为了写作。文字对写作的意义除了最直接地体现在为写作提供记录工具之外，最主要地表现在两个方面：一是文字的发明克服了语言交际在时空上的局限，使得人类历史上产生的一切知识，都有可能大量地、系统地流传下来，成为后来者认识和思维活动的逻辑起点。如果没有文字只有语言，人类大脑这个“加工厂”的材料来源只限于个人的直接经验和口耳相传的间接经验，信息量有限，不可能充分发挥它的潜力，当然也就不可能使人类的思维能力不断发展并进而推动社会不断进步了。从这种意义上来说，写作者的任何一种创造性思维活动中都显示着文字的功绩。二是文字的使用具有统一和规范语言的作用，这使得运用文字表达的写作成果既有着为全民族、全社会成员普遍接受的可能性，也担负着纯洁语言、发展语言，提高全民族、全社会语言运用能力和水平的重任。传统写作理论历来都十分强调写作者的文字修养对写作所具有的根本性作用，我们却对此缺乏足够的认识。

2. 内在形式对写作所具有的根本性作用

由于写作最终是以书面语言形式完成的，因此书面性很自然地被看作是与形式化同义的东西。这种理解本身并不错。问题在于，写作的书面性特征所具有的形式化意义并不是只在写作主体构思成熟意欲诉诸表达时才出现，而是随着人的写作实践的不断积累，逐渐内化于主体思维结构之中，成为贯穿写作思维全过程，并始终参与、制约和支配主体精神活动的一种重要的写作意识因素。这种内化于写作主体思维结构之中的对写作的形式化要求，就是写作主体的内在形式感。它是主体制约、支配和统摄写作活动的一种"内在尺度"。它的这种根本性作用主要表现在三个方面：一是决定着对主体感知对象的形式选择。例如，进行文学创作时，写作者对客观事物感知的兴奋点往往侧重于客观事物外在的、丰富多彩的个体形式；进行理论写作时，写作者对客观事物感知的兴奋点则会侧重于客观事物内在的、超越个体存在的普遍形式。二是决定着对主体反思对象的形式选择。例如：文学创作者偏重于以写作客体与写作主体之间的主观情感联系来安排心灵之物的结构形式；理论写作者则有意突出写作客体固有之客观规律在确定心灵之物的结构形式中所具有的意义。三是决定着对主体表达方式的形式选择。表达方式所要解决的根本问题，是物象与意义的关系问题。例如，文学创作对表达方式的选择主要着眼于如何使意义隐含于物象之中而又能使物象具有暗示、召唤读者去领悟意义的形式功能；理论写作对表达方式的选择则在于如何直接显示物象与意义（论据与论点）之间的逻辑联系。

3. 惯例经验对写作所具有的根本性作用

写作的书面性特征的存在，实际上为读写双方的相互沟通建起了一座桥梁。读者在长期的阅读经验的积淀过程中，逐渐形成对写作的书面性形式化因素的自觉或不自觉的心理接受习惯，即所谓"惯例经验"。惯例经验不仅是阅读者有效把握文本内容的重要心理能力，也是阅读者评价文本写作成败的重要心理依据。当然，"惯例"不是阅读者规定的，而是在长期的写作实践中逐渐形成，并且为读写双方普遍认可的那些对文本书面形式的基本的规范性要求。大体而言，这些规范性要求包括两个方面：一是对文本构成因素的一般要求，二是对文体特征的形式把握。这些，我们将在下面几章进行讨论。

（三）写作的交流性特征

写作的根本目的，在于以书面性的形式将写作主体的某种感受或认识表达出来，并通过读者的阅读来实现写作者与阅读者之间的精神交流。正因为如此，写作从本质上来说是包含读者因素和阅读环节在内的一种人类精神交流活动。正是因为写作的交流性对写作的这种本质规定，决定了作者与读者不仅都具有写作的主体性质，而且是可以彼此转化或融合的。对此，我们可从以下三个方面来认识。

1. 参与写作的真实的读者

现代接受理论认为，文本写作过程的结束并不意味着文本价值的必然实现，因为文本价值能否实现还有待阅读者对写作的参与状况来决定。从这种意义上来说，写作活动应当包含阅读活动在内。这种对写作活动范围的扩大，改变了以往将阅读者看作被动接受者的观点，赋予阅读者参与写作活动的权利，确立了阅读者所具有的与写作者相同的写作主体地位。完整的写作活动被看成是写作主体与阅读主体之间的一种对话，阅读者与写作者一样有权发表自己的见解，并依据自己的理解来解释文本的意义。这样，经过阅读而实现的文本价值，既包含着写作主体的创造性精神投入，也包含着阅读主体的创造性精神投入。正因为如此，读者也应当被看作是文本的作者，阅读实际上是写作的一种延续。

2. 参与写作的隐含的读者

现代接受理论还认为，阅读者对写作活动的参与不仅以直接阅读的形式进行，而且以间接阅读的形式进行。这是因为，任何一个写作主体都同时具有阅读主体的心理特征，因此整个写作活动中实际上始终贯穿着读者因素的参与。接受理论将这种由作者的读者意识所决定的贯穿于整个写作过程的读者因素，称之为“隐含的读者”。它是写作者所预想的可能的接受者，始终对写作行为产生重要影响。这体现在三个方面：一是素质性影响。写作者所能预想的阅读者，归根结底，是以写作者自身作为基本“模特”的。写作者自身的阅读经验、理解能力、期待视界等，构成了他所预想的阅读者的基本轮廓。更具有根本意义的是，写作者自身的阅读水平如何，在某种意义上决定着他在写作上所可能达到的水平。二是目标性影响。写作者对未来读者的预想实际上是为文本写作确定了目标，从而使得整个写作过程同时成为一种阅读过程，“隐含的读者”随时会对写作提出意见或要求，写作者据此进行修改，直至他确信能够为阅读者接受为止。三是结构性影响。写作者对未来阅读者的接受能力、接受需要、接受方式等的预想，最终都要落实到文本的存在方式即文本结构中去，从而使文本结构中包含着对预想读者参与创造的召唤性和可能性。

3. 双重主体：作者与读者的相对性

写作的交流性决定了写作活动包含阅读活动在内。这不仅意味着作者与读者都具有写作的主体性质，而且还意味着作者与读者的区分只具有相对的意义，即无论是作者还是读者，都同时具有写作主体和阅读主体的双重性质。就写作者而言，他所同时具有的阅读主体性质，既体现在他为获取写作经验和写作材料而进行的阅读实践中，也体现在他为文本所安排的“隐含的读者”之中。就阅读者而言，有效的阅读不可避免地具有写作性质。这首先是因为阅读者不应处于被动接受的地位，而应以其主体个性的眼光来理解和解释文本。其次，阅读者在以往阅读中所积累的有关写作书面形式的惯例经验，始终在自觉不自觉地参与乃至支配着现实的阅读，这实际上意味着将写作规律运用于阅读之中，从而使阅读具有了写作的性质。无论是作者还是读者的这种双重主体性质，都鲜明地体现着写作的交流性对写作的本质规定，这是我们在培养自己的写作意识时应当特别注意的。

第二节 写作规律

认识写作规律的目的在于有效地学习写作。

规律是与本质同等程度的概念。列宁指出：“规律就是关系”，就是“本质的关系或本质之间的关系”。① 所谓写作规律，就是构成写作活动的那些基本因素之间的本质联系，它决定着写作活动发展、变化的必然趋势。写作规律客观地存在于人类一切写作活动之中，人们很早就开始对它进行认识和把握，并依据自己所获得的认识而提出种种有关写作的基本原则和具体方法，有意识地运用写作规律指导写作实践。

同任何事物的规律一样，写作规律也有一般规律和特殊规律的区分。写作的一般规律，是指在写作活动整体范围之内起作用的基本规律。写作的特殊规律，则是指在写作活动中的某个因素、某个阶段、某个方面的特定范围之内起作用的具体规律。写作的基本规律是写作的具体规律的母体。这里所讨论的写

---

① 《列宁全集》，第38卷，161页，北京，人民出版社，1960。

作规律，指的是在对写作活动整体的宏观把握中所认识的写作基本规律。关于写作中一些具体规律问题，我们会在以后的各个章节中结合相关内容予以讨论。

写作基本规律主要有化生律、整合律和通变律。

一、写作化生律

所谓化生律，是指在构成写作活动的那些基本因素之间，存在着一种相互进入、相互转化、相互融合，以致最终生成具有新质的写作成果的关系。它具体表现在以下三个方面：

（一）写作内容是写作主体与写作客体化生关系的产物

关于写作内容的性质，通常有两种说法：一种认为它具有客观性，否则它对读者就不具有认识价值；一种认为它具有主观性，否则它就不具有主体创造性。其实，这两种说法本身并不错，但如果将它们对立起来，那就错了。应当说，写作内容既不全然是客观的，也不全然是主观的，而是写作主体与写作客体之间化生关系的产物，具有在主客体融会之中形成新质的崭新意义。

通常所谓写作内容的客观性，一般有两层含义：一是指写作中所使用的材料的客观性。即材料要么是客观事实本身，要么是有客观依据的数据，要么是经过人类实践检验证明其符合客观规律的理论等。二是指写作中所表达的某种认识，即文本的中心思想，具有正确地认识和反映事物客观本质和规律的性质。

通常所谓写作内容的主观性，一般也有两层含义：一是指写作中所表达的某种认识，是写作者个性智慧的独特发现，是主体精神创造的产物。二是指写作中所提出的某种科学假说或文学创作中普遍存在的艺术虚构，是写作者个性心灵的虚幻之物，难以直接从外在事物中找到其客观依据；而且这种假设或虚构只能出自于孕育它的那颗大脑，别人想象不出，或是不可能以这种形式来想象它。

只要我们对上述两种说法稍加分析，便不难发现其片面性。因为只有在写作主体与写作客体相互进入、相互转化、融为一体、产生新质的运动关系中，才有写作内容的产生。

先从客观性的一面来看。世界上的事物之所以被认为是有某种意义的，那是因为它与认识主体发生了对象性关系，成为主体的认识对象并被主体所认识。任何客观事物在没有被纳入主体认识活动范围成为认识对象之前，其客观意义只是潜在的。客观事物并不能以自身的存在来显示其所具有的意义。正因为如此，写作内容不可能是纯客观性的，即使像科学论文这种被认为是最具有客观性的写作活动，在其所揭示的客观真理的深度以及发现真理的途径、方法，乃至对所发现的真理性认识的具体理解和阐释上，都鲜明地体现着写作主体智慧结构的独特性质。

再从主观性的一面来看。思维只是人的大脑的一种机能，它本身并不能产生思想。思维活动是在感知或记忆提供思维对象的基础上才能进行的。没有了思维对象，人及其大脑也就不再具有主体性质，思维活动当然也不复存在。这还只是从最基本的意义上说明主体思维活动不可能排除客观性因素的进入。从更高意义上来看客观性因素在主体思维活动中的地位和作用，我们会发现，无论是在以理性思维为主的写作活动中，还是在以形象思维为主的写作活动中，不仅都要以客观材料作为思维对象，而且都以把握和揭示客观事物内在本质和规律作为其思维与写作的目的。

总之，写作内容的形成必然是写作主体与写作客体相互进入、相互转化融为一体、产生新质的过程。

（二）写作形式是写作主体与写作客体化生关系史的产物

这里所说的写作形式，主要指写作内容的结构安排。一种十分明显的写作现象是，写作内容具有鲜明的个性特征，而写作形式却具有鲜明的共性特征。写作内容各具特色的不同文本的基本结构方式往往是大同小异的。这并非是因为写作者缺乏独创力，而是由写作的内在规律所决定的。因为，没有文本结构方式上的共性因素的存在，将无以形成读写双方都认可的具有稳定意义的形式感——惯例经验，这意味着写作的交流性质将不复存在，写作也就失去了它在人类精神生活中的根本作用。

那么，写作形式的共性特征是怎样形成的呢？要回答这个问题，仍然需要通过对写作主体与写作客体的化生关系的考察来解决。只是这种考察的对象，不是写作者个体，而是人类的写作史。

写作活动中对写作内容的结构安排，通常被称为安排思路。这很形象地说明了文本结构具有反映人的思维形式或称思维结构的性质。人的思维结构是在人类认识史中形成、发展和完善的，是认识在人脑中的内化，而人的认识活动本身，正如我们已经反复申说的那样，是思维主体与思维客体在一种对象性关系中相互作用、相互转化、相互融合、产生新质的结果，因此，从根本上来说，人的思维形式或思维结构，是由思维主体与思维客体之间化生关系在人脑中内化而成的一种心理机制。当然，这种内化的过程绝非个体认识活动所能完成，而是人类认识史的产物。正如列宁所分析过的那样，在人类认识史上，外界对象反复作用于人类的大脑，刺激人脑多次反复地形成并使用某种或某类认识内容，这样，人脑中产生的一些基本的认识内容，特别是关于事物共性、本质和规律的认识，就必然在人脑中打上越来越深刻的烙印，逐渐在人脑中比较稳固地滞留、积淀下来，向内建构，定格于人脑中，形成具有特定内容的意识系统，即由一定内容构成的主观思维框架，列宁称之为“逻辑的格”。他说：“人的实践经过千百万次的重复，它在人的意识中以逻辑的格固定下来。这些格正是（而且只是）由于千百万次的重复才有着先入之见的巩固性和公理的性质。”① 这种“逻辑的格”，就是我们所说的思维结构。

从写作的角度来看，写作形式是人的思维结构的书面形态。它的意义就在于将个性化的写作内容——写作主体与写作客体之间具体的、现实的化生关系的产物——确定在人们能够普遍理解和接受的“逻辑的格”中。这是写作的交流性质的必然要求。

（三）写作文本是写作内容与写作形式化生关系的产物

作为写作的一条基本规律，写作活动中所存在的各种基本因素之间的化生关系除了上述两方面内容之外，还体现在构成写作文本两大基本因素的写作内容和写作形式之间，也存在着必然的化生关系。

应当说明的是，将写作文本看作是写作内容与写作形式的结合物，这只是出于理论分析和研究的需要。其实，无论是在写作的构思还是行文阶段，写作内容与写作形式都不具有可以独立成为写作主体反思对象的性质和意义，而是必然地处于一种相伴而生、相互转化、融为一体并产生新质的化生关系之中。写作内容与写作形式之间之所以具有这种不容分割的化生关系，就在于世界上的任何事物都是内容与形式的统一体。

不仅在客观事物中，形式与内容是有机地结合在一起不容分割的，而且在对客观事物的主观反映，即人的思维活动中，形式与内容也是必然统一在一起的。爱因斯坦曾经指出：“你能不能观察眼前的现象，取决于你运用什么样的理论。理论决定着你到底能够观察到什么。”② 从思维内容与思维形式关系的

① 《列宁全集》，第38卷，232页，北京，人民出版社，1960。

② 转引自周昌忠：《创造心理学》，6页，北京，中国青年出版社，1983。

角度来看，爱因斯坦所说的作为认识主体先结构①的某种理论，具有思维形式的意义，而观察的对象则构成了思维内容。在具体的思维——写作活动中，这两者是无法分离的。主体的理论依据不同，意味着他赋予观察对象的意义呈现结构方式不同，因而主体最终从对象中获得的认识也就可能具有超越其理论依据（思维形式）和观察对象（思维内容）的崭新意义。这就是在化生关系中产生新质。

在说明思维——写作活动中内容与形式的统一问题时应当强调的一点是，内容与形式之间没有绝对的界限。在一定条件下，作为某一内容的形式，可以成为另一形式的内容；同时，形式与内容本身也都是可以多层分解而非只有单层含义。这使得形式与内容的关系显得更加复杂。例如，在主体将外部世界转化为内部世界的过程中，被主体感知和认识的客观对象具有思维内容的意义，而主体认识的先结构则具有思维形式的意义，主体通过认识活动所形成的内部世界，就是上述思维内容与思维形式相统一后获得的新质。如果我们换个角度来看这种关系，即从存在与意识的反映关系来看，思维是对客观世界的反映形式，因此内部世界与外部世界的关系又可以被理解为思维形式与思维内容的关系，而在主体反思中产生的新的主体内心图式，则是这种形式与内容相统一时获得的新质。如果我们再换一个角度，即从语言是思维的形式的角度来看，主体内心图式可以看作是思维和写作的内容，语言则是主体思维和写作的形式，它们之间化生关系所产生的新质，就是文本。为写作的书面性特征所决定，思维与语言之间的内容与形式的化生关系，对写作具有特别重要的意义。对此，我们将在“言之有文（上）”一章专辟“思维与语言”一节予以讨论。

二、写作整合律

（一）整合的含义：化多元为一元

这里所说的整合，是指在某一系统结构功能的基础上，通过充分调动系统内部多元因素积极发挥各自作用，形成一种为实现某个共同目标而各司其职各尽其责的合力，化多元为一元，最终实现共同目标。这种化多元为一元的过

---

① 先结构：指人在其社会化过程中逐渐生成的那种使人的理解及解释活动得以进行的文化心理结构。

程，不是系统内部多种因素的简单重叠或连接，不是将多种色彩涂在一张白纸上，而是让多元因素在共同目标的引力作用下被“搅拌”成一种向心旋转的整体运动状态，以统一的色彩在白纸上绘制理想蓝图。

写作活动就是一种在主体写作意识系统结构功能基础上，根据特定写作目标的要求，充分调动主体内部不同层次多种因素发挥各自的作用，“同心协力”，实现文本创造的过程。在这一过程中，如果缺少了某种应有因素的参与，或者是某种因素作用发挥不当，或者是整体协调做得不好，都将影响写作活动的顺利进行和文本的质量。写作文本之所以能够成为一种结构完整、自成一体的生命形式，根本原因就在于它是主体写作意识系统多元因素整合为一的产物。整合律是各种类型的写作活动中都存在的一条写作基本规律。

（二）写作中心理整合机制的三个层次

从主体写作意识系统结构功能的角度考察，写作活动中化多元因素为一元文本的整合过程，大致可以划分为以下三个层次：

1. 记忆整合层

记忆是人脑对过去经历过的事物的反映。人们在以往的生活、学习和工作中感知、思考、认识和体验过的种种事物、思想和情感，在事情经过之后，并不会消失得无影无踪，而是会在大脑皮层留下兴奋过程的痕迹，因而当引起兴奋的刺激物离开之后，在一定条件的影响下，这些痕迹有可能重新活跃。这样，人们就能够再现已经消失的对象的映像，或是再现过去掌握的知识，或是回味曾经有过的情感体验，从而使得这些过去的心理经验能够参加到后来的心理活动中去。

人的记忆过程与人的其他心理过程是紧密相联的。人的感觉、知觉、想象、思维等现实心理活动之所以能够进行，就是因为人的心理能够识记、保持、回忆和再认。可以说，记忆是人类全部心理活动的基础，当然也是写作的基础。从这种意义上来说，一个具有自觉写作意识的人，应当充分重视平时点滴经验的积累，储备丰富的记忆材料。这样，当写作主体在现实的心理活动中形成明确的写作目标时，其大脑就会相应地形成一个优势兴奋中心，大脑皮层留下的相关记忆痕迹便会在它的刺激下重新活跃，并为它所吸引而重新组合，从而为写作提供丰富的心理材料。

从满足写作要求的角度来看，记忆的整合功能具有两层意义：

记忆的种类有形象记忆、逻辑记忆、情感记忆等。形象记忆，即以感知过的事物形象为内容的记忆；逻辑记忆，即以概念、公式、规律等为内容的记忆；情感记忆，即以体验过的某种情感为内容的记忆；等等。各种记忆内容之间往往具有相互联系的性质。写作活动中对记忆材料的调度，就涉及到多种记忆内容的综合参与，这是记忆具有整合功能的一层意义。

记忆具有整合功能的又一层意义在于：从记忆的信息储存角度来看，记忆中的信息可以分为表象和语词两大类。表象记忆固然重要，但它往往是片断的，而且容易模糊乃至消失。语词记忆是人所特有的，不论什么种类的记忆内容都可以通过语词来保持。它具有完整、准确和易于保持的特点。俗话说“好记性不如烂笔头”，讲的就是这个道理。历史上无数写作者成功的共同经验中很重要的一条就是勤于做笔记，这是值得我们借鉴的。用语词帮助记忆的最大功绩是它能够建立一种具有整合功能的记忆模式。这就既使记忆值提高到无穷大，又使它具有系统性和生产性。这对开发大脑潜能具有重要意义。

记忆内容往往是在平时不断获取的，具有零散性。这就需要大脑具备一种能够分门别类随时进行归纳整理的功能，这种功能正是通过语词来实现的。语词首先是有概括功能，能够把分散的同类经验归结在一起；语词又具有区分事物之间相互关系的功能，通过语词可以建立内涵丰富、条理清晰的记忆整合体系。对写作者来说，能否拥有一种储备丰富且又富有条理性和生产性功能的记忆整合体系，显然是能否使写作达到较高水准的一个重要心理依据。

2. 思维整合层

写作活动从本质上来说始终是一个思维过程。推动这一过程不断向前发展的一个基本规律，就在于它是一个充分发挥和协调运用各种心理因素以逐渐形成精神“合力”的过程。对此，我们可从以下三个方面进行分析：

第一，各种感知方式的全方位投入。感觉和知觉是人们获取对事物的现实把握的心理基础，也是写作者获取现实的思维材料的基本途径。人的感觉器官接触到某种外界事物，感官上的神经细胞就会兴奋起来，把冲动传到大脑里而产生感觉。不同种类的感觉（视觉、听觉、嗅觉、触觉等）相互联系，经过综合以后形成知觉。知觉形象对文学创作来说是塑造文学形象的心理依据，对认知性写作来说是写作材料的直接来源，对析理性写作来说是进行分析、综合、抽象、概括的对象。因此无论从哪种写作角度来看，能否充分调动各种感知方式进行全方位投入，获得对现实事物的尽可能丰富而准确的知觉形象（印象），都是至关紧要的。

第二，各种思维方式的综合运用。人的思维活动一般可以划分为三种基本方式：凡是思维原料（形象）起主要作用的思维活动，是形象思维；凡是思维工具（逻辑）起主要作用的思维活动，是逻辑思维；凡是思维主体（大脑及其中的某种意识）起主要作用的思维活动，是灵感思维。① 对思维方式的这种划分本身，就意味着在人们的现实思维活动中，这三种基本思维方式是相伴而行、孤掌难鸣的。当然，三种思维方式的并存并不意味其作用的大小相等。在不同类型的思维—写作活动中，总是以一种思维方式为主，其他思维方式为辅，从而形成一种思维合力，共同完成写作任务。如果在思维—写作活动中缺乏这种思维合力，就会从根本上影响写作活动的进行和写作质量的提高。例如，一个缺乏逻辑思维能力的小说作者，尽管他可以将形象画面描绘得生动而丰满，但总难免使人感到它缺乏厚重的历史感和深刻的穿透力，这样的作品就不会具有较高水平。

第三，各种思维方法的灵活变化。人的思维活动除了有基本方式的区分，还有具体方法的不同。常用的思维方法有线性思维、逆向思维、聚敛思维、发散思维、侧向思维等等。充分运用各种思维方法，实际上是从各种角度来"打量"思维对象。这既是获得完整全面的思维成果的必然要求，也是寻求某种突破点和创新途径的必经过程。

3. 文本整合层

写作活动中文本构成诸因素的作用并不是在文本最终实现时才表现出来的，写作的书面性特征决定了在整个写作活动中都始终渗透着文本构成诸因素的积极参与。同时，写作活动中文本构成诸因素的彼此融会、形成统一体的过程，也必然是一个诸因素充分发挥各自功能、化多元为一元的整合过程。在这一过程中，不仅各种文本构成因素的重要作用得以充分发挥，而且每种构成因素还在写作的不同阶段担负某种主导作用。这使得各种构成因素之间的关系在写作活动中表现为一种立体的循环转移结构。对于这种在文本构成诸因素的循环转移过程中充分发挥各种因素的积极作用，化多元于一元，最终实现文本创造的情况，人们很早就有所认识。其中最有代表性的，要算是晋代陆机在《文赋》中的阐述。陆机将整个写作过程依次划分为三个阶段：

第一，瞻物。所谓"瞻物"，主要是积累材料。它包括直接经验材料的积累和间接经验材料的积累。陆机称之为"伫中区以玄览，颐情志于典坟"。任何写作活动总是起始于广泛的原始材料的积累，所以在这个阶段，起主导作用

① 田运：《思维科学》，25页，杭州，浙江教育出版社，1988。

的文本构成因素是对材料的收集、整理和思考，即陆机所说的“瞻万物而思纷”、“游文章之林府”，涉及的材料越多越好，这样才可能真正从中整合出有价值的感触、体验和思想，于是乎“慨投篇而援笔，聊宣之乎斯文”，转入写作的第二阶段。

第二，耽思。所谓“耽思”，主要是在主体对内部世界的自我展示、审度、调整、反思过程中，将“瞻物”过程中出现的某种朦胧的、不清晰、不具体的体验或思想，提炼成清晰、具体而富于创造性的文本思想，所以在这个阶段起主导作用的文本构成因素是对文本思想的明确和提炼。它与前一阶段紧密相联，以前一阶段所积累的丰富的记忆储备为基础，在“耽思傍讯，精骛八极，心游万仞”的内部世界遨游中潜心辨析自己的原有感受，使它逐渐由一种朦胧的、难以言说的心理经验，转化为一种清晰、具体的，可以为语言所确切把握的思想。陆机将这个过程描述为：“于是沉辞怫悦，若游鱼衔钩而出重渊之深；浮藻联翩，若翰鸟缨缴而坠曾云之峻”。不仅如此，写作者还要在前一阶段“游文章之林府”的基础上对文本思想进行提炼，使其达到“陈言务去”的理想高度，具有“言前人之所未言”的创新价值。陆机称其为“收百世之阙文，采千载之遗韵；谢朝华于已披，启夕秀于未振”。经过这个提炼过程之后产生的文本思想，真正具有了涵容天地、整合古今的创造意义。此即所谓“观古今于须臾，抚四海于一瞬”。站在这种心理高度之上的写作主体，内心很自然地要有一种“不吐不快”的表达欲望，于是便有了写作的第三个阶段。

第三，考辞。所谓“考辞”，包括“选义按部，考辞就班”两个意思。“选义按部”，是按照层次构思布局的意思；“考辞就班”，是依据内容提炼语言，将其安排在恰当位置的意思。总之，“考辞”阶段是指文本最终完成其形式化的阶段。这个阶段中起主导作用的文本构成因素是作为内隐形式的文本结构和作为外显形式的文本语言。主体将内心丰富的材料和飞扬的思绪，通过内、外两重形式因素的整合，完成化多元于一元的过程，写出文本来。这就是陆机所说的：“罄澄心以凝思，眇众虑而为言；笼天地于形内，挫万物于笔端。”

三、写作通变律

所谓“通变”，即通于变，或曰变则通之义。它是中国古代思想家对事物发展普遍规律的一种认识，早在《易传·系辞》中即有过清晰的阐述。既然任何事物都是在始终不断的变化之中才能够畅通发展，那么作为对外在事物直接或间接反映的写作，不仅要表现这种客观规律，而且自身也要遵循这种客观规律，应当说是很自然的。正因为如此，在我国第一部全面而系统地论述写作现象和写作规律的专著《文心雕龙》中，刘勰就专辟《通变》一章来讨论这个问题，并且把它提到写作基本规律的高度来认识，认为："文律运周，日新其业。变则可久，通则不乏"。意思是说，写作为文的规律就在于不断变化，这样才能不断取得新的成果。写作只有善于变化才能持久，只有寻求发展才能避免僵化。

作为写作的一条基本规律，"通变"所包含的内容可以概括为这样两个方面：

（一）文有大法，无定法

写作作为人类精神文化创造的一种重要方式，有两个鲜明特点：一是它的通用性。既然写作是为人们所普遍使用的一种文化方式，而且使用的目的又在于进行精神交流，就要求写作具有一定的通用性。这主要表现在它的形式因素方面，要能够具有为人们普遍接受的"惯例"。二是它的个体性。写作的个体性特征已作过阐述，现在要强调的是，这种个体性恰恰是与通用性相对立的，而写作发展的一个基本动力，正来自于写作活动中的这种通用性与个体性之间的相互对立和统一。有对立就会有"变"的要求，能够"变"才会有新的"通"。中国古代的写作理论家早就悟透了这个道理，所以他们将写作的基本规律概括为：文有大法，无定法。

所谓有大法，指的是人们通过写作而能够实现彼此精神交流的那些通用性因素和手段。中国古代写作理论家们通过对人类长期写作经验的总结，把写作中的这些通用性因素和手段概括成为写作所应当遵循的基本法则。例如，沈德潜《说诗晬语》中所说的："诗贵性情，亦须论法。乱杂而无章，非诗也。"刘熙载《艺概·文概》中所说的："文有七戒，曰：旨戒杂，气戒破，局戒乱，语戒习，字戒僻，详略戒失宜，是非戒失实。"这些都是写作必须遵循的基本法则。文章体制也是"有大法"中的一项重要内容，并受到中国古代写作理论家的普遍重视。所谓"才童学文，宜正体制"，"文章以体制为先，精工次之"等等，都说明了这一点。"体制"有两层含义：一层是指文本结构，例如乔梦符所谓"作乐府亦有法，曰凤头、猪肚、豹尾"（见陶宗仪：《南村辍耕录》），王夫之所谓"起承转收，一法也"（《姜斋诗话》），刘熙载所谓"笔法之大者三：曰起，曰行，曰止"（《艺概·经义概》），所论都是文本结构问题。另一层是指文体特征问题，从曹丕《典论·论文》提出“文本同而末异”之说后，这一直是传统写作理论关注的重点。

所谓无定法，并非是对上述“大法”的否定，而是强调在遵循“大法”基本原则的前提下，写作者应根据社会生活的发展变化，以及自身的个性特征而灵活运用。这便是郝经所说的：“文有大法，无定法。观前人之法而自为之，而自立其法。……则其法不死，文自新而法无穷矣。”（《答友人论文法书》）这种思想反映了“通变”规律的根本意义。吕本中把这种有大法而无定法的认识表述为“活法”。他认为：“学诗当识活法。所谓活法者，规矩备具而能出于规矩之外；变化不测而亦不背于规矩也。是道也，盖有定法而无定法，无定法而有定法。知是者，则可以与语活法矣。”（《夏均父集序》）坚持这种“无定法”之“活法”，就会在遵循写作基本规范的同时又绝不拘泥于规范，而能够自由发挥个体创造性：“是以学文之事，可授受者，规矩方圆；其不可授受者，心营意造。”（《文史通义·文理》）强调“心营意造”，就是强调写作主体的精神创造，不为成规所缚。这便是沈德潜所说的：“所谓法者，行所不得不行，止所不得不止，而起伏照应，承接转换，自神明变化于其中。若泥定此处应如何，彼此应如何，不以意运法，转以意从法，则死法也。”（《说诗晬语》）以这种“活法”的态度来对待文章体制问题，古人也表现出充分的灵活性：“或问：‘文章有体乎？’曰：‘无。’又问：‘无体乎？’曰：‘有。’‘然则果何如？’曰：‘定体则无，大体须有。’”（王若虚:《文辨(四)》）正是由于一代又一代的写作者正确遵循写作规律，才有中国古代写作宝库中有关文本结构技巧的丰富创造和文体变革的多姿多彩。

（二）字字古有，言言古无

“通变”除揭示了变化发展是事物运动的基本法则之外，还包含着正确处理好继承与创新的关系是推动事物健康发展根本动力的意义。

写作是人的一种精神创造才能，它不像人的自然生存能力那样仅凭先天的遗传便可获得，而是要通过后天的刻苦学习和努力实践才能养成。任何一种学习的初始阶段都脱离不了模仿，写作也不例外。朱熹《论文》中说：“前辈作文者，古人有名文字，皆模拟作一篇，故后有所作时左右逢源。”讲的就是模仿的奠基功能。今人也对此持肯定态度，茅盾就曾认为：“模仿可以说是创造的第一步”，“又是学习的最初形式”。①

---

① 《茅盾文集》，第10卷，135页，北京，人民文学出版社，1961。

当然，模仿本身绝不是目的，目的首先在于通过模仿掌握写作的一般“规矩”，即“大法”。要达此目的，就要求写作者在学习过程中注意学习对象的选择，并在学习过程中善于思索、归纳、总结。严羽在《沧浪诗话》中将这种选择的意义表述为“入门须正，立志要高”，“功夫须从上做下”，即一开始就要选择写作史上公认的典范之作作为学习的范本，待到胸中积累了有关写作基本“规矩”和“大法”的丰富经验，有了一定的“识”力之后，再去接触那些不怎么成功的文本，这样便可以使自己的“识”力获得检测。要真正达到这一步，写作者就应当始终充分发挥自己的主观能动性，使学习的过程成为主动参与、积极思索、认真总结的过程。不仅要善于总结成功经验，尤其要善于总结不成功的经验。吕本中即认为：“学古人文字，须得其短处。如杜子美诗，颇有近质野处……东坡有汗漫处；鲁直诗有太尖新、太巧处；皆不可不知。”（《童蒙诗训》）张炎也认为：“作词者能取诸人之所长，去诸人之所短，精加玩味，象而为之，岂不能与美成辈争雄长哉！”（《词源》）

不过，模仿的最终目的不在于掌握“规矩”、“大法”，而在于掌握了“规矩”、“大法”之后不使它成为“死法”，而是成为“活法”，达于创新境界。此即沈德潜所说：“诗不学古，谓之野体。然泥古而不能通变，犹学书者但讲临摹，分寸不失，而己之神理不存也。”（《说诗晬语》）要使“己之神理”在写作中得到充分展现，很重要的一点，就是要从模仿阶段必然会有的思维定势的束缚中挣脱出来。中国传统写作理论一贯强调在学习写作时应当“师其意，不师其辞”，这种态度固然是对的，但久而久之，也会使学习者在构思立意时只在前人已有之意的范围内打转。故此，方东树在解释韩愈“务去陈言”的含义时特别强调：“去陈言，非止字句，先在去熟意；凡前人已道过之意与词，力禁不得袭用；于用意戒之，于取境戒之。”（《昭昧詹言》）薛雪更进一步认为，在意与词之间，“陈言”在所难免，“熟意”绝不可有：“用前人字句，不可并意用之。语陈意新，语同而意异，则前人之字句，即吾之字句也。若蹈前人之意，虽字句稍异，仍是前人所作，嚼饭喂人，有何趣味？”（《一瓢诗话》）这些论述都强调了模仿继承的终极目的应当是创新，只有善于通变，才有写作的健康发展。对此，袁枚《续诗品·著我》概括得十分精彩：“不学古人，法无一可。竟似古人，何处著我！字字古有，言言古无。吐故吸新，其庶几乎！”

思考与练习

1. 从写作是人的创造活动的这种一般属性角度来看，写作活动的鲜明特征是什么？具体表现在哪些方面？

2. 从写作有别于人的其他创造活动的特殊属性角度来看，写作活动的独特本质体现在哪些方面？

3. 在学习“写作规律”这一节时，要结合自己的写作和阅读经验。例如，“思维整合层”中谈到的三方面内容，都是可以从我们自己的写作和阅读经验中得到印证的。请结合自己的写作和阅读经验，从“写作规律”一节中选择某一具体内容，写一篇作文，加深对写作规律的理解。

第二章　言之有物——材料和思想

内容提要

本章讨论的是写作中文本内容的形成及要求问题，包括材料和思想两个方面。“材料”这一概念在写作中有广义和狭义两层含义。广义的材料是写作者形成观点、提炼思想的基础，狭义的材料则是写作中准确表达思想的支柱。材料的意义和价值是要经过写作者的分析和综合之后才得以显现的。因此，不论是广义材料的积累，还是狭义材料的采用，都是写作者有意识选择的结果，反映了写作规律的内在要求。“思想”是一个具有特定含义的概念，在写作活动中处于核心和统帅的地位。思想是写作者在对材料的积累和辨析过程中逐渐形成的，并且需要经历一个提炼的过程，使其达到真实、深刻、新颖的要求。

“言之有物”是中国传统写作理论始终强调的一条基本写作规律。《易传·象传》解释《家人》（卦三十七）即曰：“君子以言有物而行有恒。”清代章学诚《文史通义·文理》也说：“夫立言之要在于有物。”

所谓“言之有物”，就是要求写作成果含有丰富而具体的思想内容，能够反映出写作者对自然界、人类社会或人自身的某种独特体验或认识。写作是人与人之间进行精神交流的一种基本手段，而言不由衷或者言之无物显然都不可能达到与阅读者进行精神交流的目的，因此从写作的精神交流性特征来看，是否言之有物是评价写作成败的最基本的标准。写作成果如果不能首先达到言之有物的要求，那么它即使在其他方面达到很高水平，也不能算是一次成功的写作，因为它并不具有写作的精神创造性和交流性特征，因而也就从根本上失去了写作的意义和价值。

从写作表达的角度来看，言之有物之“物”，即通常所说的文本内容，包括文本材料和思想两方面因素。以下，我们就从这两个方面分别谈谈使写作言之有物的一般规律和基本要求。

第一节 文本的材料

一、材料的含义与作用

（一）材料的含义

一般而言，凡是被写作者用来提炼和表现文本思想的那些事实现象、理论依据和各种数据，都可称之为材料。因此，在具体使用中，“材料”这个概念就有了广义和狭义的区别。

广义的“材料”概念，是泛指已被写作者关注并意识到具有某种写作价值而予以搜集积累以备选用的一切原始资料，包括事实形态的、理论形态的和数据形态的等等。

狭义的“材料”概念，则是专指经过写作者的选择，已被或将要写入文本中，因而成为文本的构成因素之一的那一部分取自原始资料的事实现象、理论依据和各种数据。

从以上有关“材料”概念的广义和狭义的区别中我们可以看到，广义的“材料”概念适用于写作准备，狭义的“材料”概念适用于文本分析，而具体的写作活动过程在很大程度上则可以看作是由广义的“材料”向狭义的“材料”转化的过程。因此，我们对广义的“材料”与狭义的“材料”都应当给予充分的重视。对大学生来说，尤其应当重视广博的原始资料的积累。

（二）材料的作用

材料的作用具体体现在写作活动中材料与思想的相互关系之中，并且与“材料”概念的广义、狭义两种含义联系在一起。一般来说，文本所表现的思想在文本构成的诸因素中居于“统帅”地位，因此材料与思想的相互关系中必然存在着材料受制于思想的一面。这主要表现在由广义的“材料”向狭义的“材料”转化的过程中，写作者应当依据思想表达的要求来对材料进行取舍加工、提炼改造。但是，从材料与思想相互关系的另一面来看，思想又是始终受制于材料的，因为它只能来源于材料，也只能依靠材料来表现。从这个角度来说，材料是思想产生的基础和表现的支柱。

1. 在写作之前，广博的原始材料的积累是形成观点、提炼思想的基础

在这方面，马克思写作《资本论》的经历堪称典范。马克思在《资本论》中所表述的光辉思想，既不是凭空臆造，也不是轻易地接触几条材料便产生出来的，而是花费了40年的心血，研读了1 500多种书籍，作了大量的笔记，在如此详尽地搜集和占有了广博的原始材料的基础上形成的。所以列宁说：“《资本论》不是别的，正是‘把堆积如山的实际材料总结为几点概括的、彼此紧相联系的思想’。”①

2. 在写作之中，有效地选择和组织材料是准确表达思想的支柱

当写作者在广博的原始材料积累的基础之上形成明确的思想观点之后，他还需要从原始材料中选择最有说服力和吸引力的材料，并通过适当的结构安排来加以组织，才能准确、完美地表现写作者的思想。否则，有了好的思想，但不善于选择和组织材料，就会严重影响思想的表达效果。阅读经验告诉我们，对文本中某种思想观点的理解和接受，在很大程度上是通过材料的中介作用来实现的。在一般文本写作中，思想与材料两种因素往往同时出现，因此文本思想的确立与材料的支撑是融为一体的。毛泽东在为新华社写的1949年新年献词《将革命进行到底》中，就是通过伊索寓言“农夫与蛇”的故事，来说明中国人民在面对敌人的“求和”时应当采取的正确态度，显得既通俗又深刻，令人过目难忘。在文学创作中，材料的选择与组织对文本思想的表现具有尤为

① 《列宁全集》，第1卷，121页，北京，人民出版社，1955。

重要的作用。因为，在文学创作中，材料（题材）的使用往往就是作品所直接表现的全部内容，文本思想则隐含于材料之中而不直接说出，因此对材料的选择与组织就成为引导阅读者体验、理解和接受文本思想的唯一途径。例如，我们要认识《红楼梦》的思想内容，就只能通过对作品的人物、情节、环境的分析来获得，而不是靠作者的直接论述来获得。

二、材料的分析与综合

积累广博的原始资料的目的，是为了从中形成有概括性的、深刻的、新颖的思想；有效地选择和组织材料的目的，是为了更好地表现思想。要实现这些目的，必须有一个基本前提，就是写作者首先要能够准确、全面和深入地识别材料本身所具有的意义和价值。从这种意义上来说，写作活动是从识别材料的意义和价值开始的。要识别材料的意义和价值，可以有许多方法，但归纳起来，无非是分析和综合两种。

（一）材料的分析

世界上的事物都是复杂的。所谓复杂，是指事物的存在与发展都不会是单一因素作用的结果，而必然是多种因素相互作用的结果。从这种意义上来说，要能够准确、全面和深入地认识某个事物，应当首先把决定或体现该事物的本质与规律的各种因素认识清楚，然后才能从整体上把握事物的本质及其基本规律。这项工作就是通过分析来完成的。

所谓分析，是指把事物的整体分解为各个组成部分，或者把整体事物的个别特征、个别方面区分出来的心理过程。从写作的角度来要求，对材料进行分析的作用主要表现在两个方面：

1. 分析为实现对材料的意义与价值的全面认识和深入把握奠定了基础

识别材料的意义与价值，也就是要把握材料中所包含的事物的本质与规律。辩证法告诉我们：任何事物的本质与规律都是由构成该事物的多种因素相互作用的结果；其内涵也不是一成不变的，而是会随着事物的发展变化而有所变易。同时，事物的本质与规律还是一个具有可转化性和多层次性的概念，即当它相对于某种表层性的现象及现象运动方式而言时，它具有本质与规律的意义；而一旦认识活动向纵深发展，需要以它为基础去发掘事物中更深一层的本质与规律时，它便转换到现象及现象运动方式的位置上。人类对事物的本质与规律的认识就是这样逐层向纵深推进的。

正是因为人类对事物的本质与规律的认识具有上述特征，决定了我们对材料的意义与价值的全面认识和深入把握只能在分析的基础上来获得。对材料进行分析的方法主要有这么三种类型，即部分分析、阶段分析和层次分析。这三种方法所遵循的基本思路，就是从不同角度将事物整体分解为各个组成部分，并通过对各个组成部分的逐项研究，为最终通过综合来实现对事物的本质与规律的全面或深入的认识奠定基础。

所谓部分分析，是对事物构成的一种静态考察，一般包括两方面意思：一个方面的意思是指分析者将事物整体分解为彼此关联但又相对独立的结构环节。例如阅读完一篇文章之后，可以通过将文章整体分解为开头部分、中间部分和结尾部分这样三个大的结构环节，然后分别予以详细研究的方式来形成对文章整体意义和价值的认识。同时，在每一个大的结构环节之中，还可以进行更细更小的结构环节的分析，以此来形成对这一大的结构环节的整体意义和价值的认识。另一个方面的意思是指分析者从事物整体中分解出原本彼此融合的事物构成因素，然后对每一个因素进行深入研究，以此来形成对事物整体性质和规律的认识。每一个大的因素分解之中也同样可以包含更细更小的因素分解。例如，我们要认识一篇文章的意义与价值，就可以首先将它分解为内容与形式两个大的构成因素来分析研究；并且可以进一步把文章内容因素再分解为思想与材料两个更小的构成因素，把文章形式因素再分解为结构与语言两个更小的构成因素。如果需要，还可以继续往下细分，直到满足认识要求为止。通过这样的全面细致的分析，我们对这篇文章的意义与价值，以及它所体现出来的写作的本质与规律的认识就有了坚实的基础。

所谓阶段分析是对事物发展的一种动态考察。任何事物都具有运动的特性，而事物的本质与规律总是在其发展变化的过程中不断有所变易的，因此要完整地认识事物的本质与规律，就必须综观事物发展变化的全过程，根据其本质与规律发生变易的阶段性特征，从事物发展变化的纵向过程中将其分解为不同阶段，然后对每一个阶段进行细致深入的研究。这就为最终通过综合来认识事物的总的性质与规律奠定了基础。例如我们在进行有关某个作家的研究时，就可以把搜集到的有关这个作家的思想发展和创作历程的材料分解为不同的发展阶段，深入研究每一个阶段的个别特征。在这样的基础之上我们再通过综观其发展的全过程，就会对这个作家思想发展和创作历程的基本脉络、本质特征和内在规律有合乎实际的、完整的、清晰的认识。

所谓层次分析，是就对事物本质认识抽象程度的深浅而言，这种认识具有从对事物的较为表层的本质认识向较为深刻的本质认识，再向更加深刻的本质认识逐层推进的性质。这种推进的过程也就是一种分析的过程，并且由此而形成向事物内部逐渐深入的一个个认识层次。如上所述，处于这种分析活动之中的每一个层次都具有可转化性特征，即当它相对于某种现象时，它具有本质的意义，而当它转身相对于另一个更为深刻的本质时，它又转换为一种现象。例如，当我们从语言的角度来认识文学作品所具有的召唤读者参与创造的本质特征时，出现在我们面前的直观现象首先是语言的印刷符号。人们通常直觉地把这种现象的意义归结为一种视觉作用，即通常所谓“看作品”，但我们经过分析可以认为，这种现象的意义仍然与语言的基本接受途径相一致，那就是“听作品”。从文学作品是语言的艺术这一特定角度来认识，文学作品作为语言艺术而具有的根本特性首先是通过“听”来体现的。从这种意义上来说，“听作品”正是对文学作品的语言艺术特性的一种较为表层的本质认识。这时，我们可以将“听作品”转换成一种现象，以此为基础去分析文学作品的更为深刻的本质。我们发现，正是由于文学作品的表现内容是通过“听”来传达的，而不是像绘画那样通过“看”来传达的，因此我们所能够直接接受到的，并不是直观的形象，而是抽象的语义，它需要经过语义本身所具有的唤起和组织接受者相应的表象记忆的功能，由接受者根据自身的接受能力在自己的心目中“无中生有”地去“看”作者所描绘的文学形象。这种由“听”到“看”的过程，正体现了我们对文学作品作为语言艺术而具有的本质特征的一种较为深刻的认识。这时，我们又可以将这种“看作品”转换成一种现象，以此为基础去分析文学作品的更为深刻的本质……如此逐渐向纵深推进，我们至少可以形成向作品内部逐渐深入的四个认识层次，那就是：一、语音—听觉层；二、语义—幻觉层；三、图式—填补层；四、意蕴—体验层。显然，只有经过这种向事物内部逐渐深入的层次分析，我们对事物本质的认识才真正是具有深刻性的。

2. 分析为实现对不同材料之间意义与价值关系的整合奠定了基础

在写作准备阶段，我们需要大量地积累原始资料，以便从中提炼文本的思想；在写作过程中，我们又需要选择一定数量的材料来表现或是证明文本的思想。在进行这些工作时，我们很自然地要遇到一个难题，那就是材料的独立性和散离性特征与写作所要求的材料的互融性与组合性之间的矛盾。每个材料都会有它独特的意义与价值，因而都是不可重复的，就像每一片树叶都不会完全重复一样。但是，我们要从材料中提炼文本的思想，或是进一步选择有代表性的材料来表现或证明这种思想，就必须要求原本独立和散离的材料在其意义与价值关系方面表现出鲜明的一致性或相似性，从而使这些原本独立和散离的材料被整合成一个具有意义与价值指向的一致性或相似性的材料组合。能够解决这个难题的基本方法仍然是分析。与以上我们所介绍的几种分析方法的基本思路有所不同的是，这里所强调的分析方法不是对事物各个组成部分的全面考察，而是“独具慧眼”地将某一事物中与其他事物在某种性质上具有一致性或相似性的个别方面、个别特征有意识地区分出来，从而为实现对不同材料之间意义与价值关系的整合奠定基础。

例如，唐代韩愈的《听颖师弹琴》和当代艾青的《小泽征尔》两首诗，虽然都是描写音乐的作品，但无论是诗歌中描写的具体内容，还是诗歌的表现形式，都各具特色。但是，我们在阅读中经过分析后会发现，在这两首年代相距遥远，且体式、内容绝不雷同的作品中，诗人用来表现音乐感受的基本意象和用来体现音乐效果的基本节奏竟然完全一致，从而使得这两个原本独立和散离的材料因为存在着意义与价值关系方面的这种一致，而可以被从浩瀚的诗歌海洋中提取出来，整合成某种有待从中提炼文本思想的材料组合。对两首作品中所存在的这种意义与价值关系方面的一致性的发现，就是通过分别把两首作品中的个别方面有意识地分解出来，然后放在一起来分析比较的方法取得的。

先请看《听颖师弹琴》的开头四句：

昵昵儿女语，恩怨相尔汝。
划然变轩昂，勇士赴敌场。

再来看《小泽征尔》的四五两节：

或是月夜的行军
听到得得的马蹄声；
或是低下头去，
听得情人絮语黄昏。

突然如暴雨骤至，
雷霆万钧，
你腾空而起，
从毛发也听到怒吼的声音。

从分析比较中不难发现：两首诗在表现柔和的音乐感受时所采用的基本意象都是“情人絮语”；而在安排表现音乐效果的基本节奏方面，两首诗都采用了张弛骤变的手法。发现在两个相对独立和散离的材料之间存在着这种意义和价值指向的一致性究竟意味着什么？这是下一步提炼文本思想时所要解决的问题。这里只从材料的积累与识别的角度来看，这种发现的意义突出地表现在它使散离的材料能够依据各自的某种特性而被整合成有待写作者深入探究的某种意义与价值的“共同体”。在任何一个有经验的写作者的“材料仓库”中储藏的，绝不应当是散离的单个材料，而应当是在分析的基础之上所形成的这种意义与价值的“共同体”。

（二）材料的综合

所谓综合，正好与分析相反，是指把事物的各个部分，或不同的方面、不同的特征结合起来的思维过程。例如，我们在分析了一篇文章各个部分的思想内容之后，把它们联系起来进行思考，就获得了关于这篇文章的中心思想的认识。这种把各个部分联系起来思考的过程和方法，就是综合。在具体的思维活动中，分析与综合实际上是一个互相衔接甚至互相包容的过程，不存在什么纯粹的分析或是纯粹的综合。分析的目的是为了综合，而综合的基础又存在于分析。两者之间的这种不可分离的关系，完全可从以上对材料分析的介绍中看出。例如：对材料进行部分分析的目的，是为了在此基础上通过综合各个部分的分析结果而得出有关该材料整体意义和价值的认识。对材料进行阶段分析的目的，也是为了在此基础上通过综合材料本身所包含的事物不同发展阶段的阶段性内容而形成有关事物发展全过程的整体认识。对材料进行层次分析的目的，仍是为了在此基础上通过综合材料自身所具有的多层次的本质内涵，而在认识的深刻性上更完整地把握材料的意义与价值。至于通过分析而将材料中的个别部分或个别特征区分出来的目的，则是为了在材料之间实现综合，这是对材料识别的一种更高意义上的概括。总之，分析只是为我们识别材料的意义和价值奠定了基础，而只有通过综合，材料的意义和价值才能最终显示出来。

三、材料的选择及要求

写作活动中对材料的选择有两层含义，分别与“材料”的广义和狭义概念相关联。

（一）广义材料的选择及要求

从广义的“材料”概念来看，对材料的选择，是在积累原始材料的过程中，与对材料的识别一同进行的。

我们每天的工作、生活与学习，都是在与丰富的信息打交道中进行的。对此，熟视无睹、无动于衷固然可惜，但巨细不分、什么都记也会劳而无获。有经验的写作者绝不会将日常所接触到的材料不加分别地堆在一起，临到有了写作任务才去做材料的识别和选择工作，而是及时地对所获得的材料进行识别与选择，以保证材料的积累真正具有写作价值。当然，要做到这一点，除了有丰富的写作经验作为借鉴之外，更主要的还是由写作者的阅历修养、学识修养和思想修养综合形成的一种个性眼光所决定的。这种在原始材料的积累过程中就伴随着的对材料的识别与选择，对写作的意义主要表现在两个方面：

一方面，写作者在积累材料的时候可能完全没有什么写作意图，但只要在工作、生活或学习中遇到个性眼光敏感的材料，就不妨依据自己的修养程度和写作经验对其进行识别与选择，将那些认为有意义和价值的积累起来。这样，写作者对自己积累的材料所包含的意义和价值就有了一定认识，这种认识作为一种意识储备而储存于写作者的记忆之中，一旦与之性质相同或类似的材料以后重复出现，使这种记忆被不断强化，就有可能引发作者的思考与辨析，进而形成一定的文本思想。还有一种情况，那就是某种后来产生的写作意图因为与这种对材料理解的记忆有相通之处，也会使这种记忆被激活，从而及时有效地为写作者明确和提炼文本思想提供坚实基础。

另一方面，写作者在积累材料的时候可能已经具有某种潜在的但还没有完全自觉意识到的写作意图，它作为一种兴趣指向往往会在无形中引导我们对材料关注的角度，从而使对材料的积累过程成为一种对材料的识别与选择过程。当写作者带着这种潜在的写作需要对材料进行识别与选择时，往往会由于这种潜在的写作需要与材料所包含的意义与价值在意识指向上不谋而合、不期而遇，从而形成明确的写作意图，激发写作欲望，直接导致写作过程的开始。

总体而言，写作者日常接触到的材料是十分繁杂的，要使原始材料的积累真正具有写作价值，就要善于按照写作规律的要求对其进行识别与选择。主要要求做到以下几点：

1. 应当选择感受深刻的材料

在写作者日常所接触到的材料中，有些属于感受一般、印象不深的类型，有些则是感受深刻甚至铭心刻骨，令写作者难以忘怀。对于这种性质的材料，当然应该成为写作者有意识进行识别、思索和提炼的对象。写作者往往会从对产生深刻印象原因的分析中，产生有价值的写作意图和文本思想。

2. 应当选择内涵丰富的材料

有些材料容易理解，但内涵有限，其写作价值当然也有限。有些材料虽然一时难以理解，或是难以透彻地理解，但其内涵丰富，经得起反复思索、推敲和玩味，使人有每思索一次便有一种新发现的感觉。显然，这后一种材料更值得我们格外珍惜。

3. 应当选择新颖生动的材料

初学写作者很容易犯的一个毛病，就是只看重具有权威效应的史实材料和经典理论，而忽视或者说轻视那些来自生活的新颖生动的现实材料。这种心理应当克服。具有权威效应的史实材料和经典理论固然有它“不言自明”的说服力，但如果被滥用，也会引起读者的反感。其实，对读者最有吸引力的材料，往往就是那些取自生活的新鲜材料。

（二）狭义材料的选择及要求

从狭义的“材料”概念来看，对材料的选择当然还有它更高一层的含义，那就是当写作者在上述材料选择过程中所进行的原始材料积累基础上，逐渐形成一定的写作意图和文本思想之后，为了使这种思想获得有效表达，就需要对所积累的原始材料进行新的选择，而这次选择的结果将作为文本思想表达的支柱而转化为文本的一种有机构成因素。

一般来说，可以有效地表现文本思想，并能够和谐地与文本思想共同构成文本思想内容——言之有物之“物”的文本材料，其基本要求是要具有典型性。什么样的材料可以称之为典型材料呢？这可以从以下三个方面来看：

1. 材料要最具代表性

材料的典型性，首先意味着在被选用的符合思想表达要求的同类材料中最具有代表性，能够以一当十，因而在同类材料中最具有表现力和说服力。

例如，在一篇署名丹赤的短文《“不幸大学”》中，作者为了说明俄国文学批评家别林斯基所说的“不幸是一所最好的大学”，因为它可以使不幸者在磨难中奋斗不已、事业有成的道理，着重举出了曾被列宁高度评价为“举起伟大的斗争旗帜来反对”沙皇制度的“第一人”赫尔岑的例子。作者写道，在法国尼斯有一尊赫尔岑的铜像，铜像基石上镌刻着这样一段文字：

> 他的母亲路易莎·哈格和她的幼子柯立亚乘船遇难淹死在海里；他的

夫人娜塔里雅患结核症逝世；他的17岁女儿丽莎自杀死去；他的一对3岁的双生女儿患白喉死亡。他只活了58岁！但是苦难并不能把一个人白白毁掉，他留下30卷文集。他留下许多至今还是像火一样燃烧的文章。它们在今天还鼓舞人们前进。

赫尔岑不仅是反对沙皇制度的“第一人”，而且在世界文坛上也是命运多舛、最不幸的“第一人”。面对赫尔岑，当我们在生活中遭遇种种不幸时，也就找到了应当如何生活下去的榜样。

2. 材料要最有精神启迪效果

材料的典型性，还意味着在被选用的符合思想表达要求的同类材料中最具有精神的启迪效果，不只是被动地或简单地完成印证或是体现写作者思想表达的任务，而且能够举一反三，积极地引发阅读者丰富的联想和深入的思考，甚至每读一次都会有新的感悟，因而特别耐读。

在这方面，文学写作表现得尤为突出。正如前面提到过的那样，在文学写作中材料（题材）的使用往往就是作品所直接表现的全部内容，文本思想则隐含于材料之中而不直接说出。因此，一方面就写作者而言，对材料的选择与组织就成为引导阅读者体验、理解和接受文本思想的唯一途径；另一方面就阅读者而言，由于写作者并没有直接说出他所希望表达的文本思想，阅读者也就拥有了在文本引导下通过对作品材料（题材）表现的体验与理解来感悟文本思想的充分自由，并从这种感悟中获得一种参与创作的审美愉悦。当然，不论是写作者能否实现对阅读者体验、理解和接受文本思想的有效引导，还是阅读者能否通过对作品的体验与理解而获得对文本思想的创造性感悟，都需要一个基本前提，那就是写作者所选用的材料本身具有极为丰富的精神包容性，能够最大限度地调动、引导并含纳阅读者的丰富联想和深入思考。

应当说，凡是成功的文学创作在选材上都具有这种内涵丰富、启迪性强的典型性特征，尤其是那些被称之为“说不尽”的作家或作品更是如此。例如，鲁迅的《阿Q正传》就是这样。早在半个多世纪之前，王冶秋就对《阿Q正传》作过这样的评论：

这篇民族的杰作，绝不是看一遍所能消化的：

看第一遍：我们会笑得肚子痛；

第二遍：才咂出一点不是笑的成分；

第三遍：鄙视阿Q的为人；

第四遍：鄙弃化为同情；

第五遍：同情化为深思的眼泪；

第六遍：阿Q还是阿Q；

第七遍：阿Q向自己身上扑来……

第八遍：合而为一；

第九遍：又一一化为你的亲戚故旧；

第十遍：扩大到你的左邻右舍；

十一遍：扩大到全国；

十二遍：甚至到洋人的国土；

十三遍：你觉得它是一个镜；

十四遍：也许是警报器。①

毫无疑问，《阿Q正传》之所以耐读，在很大程度上是与材料本身的内涵的丰富性联系在一起的。

3. 材料要具有可读性

材料的典型性，还有一个与它的以一当十的代表性和举一反三的启迪效果联系在一起的重要特征，那就是它应当具有可读性。这种可读性主要指由材料的鲜活生动所产生的使阅读者“一见钟情”的吸引力。

正如我们前面曾指出的那样，初学写作者很容易犯的一个毛病，就是只看重具有权威效应的史实材料和经典理论，而忽视或者说轻视那些生活中触手可及的鲜活材料。这种心理应当克服。具有权威效应的史实材料和经典理论固然有它“不言自明”的说服力，但如果被滥用，也会失去其应有的吸引力，甚至引起阅读者的反感。从阅读心理的角度来看，最能够对阅读者产生吸引力的材料，往往是那种既具有思想内涵的丰富性和深刻性，又与他们的现实生活密切相关的鲜活生动的材料。

例如，现代生活中普遍存在的人与人之间巨大的心理隔阂，是人们经常讨论的一个话题。在一篇署名张小失的短文《对门有多远》的开头，作者写道：“明天，我一定能买一张机票飞向天涯海角；但是明天，我不一定能抵达对门客厅的沙发。永远有多远？就有我到对门的客厅那么远。”之所以会有这样的

① 转引自张梦阳：《从〈阿Q正传〉看大众文学的严肃性与通俗性》，载《章回小说》，2000(10)。

感受，是因为“在这幢楼住了近两年，但是，即使我的对门，也令我感到陌生。对此我感到抱歉，他们似乎没有任何兴趣认识我。而像我这样的人，似乎也不指望认识任何人”。当然，这并不意味着作者心中没有与人交流的渴望，相反，这种渴望是那样地强烈，以致那个被阳台铁栏杆和防盗门包裹着的“对门”“使我充满了想象力”，但由于“大家基本上也都习惯了”这种相互隔绝的生活，所以“我可以产生很多幻想，但不可以产生很多希望”。于是，作者在结尾时不无遗憾地写道：“阿姆斯特朗已经从月球回来好多年了，他说他代表人类迈出了一大步；而我、我们，甚至还没有抵达对门，其实，这只需一小步。”

的确，正如马克思所说的那样，人是“只有在社会中才能独立的动物”，因此人与人的和谐相处实在是一种“本性”的需要，这是谁都懂得的道理，但问题是我们该怎样迈出这“一小步”。对此，我们固然可以举出大量的史实材料和经典理论雄辩滔滔一番，我们也读到过不少这种类型的文章，但罗西的一篇《天亮是从自家窗口开始的》，却以一件生活中的小事深深吸引了我们，让我们与作者一道领悟了我们该怎样迈出这“一小步”。作者写道：“我的新邻居是一对老年夫妇，可能是代沟的缘故，我们很少往来，偶尔在阳台上晾衣服时，会打声招呼，仅此而已。”如果不是发生了一件小事，这种状况很可能会这么持续下去。那是“今年春节期间，大约是正月初二，我听到叩门声，以为是朋友来拜年，打开防盗门一看，奇怪，是个陌生的女士，显然她看出我的尴尬，便很快自我介绍说：‘不好意思，我是对面家的女儿，今天回娘家，可不可以送我一根葱……我们应该做好邻居!’”以这种“非常简单”的方式来打破隔阂，这令作者感到“惭愧”，“却很温暖”。感慨一番以后，她让孩子“以后每天你们都要和对面的老爷爷老奶奶说话，或者请他们讲故事”：

> 接下去的日子，我发现很多不同寻常的变化：放在门口的袋装垃圾，常被人先提走了；邻居把最美最香的花移到离我家最近的阳台上摆着，风吹着窗帘，我分享着那阵阵袭来的花香；我们白天不在家时，对面邻居的门一整天都开着，显然他们“顺便”帮我家看门……

就是这么一件生活中的小事，让作者，也使我们大家，找到了我们该怎样迈出这“一小步”的正确答案。就像作者用纯朴的语言所说的那样：“这件事让我深深感到人心都是肉做的，好人可以遇见，但更多的是你通过努力而打造的；

谁会对你好？我不知道，但你可以先从自己身边开始寻找、做好……是的，天亮是从自家的窗口开始的。”这让我们想起了罗丹的那句名言：“美是到处都有的。对于我们的眼睛，不是缺少美，而是缺少发现。”① 典型材料的选择也是同样的道理。只要我们善于“发现”，善于运用生活中“到处都有”的那些具有思想内涵的丰富性和深刻性的鲜活生动的材料，无疑会更有效地增强文本的吸引力和可读性，充分调动读者的阅读兴趣，从而使文本思想获得更充分的表达。

第二节 文本的思想

一、思想的含义与作用

写作学研究中所说的“思想”，是一个具有特定含义的概念，即指通过文本写作的主要内容所表达出来的某种总体性的、基本的意旨或倾向。这个定义表明，我们所说的文本的思想，不是像通常所理解的“思想”那样，只是理性和观念性的东西，它还包含着情感因素，甚至在某些类型的文本写作，例如文学创作中，还可以是以情感因素为主的。当然，情感并非无本之木，在心理根源上，情感是与理性相通的，否则情感将会变成不可分析和认识的怪物。正是从这种意义上，写作学仍采用“思想”这个概念来指代写作者所希望表达的某种意旨或倾向。它是从写作者对所积累的原始材料所包含的意义与价值的体验、思考和感悟中形成的对自然界、人类社会或是人自身的某种感受、认识和评价。

文本的思想在写作活动中具有重要作用：从写作者的主观角度来看，思想体现着写作者的写作意图和写作目的；从文本分析的客观角度来看，思想代表着写作的意义和价值；从阅读者接受的主客观融合的角度来看，思想是决定阅读效果的根本因素。所以，不论从哪种角度分析，思想在写作活动中都处于核心和统帅的地位。

① 罗丹：《罗丹艺术论》，62 页，北京，人民美术出版社，1978。

二、形成文本思想的方法

写作者如何在积累材料的过程中形成文本的思想，这不仅是一个非常复杂的问题，而且也是一个因人而异的问题。但从概括的层面来看，在文本思想的形成过程中总是有些具有共性的思维方法在发挥作用，概括起来主要有这么三种类型：

1. 归纳概括法

写作者在对许多材料的观照中都取得了某种相似或一致的心理经验，于是通过对这些材料的具体分析而将其中的相似或一致之处加以概括，从而形成有关这些材料的共同属性或特征的感受、认识和评价，这就是归纳概括法。这种方法在写作中有着普遍的运用价值：它是理论写作中形成对事物科学认识的一条基本途径，也是应用写作中形成对事物全面认识的一种基本手段，还是文学创作中创造典型形象的认识论基础。典型虽然不同于类型，但却是以类型为基础的，因为典型除了要有个性化特征之外，还必须要有概括性，即能够反映出某一类人所共同具有的某些属性或特征，这就需要采用归纳概括的方法来实现。

2. 主客遇合法

写作者已经具有对自然、社会或人自身的某种科学认识、理论设想，或是情感经验，这些因素萦绕于他的心怀，成为他的某种自觉的或潜在的写作需要，一旦在对材料的观照中出现与这种写作需要在意义与价值指向上相似或一致的情况时，主客体之间就会结合在一起。写作者会根据材料的真实状况重新审视自己的原有认识、设想或经验，在肯定或是修正原有认识、设想或经验的基础上形成新的文本思想。从逻辑方法的角度来看，这种主客体之间的遇合具有某种演绎的性质，因此它与以上所介绍的归纳概括法有着相辅相成的关系。这种方法在写作中也具有普遍的运用价值。

3. 纵横比较法

比较的方法是通过发现事物的独特性，以形成主体对自然、社会以及人自身的某种深刻感受、认识和评价的一种基本方法。在我们的阅读经验中，可以很容易地找到许多通过比较的方法来形成文本思想的范例。例如，许地山的《落花生》，就是先以比较的方法来确定花生所具有的独特性：“这小小的豆不像那好看的苹果、桃子、石榴，把它们的果实悬在枝上，鲜红嫩绿的颜色，令人一望而发生羡慕的心。它只把果子埋在地底，等到成熟，才容人把它挖出来。”在这个基础上，作者再通过一种类比联想，很自然地将这种对事物独特性的认识转化为对人自身的一种评价，那就是：“人要做有用的人，不要做伟大、体面的人”。

比较可以区分为纵向比较和横向比较两种形态。所谓纵向比较，是在事物的发展变化过程中选取两个乃至多个特定的横断面来进行比较，以获得对事物发展变化特性的真切、深刻的感受、认识和评价。这是各种类型的文本写作中为获取和表达文本思想而普遍运用的一种重要方法。所谓横向比较，是通过把相同时空中不同的事物，或是同类事物在相同时间中的不同形态放到一起进行比较，以获得对事物特性的真切、深刻的感受、认识和评价。这同样也是各种类型的文本写作中为获取和表达文本思想而普遍运用的一种重要方法。

三、思想的提炼及要求

文本的思想不仅是写作者在对材料的积累和辨析过程中逐渐形成的，而且还需要经历一个反复推敲和提炼的过程，这是由人的认识活动的基本规律所决定的。就像清人黄宗羲《论文管见》中所说的：“每一题，必有庸人思路共集之处缠绕笔端，剥去一层，方有至理名言。犹如玉在璞中，凿开顽璞，方始见玉，不可以璞为玉也。”

（一）思想的提炼

文本思想的提炼，目的在于依据写作规律的要求，使最终确立的文本思想达到真实、深刻、新颖的程度。为此，可从以下三个方面进行努力：

1. 在尽可能全面地掌握材料的基础上提炼思想

我们要获得有关事物的正确认识，一个重要的前提条件就是要尽可能全面地掌握有关材料，否则我们将会像“盲人摸象”这个寓言中所讲的那样，因为所掌握的材料的残缺而导致对事物形成错误的认识。正如列宁所说：“要真正地认识事物，就必须把握、研究它的一切方面，一切联系和‘中介’。我们绝不会完全地做到这一点，但是，全面性的要求可以使我们防止错误和防止僵化。”①

我们不妨举一个写作训练中的例子，来说明在尽可能全面地掌握材料的基

① 《列宁全集》，第32卷，80页，北京，人民出版社，1958。

础上提炼思想，对形成正确结论，防止片面和错误的结论所具有的重要意义。有这样一组材料：

> 材料一：大学生王某本来学习很认真，成绩优异。但一段时间以来，由于受到社会上一些不良风气的影响，同时看到一些没有考上大学的中学同学干个体户发了财，于是渐渐不安心学习，经常到社会上去寻找发财的机会，整天幻想着不劳而获。
>
> 材料二：由于王某放松学习，成绩急剧下降。同学和老师想方设法地劝说他、帮助他，但他却认为上大学不过是为了混个文凭，把时间和精力花在学习上太不值得，因而依然我行我素，以至最后发展到因为考试作弊而被开除学籍。
>
> 材料三：王某离开学校时发誓要去经商赚大钱给学校“看看”。由于他缺乏知识和经验，结果在经商活动中被对方愚弄，上当受骗，把从家人和朋友那里筹借来的一大笔钱赔了个精光。
>
> 材料四：事实教育了王某，使他认识到知识的重要性。他的大学同学和老师知道他的情况后，也及时向他伸出了温暖的手，鼓励他做一个生活的强者。从此王某一边工作，一边利用业余时间勤奋学习，经过几年的刻苦努力，他终于在事业上站立起来。在向希望工程捐款的活动中，王某真诚、慷慨地献上了自己的一份爱心。

以上几个材料，如果只从第一个材料出发，我们或许会抱怨是社会因素使王某变坏了。如果从第一、第二两个材料出发，我们会认为王某已经不堪救药了。如果从第一、第二、第三三个材料出发，我们会认为王某是咎由自取。只有从全部四个材料出发，我们才能从这件事中获得对王某，以及王某所体现的当代青年人的一些特点的正确认识。用全面的眼光看问题，在社会发展的过程中，一些青年人身上存在一些不好的倾向，甚至犯一些错误，走一些弯路，这应当说是正常的。在社会发展必然要求的推动下，在大家的关心爱护下，特别是由他们自身的良好本质所决定，他们最终会在挫折和教训面前认识错误、改正缺点，跟上并积极参与推动社会向前发展。

2. 在向事物内在纵深层面的开掘中提炼思想

我们固然需要在尽可能全面地掌握材料的基础上获取对事物的正确认识，但仅仅如此还不够，因为人类的认识除了有正确与否的区别之外，还有深刻与否的区别。社会的发展和人类认识水平的提高，都要求人们对事物的认识不仅是正确的，而且是不断深化的。这就要求我们在提炼文本思想时，养成向事物内在纵深层面开掘的习惯。要善于由现象探寻本质，从不甚深刻的本质探寻较为深刻以至更为深刻的本质，由现实追寻历史，由结果追问原因，由表面原因追问深刻的原因以至产生原因的原因。如此尽量发挥自己的思维潜力，在自己的学识积累和思辨能力可能的范围之内，穷理极义，在逐层深入的推求与追问过程中，达到对事物尽可能深刻的认识。

3. 在对多种结论的比较选择中提炼思想

同样的材料，采取不同的角度和方法去分析它，就会得出不同的结论。根据这个道理，我们在提炼文本思想时，应该尽可能多地采取不同角度和方法去分析材料并获得多样性的结论，然后在此基础上进行比较选择，舍弃那些一般的、缺乏新意的认识，提炼出某种角度独特、见解新颖的认识，这是使文本思想的确立具有新颖性的重要途径。当然，我们在进行多角度选择时应当具备一个基本前提，那就是写作者要能够突破思维定势的束缚，进行创造性思维。否则，写作者只能在习惯性思维的圈子里打转，纵然把问题条分缕析到毫发毕现的程度，也难以找出新颖的立意构思角度。

所谓思维定势，是指影响或决定同类后继心理活动的趋势或形成心理活动的准备状态。处于这种心理趋势或准备状态之中的主体，往往只按一种固定的思路去考虑问题，表现出思维的单向性。思维定势是人人都有的，其积极作用表现在它可以使主体在已有知识经验的基础上迅速获得对新问题的有效解答，因此它是构成人类认知可能性机制的重要环节。但思维定势的消极作用也是十分明显的，它使人在自觉或不自觉的心理状态中，因循固有的思维方式、思维习惯去认识新的东西，跳不出固有的模式，严重的还会造成思想的僵化，不要说进行创造性思维，就连正确地认识事物也难以做到。

创造性思维是心理学、思维学研究的一个重要课题，包含十分深广的内容。这里只能就如何选择新颖的炼意角度谈一谈进行创造性思维所应当具有的心理特征问题。它们包括思维的开放性、思维的多向性和思维的动态性。这些心理特征与思维定势负面效应所造成的思维的封闭性、思维的单向性和思维的静态性的心理特征形成鲜明对比。我们如果能有意识地在提炼思想的过程中培养自己具有这些积极的心理特征，这对于克服思维定势的负面影响，寻求新颖的立意，将会发挥十分重要的作用。

所谓开放性，是就思维主体与思维对象的关系而言，主体的思维活动并不局限于当下正在思维着的那个特定对象，而是能够由此生发联想，让记忆的宝库敞开大门，使那些在意识中甚至是在潜意识中与当下的思维对象有着某种直接或间接关联的主体的阅历和学识积累统统浮上意识表层，成为主体现实的观照对象。主体最终能够将这些联想对象串联成一个意义整体的那条心理线索，很可能成为他能够从当下思维着的那个特定对象中选择到的提炼文本思想的有效角度。

所谓多向性，是就思维的方向性而言，它不像思维定势那样只遵循单向的思维路线和思维方法进行运作，而是根据需要灵活调整思维的方向性，当运用某种常规方法不能很好地达到目的时，就改用侧路出击或是反向求索的方法，往往可以取得新的发现。

所谓动态性，是就思维的存在本身而言，它不应当被局限在单纯的“想”的意义上，而应当是弥散于主体的全部生活空间，流动于主体所从事的种种活动之中。只有这样，主体才有可能在最大限度上保持其思维的连续性，从而最有效地捕捉生活中随时可能出现的灵感，并恰如其分地发挥其应有的作用。

（二）思想的要求

写作的目的，就在于写作者能够正确地运用一定的书面语言形式，准确、鲜明、集中地向阅读者传达一定的思想内容，并且能够为阅读者所乐于接受。一般来说，阅读者所乐于接受的文本思想，应当符合这样几条要求，那就是真实、深刻和新颖。这也正是文本思想的提炼所应达到的要求。

1. 文本思想要真实

对文本思想的真实性要求包含两方面内容：

一是要求文本思想应当真实地揭示和反映事物的本质和规律。这是从人的思想认识的正确性角度对文本思想提出的基本要求。读者之所以需要阅读，首先是希望从阅读中获得对自然界、人类社会以及人自身的种种正确认识，这当然就要求写作者能够真实地揭示和反映事物的本质和规律，否则，写作将从根本上失去其意义和价值。

历史上之所以有那么多的写作文本能够不因时代变迁而流传千古，一个十分重要的原因就在于，它们表现了写作者对自然界、人类社会以及人自身的某种正确认识。例如，杜牧的《阿房宫赋》之所以为历代阅读者传诵，就在于杜牧在这篇作品中表现出对社会发展规律的正确认识。杜牧曾在《上知己文章启》中谈到自己写作《阿房宫赋》的缘由是：“宝历大起宫室，广声色，故作《阿房宫赋》。”他借阿房宫的兴建和焚毁为题材，用夸张手法，揭露了秦朝统治者的荒淫失德，以说明兴亡之理，昭示鉴戒之义。这种思想集中体现在作品的结尾一段：

> 呜呼！灭六国者，六国也，非秦也！族秦者，秦也，非天下也。嗟乎！使六国各爱其人，则足以拒秦；使秦复爱六国之人，则递三世而至万世可为君，谁得而族灭也？秦人不暇自哀，而后人哀之；后人哀之而不鉴之，亦使后人而复哀后人也。

正是因为杜牧在作品中鲜明地表现了这种对社会发展规律的正确认识，从而使得这篇篇幅不长的作品具有了厚重的历史感，直至今天，依然对阅读者产生着有益的启迪作用。

二是要求文本思想应当是写作者真情实感的产物。无论是文本中所表达的某种思想认识，还是文本中所表现的某种情感体验，都只有是真正出自写作者的思考与感受时，才具有真切具体的精神内涵，而这正是实现写作者与阅读者精神交流的必要条件。无法想象一个言不由衷或是虚情假意的写作者写出的东西能够真实地打动读者；相反，一个能够向阅读者敞开心扉、袒露心迹、倾吐心声的写作者，才有可能永远为阅读者所接受。这种写作上的差异，就是刘勰所说的“为情而造文”与“为文而造情”的区别。正因为如此，中国传统写作理论历来强调要“修辞立其诚”，这成为我们衡量写作成败的一项基本原则。

南朝梁代的何逊写过一篇文笔相当优美的骈文小品《为衡山侯与妇书》：

> 昔人遨游洛汭，会遇阳台，神仙仿佛，有如今别。虽帐前微笑，涉想犹存；而幄里余香，从风且歇。掩屏为疾，引领成劳。镜想分鸾，琴悲别鹤。心如膏火，独夜自煎；思等流波，终朝不息。始知萋萋谖草，忘忧之言不实；团团轻扇，合欢之用为虚。路迩人遐，音尘寂绝。一日三秋，不足为喻。聊陈往翰，宁写款怀；迟枉琼瑶，慰其杼轴。

如就文章字面本身而论，不可谓不是妙笔。文章写夫妻离别相思之情状，既浓烈又不直白，典故的恰当使用、睹物思人的描写，都与要表达的情感相切合。结构的安排则更是步步推进，层层加码，直至“一日三秋，不足为喻”，让思念之情的表达达到无以复加的程度。至于韵散结合的四六骈体句式，将韵文与散文各自具有的表达特点融为一体，带给人一种独特的语言美感。但是，读过文章之后，我们所获得的不过是一场“语言游戏”的感觉。这种结果其实是在看到它的篇名时就已经注定了的。所谓“为文而造情”，此文当属范例。

2. 文本思想要深刻

正确地反映事物的本质和规律，诚挚地表现写作者的思考和感受，这还只是对文本思想的最基本的要求。评价写作的成败得失绝不能只着眼于此，还应当有它更高的标准。因为，对事物的本质和规律的认识和把握除了有正确与否的区别之外，还有深刻与否的区别；而在同样是有感而发的写作活动中，也还存在着一个情感体验的深度如何的问题。正因为如此，当写作者在工作、学习和生活中有所感受、有所认识而意欲表达时，必须先要经历一个沉淀、提炼的过程，以使自己的思想认识或情感体验有所升华。对此，清代学者魏禧在《答施愚山侍读书》中认为："为文之道，欲卓然自立于天下，在于积理而练识……练识如练金，金白练则杂气尽而精光发。善为文者，有所不必命之题，有不屑言之理，譬犹治水者沮洳去则波流大，爇火者秽杂除而光明盛也。是故至醇而不流于弱，至清而不流于薄也。"在魏禧看来，要使写作富于创造性，能够"卓然自立于天下"的关键：一是善于"积理"，即要在平时注意阅历与学识的积累，这样就能使自己的认识活动建立在一个广博的基础上。二是善于"练识"，即思想的提炼，写作者应当不满足于一般的、肤浅的感受和认识，而应当除去芜杂，使精光自发，表现出某种过人的识力，这就是他所说的"善为文者，有所不必命之题，有不屑言之理"。魏禧认为能够做到这一点，才能写出真正的奇文；相反，仅仅在辞采声音上务为炳炳烺烺，则其所谓奇，不过是一种表面现象而已。故此，他又在《宗子发文集序》中再次强调："识不高于庸众，事理不足关系天下国家之故，则虽有奇文与《左》、《史》、韩、欧阳并立无二，亦可无作。"魏禧的这种见解仍值得今天的写作者记取。

这里有必要消除一种我们在写作中可能产生的误解，那就是将文本思想的深刻与所写内容性质的重大等同起来，以为要表现出深刻的思想，就必定要去写"关系天下国家"的重大题目。其实，写作的领域与生活的领域一样丰富多彩、广阔无垠，没有必要而且也不可能要求和限定写作的具体内容。写"关系天下国家"之重大题目而能写得深刻者，固然可以振聋发聩影响深远，但把这一类的题目写成浅薄浮泛之作而令人生厌者，也并不少见。反之，那些以细物琐事为题者，固然极易写成无关宏旨乃至卑劣无聊之作，但善于以小见大，通过细物琐事来表现高洁人品和揭示深刻哲理的作品，在写作史上可谓数不胜数。因此，我们固然应当提倡写作者多关心那些"关系天下国家"的重大题目，但这绝不意味着我们可以不重视以细物琐事为对象而进行的写作。文本思想的深刻来自于建立在写作主体丰厚的阅历修养、学识修养和思想修养基础之上的细腻的体验能力、敏锐的洞察能力和严密的思辨能力，而不是来自于写作对象本身。

我们不妨读一读丰子恺的《随感一则》：

有一种椅子，使我不易忘记：那坐的地方，雕着一只屁股的模子，中间还有一条凸起，坐时可把屁股精密地装进模子中，好像浇塑石膏模型一般。

大抵中国式的器物，以形式为主，而用身体去迁就形式。故椅子的靠背与坐板成九十度角，衣服的袖子长过手指。西洋式的器物，则以身体的实用为主，形式即由实用产生。故缝西装须量身体，剪刀柄上的两个洞，也完全依照手指的横断面的形状而制造。那种有屁股模子的椅子，显然是西洋风的产物。

但这已走到西洋风的极端，而且过分了。凡物过分必有流弊。像这种椅子，究竟不合实用，又不雅观。我每次看见，常误认它为一种刑具。

在这篇短文中，作者由“一种椅子”而生发开去，将“以形式为主，而用身体去迁就形式”的“中国风”，与“以身体的实用为主，形式即由实用产生”的“西洋风”进行比较，从一个方面显示出“西洋风”的可资借鉴的文化特征。作者并未停留于此，而是在此基础上更进一步地指出不同文化之间的学习借鉴要有一定的尺度，不可过分，“凡物过分必有流弊”。显然，这篇短文包含着深刻的思想。它也告诉我们，决定文本思想深刻与否的根本原因不在于写作的对象是否重大，而在于写作主体是否具有足够的修养与能力。

3. 文本思想要新颖

由写作的精神交流性质所决定，写作的意义和价值在很大程度上取决于阅读者的接受状况。写作文本要能为阅读者所“喜闻乐见”，除了要求文本思想应当具有真实性和深刻性之外，还应当具有新颖性。这不仅是阅读者求知或审美接受心理的一种自然倾向，更是人类进入信息时代之后对写作所提出的一种日益增强的社会需要。

就写作本身而言，对文本思想的新颖性要求其实也是写作所具有的精神创造性质的题中应有之义。无论是出自阅读者个体的，还是社会接受群体的对文本思想新颖性的要求，都是应当而且可以在写作文本中获得充分满足的，因为作为一种精神文化的创造，真正的写作就应当表现出写作者对自然界、人类社会以及人自身的某种独特认识和感受。

需要说明的是，我们对文本思想的新颖性要求不应当理解得过于狭隘，即只把它理解为提出了某种前无古人的新观点、新理论。事实上，任何一种新观点、新理论的最初提出，总是有其不完全和不充分的地方，甚至会包含着谬误的成分，因而也必然会在人类历史的发展过程中不断成为一代又一代的后来者重新认识的对象，并在这种重新认识中不断地得到修正、补充，使其得以完善以致获得新的发展。从这种意义上来说，人类的认识发展过程，不仅是一个不断提出新观点、新理论的过程，同时也是一个不断丰富和完善已有观点和理论并推动其继续发展的过程。正因为如此，写作中的“阐前人所已发”与“扩前人所未发”，都可以表现出写作者思想的独特性和独创性，都同样可能具有文本思想的新颖性。我们评价文本思想是否具有新颖性的根本标准，应当在于看写作者是否找到了认识对象的独特角度。有了这种真正属于写作者的独特角度，即使所写的内容是在“阐前人所已发”，也同样会表现出独特的感受和独到的见解。

例如，钱钟书曾在《读伊索寓言》中提出寓言不宜做现代儿童读物。这一观点与18世纪法国思想家卢梭反对小孩子读寓言的观点，表面看来是相同的，但由于钱钟书是从自己独特的认识角度来阐释这个问题，故而其思想态度正好与卢梭形成鲜明对比，从而给读者带来新的认识和感受。

钱钟书看历史，有他独特的角度：“把整个历史来看，古代相当于人类的小孩子时期。先前是幼稚的，经过几千百年的长进，慢慢地到了现代。时代愈古，愈在前，它的历史愈短；时代愈在后，它积的阅历愈深，年龄愈多，所以我们反是我们祖父的老辈，上古三代反不如现代的悠久古老。这样，我们的信而好古的态度，便发生了新意义。”那就是：“我们也相信现代一切，在价值上、品格上都比古代进步。”用这种发展的观点来看寓言，由于它是“人类的小孩子时期”的产物，其思想的幼稚和单纯也就是必然的。现代社会“经过几千百年的长进”，其复杂性已是古人所不可想象的，因此让现代儿童读寓言，只会让他们用一种简单的眼光来看世界，长大了难免处处碰壁。

为了使自己的这种发展的观点表现得更鲜明，作者有意识地在文章结尾处摆出卢梭的观点以与自己的观点形成对比，从而使读者更强烈地感受到作者见解的新颖独到：

> 卢梭在《爱弥儿》卷二里反对小孩子读寓言，认为有坏心术，举狐狸骗乌鸦嘴里的肉一则为例，说小孩子看了，不会跟被骗的乌鸦同情，反会羡慕善骗的狐狸。要是真这样，不就证明小孩子的居心本来欠好吗？小

孩子该不该读寓言，全看我们成年人在造成什么一个世界，什么一个社会，给小孩子长大了来过活。卢梭认为寓言会把纯朴的小孩子教得复杂了，失去了天真，所以要不得。我认为寓言要不得，因为它把纯朴的小孩教得愈简单了，愈幼稚了，以为人事里是非的分别、善恶的果报，也像在禽兽中间一样的公平清楚，长大了就处处碰壁上当。缘故是，卢梭是原始主义者，主张复古，而我呢，是相信进步的人——虽然并不像寓言里所说的苍蝇，坐在车轮的轴心上，嗡嗡地叫道："车子的前进，都是我的力量。"

像这样从新的角度来"阐前人所已发"，从而使已有的思想增添了新的内涵，这与"扩前人所未发"一样，也是对人类精神文化建设的一种独创性贡献。

思考与练习

1. 什么是材料？它所包含的广义和狭义的含义分别是什么？

2. 写作活动中材料的作用何在？为什么应当特别重视广博的原始材料的积累？

3. 结合"材料的分析与综合"的学习，从自己熟悉的材料中选择一个或一组材料进行分析，并写出"分析报告"。

4. 结合自己的写作或阅读经验，谈谈典型材料的选用对文本思想的表达所具有的重要作用。

5. 什么是文本的思想？为什么说思想在文本写作中处于核心和统帅的地位？

6. 在文本思想的形成过程中通常使用的思维方法有哪些？试从自己的写作或阅读经验中选择一个可以印证某种方法的例子。

7. 结合具体例证说明提炼文本思想的途径有哪些，所要达到的要求是什么。

第三章　言之有序——结构

内容提要

本章讨论的是文本的结构安排问题。在写作中，结构安排处于使写作实现由“隐”（写作者的内在思考）到“显”（书面语言形式的阅读文本）的中介转化的关键地位。结构安排之所以要做到“言有序”，是由写作及接受活动中思维与表达所使用的基本工具——语言所具有的线性特征决定的。因此，结构安排必须遵循写作的交流性质所要求的一些基本原则，人类写作经验的积累也为我们提供了一些可资借鉴的结构安排的艺术手法。在具体的写作活动中我们应当特别重视的结构安排的主要环节包括：层次与段落，过渡与照应，开头与结尾。

文本的构成通常可以区分为三个方面，它体现着写作过程的三个环节。

文本构成的三个方面：一是由文本材料和思想组合而成的文本思想内容，中国古代写作理论所要求的“言之有物”，就是指的这个方面；二是确定材料与思想之间组合关系和组合方式的文本结构安排，中国古代写作理论所要求的“言之有序”，就是指的这个方面；三是通过遣词造句、修辞润饰而使上述有组织的思想内容得以恰当展现的文本语言表达，中国古代写作理论所要求的“言之有文”，就是指的这个方面。

当然，在具体的写作过程中，文本构成的这三个方面并不是截然分开的，而是相互交织地融合于一个统一的写作活动之中：当写作者在进行广博的原始材料积累过程中，伴随着对材料的辨析、思考或体验而形成某种思想，以及在对这种思想进行提炼并进而在它的统率下对材料进行再选择的过程中，都包含着对材料与思想之间组合关系和组合方式的认识和把握。甚至可以说，这种对材料与思想之间组合关系和组合方式的认识与把握，其实是写作者之所以能够从一定的材料中形成一定的思想，之所以确定选择一定的材料来表现一定的思想的一种内在依据。这表明所谓文本思想内容的形成过程，同时就是一个发现和确定文本结构的过程。至于语言因素的积极参与，更是从写作活动的最初一刻即已开始，并非是到写作者构思成熟之后再来考虑的问题。通常所谓“想清楚”是“写清楚”的前提就说明了这一点。“想”的过程本身就是一个语言使用的过程，“想清楚”的过程自然也就是一个语言的推敲和提炼的过程。

但是，文本构成的这三个方面在具体写作过程中所呈现的相互交织的融合统一关系，并不排斥它们所具有的推动写作活动发展的相对独立的性质和作用，这正是写作过程具有鲜明的阶段性特征的根本原因。在具体的写作活动中，文本构成的三个方面依次呈现为写作过程的三个基本环节，或者说是写作者在写作的不同阶段所要侧重解决的主要问题。这正是我们为什么要将写作学对写作活动基本规律的丰富认识和深刻把握简约化地概括为“言之有物”、“言之有序”、“言之有文”这三个方面来谈的依据所在。

在文本构成的这三个方面，或者说写作过程的这三个环节中，“言之有序”，亦即文本的结构安排，处于使写作实现由“隐”（写作者的内在思考）到“显”（书面化的阅读文本）的中介转化的关键地位。它上承写作者对文本思想内容的内在思考，经过一系列的结构化处理，使其与书面语言表达的本质要求“接轨”，从而下启书面语言表达意义上的“写”的过程，李渔《闲情偶寄》称之为“袖手于前，始能疾书于后”。

第一节 结构的含义及原则

一、结构的含义

所谓结构，简单说就是文本内部的组织构造。具体而言，结构是写作者按照思想表达的要求而将所选定的材料妥善地组织成一个符合语言表达要求的有机整体过程中所进行的谋划与安排，以及所采用的一系列手段、方式和方法。

中国古代写作理论对文本结构安排的基本规律和根本要求早就有了明确认识，这就是《周易·艮》（卦五十二）爻辞中所提出的“言有序”。这种认识经历了人类写作实践的反复检验而颠扑不破，一个重要原因就在于它体现了对文本结构安排在写作过程中所处的承上启下、由隐到显的中介转化关键地位的准确把握和深刻揭示。

文本的结构安排之所以要做到“言有序”，从根本上说，是由写作及接受活动中思维与表达所使用的基本工具——语言所具有的线性特征决定的。所谓语言的线性特征，是指语言的使用只能以在时间中存在的先后承续的单向度的声音形式呈现并为人所接受和理解。通俗地讲，就是字只能一个一个地写，话只能一句一句地说，字与字之间、话与话之间的线性组合关系，是确定其意义的根本因素。因此，要想使阅读者能够接受和理解写作者意欲传达的思想内容，写作者就必须要经历一个结构安排的过程，按照语言表达的线性要求预先把要说的意思整理成一个有其内在的严密而巧妙的组合关系的线性意义过程，然后才谈得上如何遣词造句、修辞润饰以使其达到好的表达效果的问题。叶圣陶正是基于对结构安排需要符合语言的线性特征的认识，把结构安排比喻为一种思路的安排。他在《认真学习语文》中说：“思想是有一条路的，一句一句，一段一段，都是有路的，好文章的作者是决不乱走的。”

总之，结构的问题说到底是在为实现写作的由内在思想向外在语言的转换奠定基础，所以有关结构的一切考虑都必然受着语言表达线性特征的制约，也就是说应当做到“言有序”。例如，文本的思想内容应当划分为哪几个相对独立的组成部分？它们之间应当按什么次序来展开？其中的主干部分应当放在何处予以突出？次要的或辅助的部分应当如何围绕主干部分发挥作用？应当怎样开篇入题更便于引领下文？应当如何安排各个组成部分之间的起承转合关系而使它们上下连贯、前后呼应、一脉畅通？应当怎样恰到好处地收束全文，既能首尾圆合结构完整，又能言尽而意犹未尽，引导阅读者自己去寻“路”而进？解决好了这些问题，写作者的内在思想才具有了外化为能够被阅读者有效理解和接受的语言文本的可能性和有效性。

二、结构的原则

综上所述，“言之有序”就是要求文本的结构安排能够符合语言表达的线性特征所体现的本质要求，使文本思想内容的表现过程具有严密而又灵活的线性表达秩序，其目的在于使阅读者能够循此而最有效地实现与写作者的精神交流。要达到这样的目的，文本的结构安排应当遵循以下基本原则。

（一）结构安排要符合人类思维活动规律

我们说思维是对客观事物的反映，这包含两层意思：一是说思维的内容应当是对事物客观性质与规律的正确揭示，而不是主观随心所欲的结果；二是说思维的形式也应该反映并且符合事物存在的普遍规律，因为它是人脑对客观事物规律的反映在人类意识中积淀的产物。从这种意义上来说，不论是思维的内容，还是思维的形式，都具有全人类性，因为客观事物的存在对全人类来说都是普遍一致的。

指出思维的上述性质，一方面是要说明人类精神交流的可能性其实就存在于人类的精神活动本身；另一方面是要说明，人类的精神交流尽管可以超越具有民族性和地域性限制的语言符号，例如可以通过翻译来消除语言障碍，但却必须是在遵循正确的思维形式的基础之上才能有效进行的。这里所说的结构安排要符合思维活动规律，就是指结构安排应当与人们普遍遵循的思维形式相吻合，应该反映并且符合事物存在的普遍规律。只有这样，才能有效实现写作者与阅读者之间的精神交流。

例如，在记叙类文体的写作中，最基本的结构方式总是表现为序幕—开端—发展—高潮—结局—尾声（转化）这样一种逻辑发展关系。尽管不同的写作者对这条逻辑线索上的不同环节可以有详略不同的处理，也可以采用倒叙或平叙等手法来造成某种特定的表达效果，但却不可能从根本上改变作为记叙类文体结构安排基本方式的顺叙性质。这是因为，客观事物的发展本身就是以开端—发展—高潮—结尾（转化）这样一种内在逻辑结构形式而普遍存在的，由此而形成的人们认识事物发展变化过程的思维形式也必然具有这种符合事物发展过程和规律的性质，因此当文本结构安排也反映了这种基本性质时，才能够有效地引导阅读者与写作者一道去认识和把握文本中的叙述内容。

同样的道理，议论类文体写作的基本结构方式，更是十分鲜明地体现着人们对客观事物的一般认识过程和基本方式，那就是提出问题—分析问题—解决问题。不能提出问题也就谈不上解决问题，而要解决问题就必须采取分析问题的方式，所以这种提出问题—分析问题—解决问题的结构方式作为人们认识活动思维规律的一种体现，自然成为写作者与阅读者进行精神交流的一种有效途径。

至于说明类文体写作的基本结构方式之所以通常都具有鲜明的或空间、或时间、或逻辑的条理性，根本原因就在于被说明的实体事物或抽象事理存在的本身就具有这种条理性，故而人们认识这些事物或事理的思维活动也就必然具有这种条理性。这样，当说明这些实体事物或抽象事理的文本结构安排也体现出这种条理性时，显然就会因为与阅读者的思维规律相符合而便于阅读者实现对文本内容的有效把握。

（二）结构安排要服从文本内容表现需要

结构安排的最直接也是最根本的目的，就在于使文本思想内容能够获得尽可能好的表达效果。正因为如此，结构安排上的一切考虑，诸如线索与脉络、层次与段落、过渡与照应、开头与结尾，以及内容表现过程中的详略主次和形式安排方面的张弛快慢等等，无不要服从于、服务于思想内容表现的需要。所以，结构安排是否最有利于文本思想内容的表现，应当成为评价文本结构优劣的重要尺度。

例如，《红楼梦》第九十八回写林黛玉之死：

> 当时黛玉气绝正是宝玉娶宝钗这个时辰，紫鹃等都大哭起来。李纨探春想她素日的可疼，今日更加可怜，也便伤心痛哭。因潇湘馆离新房子甚远，所以那边并没听见。一时大家痛哭了一阵，只听得远远一阵音乐之声，侧耳一听，却又没有了。探春李纨走出院外再听时，惟有竹梢风动，月影移墙，好不凄凉冷淡！

显然，作者同情黛玉的可悲结局和宝黛爱情的被毁灭，痛恨以贾母为代表的封建势力的残酷无情，但小说的写作规范不允许作者站出来直接对黛玉的悲剧结局发表议论，于是作者将这种思想情感隐入精心布置的以喜衬悲的结构安排之中，达到王夫之所谓“倍增其哀乐”的强化效果，让读者自己去体验作者内心那种愤怒与哀痛相交织的翻江倒海般的思想情感。鲁迅在他的《祝福》中很明显地借鉴了这种结构方式，在小说的开头与结尾，大力渲染鲁镇迎接新年的热闹气氛，就在这一片喜气洋洋的背景映衬下，祥林嫂却因饥寒交迫而悄然倒下。这种以喜衬悲的布局安排，使作品揭露封建制度、封建礼教吃人本质的思想得到了更鲜明、强烈的揭示。

需要强调的是，我们不应当机械地理解结构安排与思想内容之间的服从与被服从关系，正像任何事物的形式与内容都相互依存、融为一体一样，文本的结构安排与思想内容也是相互依存不可分离的。它们融合为一个整体，而非两种因素的拼凑。结构安排与思想内容的这种相互依存、融为一体的性质，往往在写作的修改过程中体现得十分鲜明。写作者修改文本的一个重要原因，就是因为结构安排与思想内容之间存在着某种程度的游离关系，修改的目的正是要使它们得到统一。

例如，列夫·托尔斯泰写作《复活》，初稿只是想表现社会道德方面的问题，所以采取了按事件发展的顺序直接安排结构的方式，开头先写女主人公玛丝洛娃怎样被诱奸，此后又怎样被女主人赶出去，以致沦为妓女……但随着故事的展开和深入，托尔斯泰越来越意识到这个悲惨的故事不可能与产生它的社会制度相分离。也就是说，它所反映的不仅仅是一个社会道德问题，而且暴露了沙皇制度的腐败与黑暗。伴随着这种认识的深入，与之相应的结构安排当然也要有所改变，于是作者选择了从法庭宣判写起的倒叙结构。这样，作品一开始就从一般的叙事转入到对沙皇制度下“法庭的全部荒谬”的揭露上来，鲜明地体现了结构安排与思想内容相互依存、融为一体的性质。

（三）结构安排要具有一定的审美效果

作为人的精神创造活动的产物，成功的写作成果对写作者和阅读者来说，都会产生一定的审美效果。这里暂且不论以审美创造为其本质特征的文学写作，仅就一般写作而言，写作的审美效果更多地来源于文本的形式美。一般来说，构成文本形式美的因素包括结构安排和语言表达两个方面，其中语言表达中的审美效果问题将在“言之有文”中进行讨论，这里只谈结构安排中的审美效果问题。文本的结构安排是否能够达到一定的审美要求，从而产生一定的审美效果，对于能否有效实现写作者与阅读者之间的精神交流具有不容忽视的制约作用，因此我们也将“具有一定的审美效果”确定为结构安排所应当遵循的一条基本原则，它包含完整匀称、周严缜密、错综变化三方面内容。

1. 结构安排应当做到完整匀称

任何美的事物，形式上都会具有完整匀称的特点。文本的结构安排也不例外。这可以从结构安排的完整性要求和匀称性要求两个方面来看：

对文本结构安排的完整性要求，首先体现在文本结构安排的必要环节齐备，有头有尾有中段，首尾圆合，自成一体，没有结构残缺的现象。其次体现在结构安排中的各个环节都具有一种共同的内在统一性，即都是从其所在的局部意义上为实现统一的文本思想的表达而发挥各自不同的作用。这就要求对文本整体结构中各个具体环节的局部安排一定要服从整体表达效果的需要，否则局部各自独立，不能为整体结构的完美和谐发挥积极作用，那么它们本身再好，也没有意义。最后，文本结构的完整性要求还体现在结构安排的各个环节之间都有恰当而巧妙的过渡与照应以使其衔接紧密，从形式上为文本结构的整体感的形成提供保障。

对文本结构安排的匀称性要求，是使结构安排在形式上呈现出各个环节之间和谐关系的根本保证。任何事物，不仅要具有完整的结构，而且其结构内部的各个组织环节也都具有比例匀称、彼此和谐的性质，才会给人带来美感。

对文本结构安排的匀称性要求，首先表现在各个结构环节之间在比例上要适量匀称，不要出现“头重脚轻”、畸大畸小等等情况。比如，一般来讲，文本的开头部分要能以精彩之笔迅速将读者引入正文，结尾部分则要能以含蓄之笔既使文本戛然而止、不拖拉，又要让读者有回味思索的余兴。因此，相对全文篇幅而言，开头和结尾所占的篇幅应当小一些，而把主要篇幅留给中间部分，即文本的主体部分。对此，中国传统写作理论提出的结构安排上的“凤头、猪肚、豹尾”之说，就鲜明地体现了对文本的各个主要结构环节之间比例关系上的匀称性要求。其次，文本结构安排的匀称性要求还体现在结构安排与内容表达的需要相互和谐、融为一体，既不让内容迁就结构，也不使结构迁就内容，而是达到两者的自然和谐，“行于所当行，止于不可不止”，行文中绝无斧凿、拼凑之痕迹。这是写作中很难达到的高妙境界，当然也正是我们应当努力去实现的目标。

2. 结构安排应当做到周严缜密

从美学角度来分析，这里所说的周严缜密包含两层意思。

首先，结构上的周严缜密体现着写作者作为人的精神创造本质，因此所谓文本的形式美，从根本上说是对人的精神创造能力的一种展现和肯定。

我们说好的文本结构安排具有自然和谐的特点，但要说明的是，这种

“自然”只是一种比喻。好的文本结构安排总能给人严丝合缝、浑然一体的美感，它是写作者精神创造能力“匠心独运”的产物，但却并无斧凿、拼凑之迹，如同自然天成一般。这正是人所具有的所谓“巧夺天工”的精神创造能力的一种鲜明体现，而一味纯粹地摹写“自然”往往会因为缺乏这种内在的精神创造品性而流于平庸。对此，曹雪芹曾在《红楼梦》第四十二回借薛宝钗之口发表过很好的意见：

> 这园子却像画儿一般，山石树木，楼阁房屋，远近疏密，也不多，也不少，恰恰的是这样。你若照样儿往纸上一画，是必不能讨好的。这要看纸的地步远近，该多该少，分主分宾，该添的要添，该藏该减的要藏要减，该露的要露。这一起了稿子，再端详斟酌，方成一幅图样。

这里说的虽然是绘画的谋篇构图问题，但也不妨将其看作是曹雪芹关于文本结构安排的经验之谈。显然，在曹雪芹看来简单地摹写“自然”“是必不能讨好的”，只有充分发挥人的精神创造才能，在正确把握自然规律的基础上，经过写作主体周严缜密的构思谋划，才能使文本结构安排浑然一体，如同自然天成一般。

曹雪芹的这种认识，与马克思对人的精神创造本质的论述是一致的。马克思认为，人与动物的本质区别在于，动物服从自然，而人则高于自然，因为人“懂得按照任何一个种的尺度来进行生产，并且懂得怎样处处都把内在的尺度运用到对象上去；因此，人也按照美的规律来建造”①。这其中也就包含着“按照美的规律”来安排文本结构，使其既周严缜密而又自然天成。

其次，结构中各个环节之间所具有的周严缜密的逻辑关系，既是我们以上所说的建构完整匀称的结构“大厦”的内在框架，也是我们以下将要谈到的结构安排虽有错综变化又能不乱阵脚的内在根基。

从对结构中各个环节之间所应当具有的逻辑关系的角度来看，对结构安排的周严缜密的要求，首先体现在结构安排中依次展开的各个环节之间必须具有逻辑上的连贯性，不论其所表现的内容如何纷繁复杂、曲折变幻，始终都要一以贯之地体现写作者思路的清晰脉络，否则线索一断，各个环节成了“断线的珠子”，就既谈不上结构的完整匀称，而所谓错综变化也会变得毫无意义。其次，对结构安排的周严缜密的要求还意味着，结构中各个环节之间的承接转

---

① 《马克思恩格斯全集》，第42卷，97页，北京，人民出版社，1979。

换关系必须安排细密，令人无懈可击。正如李渔在《闲情偶寄》中所说的："编戏有如缝衣，其初则以完全者剪碎，其后又以剪碎者凑成。剪碎易，凑成难。凑成之工，全在针线紧密；一节偶疏，全篇之破绽出矣。"的确，写作者如果仅仅只是根据文本内容表达的要求合理地划分出全文的层次及段落安排，而不善于采用周严缜密的逻辑线索将这些层次及段落的"碎片"或隐或显地"缝"合起来，全文仍然会像一盘散沙一样，形成不了整体感。

3. 结构安排应当做到错综变化

凡是美的事物都具有一个共同特点，那就是其结构形态具有错综变化的特色。那些形态呆板、结构滞涩的东西，是不可能带给人美感的。文本结构当然也不例外，故而明代董其昌在《画禅室随笔》中要特别指出："文章最忌排行，贵在错综其势"。所谓错综其势，就是要求文本结构富于变化，生动活泼，切不可千篇一律。

文本的结构安排要富于变化，首先是指写作者不应当仅仅满足于遵循结构安排的一般原则和共同要求来写作，更需要突出写作的个性化特征，在不违背一般原则和基本要求的前提下，真正从自己独特的构思角度出发，使结构安排体现出写作者个性化的构思特点。这样就能使不同写作者的结构安排各具特色，富于变化。其次，写作者还应当重视和掌握使行文能够"错综其势"的一些结构艺术手法。例如在如何使文势的发展具有曲折变幻之美，如何使内容的表现具有虚实变幻之美，如何使行文的节奏具有张弛变幻之美等等方面，都有一些特定的结构安排的艺术手法。如果我们善于运用，就能够有效地使文本结构产生错综变化的审美效果。以下，我们就从这几个方面，简要介绍其中几种最基本的艺术手法。

三、结构的艺术手法

（一）分合与曲直

分合与曲直，都是使文势发展具有曲折变幻之美的基本结构艺术手法。所谓文势，是指文本内容发展的趋势和走向。它是由写作者对文本内容表达秩序的安排所决定的，与我们通常所说的结构安排的线索和脉络同一含义，都是写作者思路的具体体现。对文势发展的基本要求，就是前人所说的"文似看山不喜平"。这就要求文势的发展不可只是一条直线，使人"一览无余"，而应当在具有严密、清晰的逻辑线索的基础上，使其表现出曲折变幻的审美效果，这样才能有效地调动读者阅读的兴味。

1. 分合

分是指放开笔墨，具体铺写，要有无拘无束之态；合是指收束笔墨，概括思想，贵能自然从容。写作者善用分合法，文势发展就会显得伸缩自如、收舒灵活。董其昌所说的“文章最忌排行，贵在错综其势”，就主要是针对写作者要“散能合之，合能散之”而言的。

不论是叙事、写人、论理还是释物、言情，皆可以分合之法来安排结构，确定文势走向。相对而言，在各种文体写作中，议论文和散文在分合法的运用效果方面，表现得最为典型。议论文最基本的结构方式就是所谓总分式。有先总后分和先分后总，以及总—分—总三种表现形态。前面的“总”，是引论部分，通常是直接提出中心论点，或是提示全文论述的内容范围。中间的“分”，是本论部分，即将中心论点展开来进行多方并列的，或逐层深入的分析论证。后面的“总”，是结论部分，通常是对论证内容进行概括，阐明或再次确立中心论点，并以此收束全文。散文最基本的结构方式就是所谓“形散神不散”。形散，是指散文内容的表现不拘泥于事件过程的完整叙述，或是事理逻辑的完整论述，而是可以由特定的事物或事理引发出丰富多彩的联想，给人以兴之所至信笔挥洒的“散漫”之感。神不散，就是要能将这些兴之所至信笔挥洒的“散漫”材料或隐或显地聚合到写作者所要表达的特定思想情感上来，使作品具有集中、鲜明的整体表达效果。正如冰心在《笑》中以散笔描写完三幅“笑”的画面后所写的：

> 这同样微妙的神情，好似游丝一般，飘飘漾漾的合了拢来，绾在一起。
>
> 这时心下光明澄静，如登仙界，如归故乡。眼前浮现的三个笑容，一时融化在爱的调和里看不分明了。

2. 曲直

曲是指文势发展曲折迂回，富于变化；直是指文势发展简明平直，不事渲染。无论是曲是直，只要善于运用，都能取得好的表达效果。例如，李白《静夜思》：“床前明月光，疑是地上霜。举头望明月，低头思故乡。”这首诗纯用平直之笔，没有奇特变幻的想象，没有精工华美的辞藻，但能够“妙绝古今”。李白的另一首《月下独酌》，直写应是“独酌无相亲”，作者变换角度，不直写一人独饮，偏偏写成“举杯邀明月，对影成三人”，“我歌月徘徊，我舞影零乱”。用以月为伴、以影为伴来曲折地反映作者孤独寂寞之情，这可以看作是用迂回之笔取得耐人寻味效果的一个范例。

但是，从更广泛的意义上来说，写作中曲直手法的运用应当是相互融合的。要做到有直有曲，曲直互补，直中求曲，曲中见直。直中求曲，方能使脉络清晰而不浅陋；曲中见直，才能令文意含蓄而不晦涩。一味求直，固然有“一览无余”之病；一味求曲，也难免令人费解。一般来说，曲直结合，在议论文中主要表现为正面论述与侧面或反面论证相结合，以求在多角度交叉中使论点得到更透彻的阐释；在记叙文中，则表现为情节主干虽清晰明确而具体过程却扑朔迷离、波澜起伏，从而使文本内容更丰富，也更吸引人。

（二）疏密与虚实

疏密与虚实，都是使文本内容的表现具有错综变化效果的基本结构艺术手法。

1. 疏密

疏，指行文简略；密，指行文周详。因此，疏密与通常所说的“详略”含义相同。疏密作为结构安排的一种艺术手法，就好像绘画构图需要统筹兼顾，用笔的细密与空疏要错落有致，用墨的浓与淡亦需相得益彰一样；在写作中也应当根据文本思想表达的需要，对所要表现的内容做出主次详略的安排，并使其疏密相间，既达到使结构富于变化的目的，也起到突出文本思想的作用。清代唐彪在《读书作文谱》中引柴虎臣的话说：“详略者，要审题之轻重为之。题理轻者宜略，重者宜详。”说的就是这个道理。人们所熟知的欧阳修对《醉翁亭记》开头的修改，正体现了这种精神。欧阳修最初以几十字的篇幅来详细描述滁州城四面是山的景貌，而这显然与作者所要表现的重点在结构布局上相抵触，故而几经修改，欧阳修最终只以“环滁皆山也”五字将这一必须具有的，但又不是主要的内容一笔带过，避免了因结构安排上主次不分而造成喧宾夺主的毛病。

结构布局上的疏密安排固然有助于文本内容的有效表达，并且也能造成结构的错综变化，吸引读者阅读，但是，在使用中仍应当根据实际情况具体处理。特别应当注意的是：一定要根据文本内容表达的需要来确定主次，安排详略，而不能机械地去套用先详后略或先略后详之类的简单模式；同时，对疏密含义的理解要全面，要认识到这两者的含义是相对而言的，不应当把它们绝对化，以致详写时不分巨细令人生厌，略写时任意删削令人费解。

2. 虚实

虚，是指不直接、不正面地叙述、描写或议论写作对象，而是从效果、从大处来进行叙述、描写或议论，从而使对象的某种特征或深刻意蕴得到突出。实，是指直接、正面地叙述、描写或议论写作对象，从而使对象的具体形貌或基本内涵清晰明了。世界上的任何事物或事理，都不可能孤立地存在和发挥作用，其意义只能是在与特定环境或适用范围发生相互关系的过程中才能确定并表现出来。这正是写作者在安排结构布局时，要注意虚与实相互结合的根本原因。

在写作中注意虚与实的结合，可以避免在叙述或描写中只局限于对象本身，不能使文意有所升华，以及在议论时只会就事论事，不能将论题引向深入等等毛病，同时也能使文本结构显现出错综变化的效果。例如郁达夫的《怀鲁迅》，全文共7段。1~3段实写他从听到鲁迅的死，到从南台赶回上海，到赶往胶州路万国殡仪馆去吊唁的过程；4~6段虚写由鲁迅的死所引发的哲理思考，从而使"鲁迅的死"所包含的意义得到深刻的揭示；至于结尾一段："鲁迅的灵柩，在夜阴里被埋入浅土中去了；西天角却出现了一片微红的新月。"更是将实写与虚写融合起来，既表现了对鲁迅之死的沉痛，也表现了对鲁迅精神不死的坚信。

在写作中注意虚与实的结合，还可以为读者在阅读中发挥想象和参与创造提供"艺术空白"。有许多写作对象，单靠实写并不能为读者所真切把握，因此必须在实写的基础上，结合使用虚写，以唤起读者想象和理解能力的参与，从而使读者能够在"心目"中真切地看到，在心灵中真切地感受到语言所难以直接传达的文本内容。为了更直观地说明这种情况，我们不妨借宋代郭熙《林泉高致·山川训》中一段论画文字来帮助理解。郭熙认为："山欲高，尽出之则不高，烟霞锁其腰则高矣。水欲远，尽出之则不远，掩映断其脉则远矣。"这里所谓"尽出之"，即可看作写作中的一味实写。"烟霞锁其腰"与"掩映断其脉"，也就是写作中虚笔的"介入"。在中国画的表现技法中，所谓"烟霞锁其腰"和"掩映断其脉"往往并不需要什么特别经营，只是在画面的相关处留出一些"空白"而已，但它却能够充分调动接受者想象和理解能力的参与，由接受者自己去感受那"尽出之"也绝难表现的山高水长之生动景观。写作中的虚笔"介入"和虚实结合，也同样能够产生这种阅读效果。

（三）抑扬与张弛

抑扬与张弛，都是使行文节奏具有错综变化效果的基本结构艺术手法。正像在音乐中是由节奏来组织起一系列的乐音，使它们在高低方面呈现出有秩序的起伏呼应，就形成了音乐旋律一样；文本在以语言表达的线性特征所决定的与音乐类似的“时间”方式作用于读者时，也应当令读者感受到某种内在节奏的存在，并且具有错综变化的效果。行文中如果没有节奏的变化，就如同音乐“声一无听”一样，因为单调而不能被人接受。

1. 抑扬

抑，就是抑制、降低；扬，就是扬起、升高。这里所说的文本节奏，不同于语言声韵的节奏问题，而主要是指的一种内在节奏，也就是写作者的情感起伏变化。人们在生活中对不同事物都会表现出不同的情感评价，无论这些情感评价如何细腻复杂，从其占主导性的一面来看，总是可以在大体上归纳为褒与贬两大类型。这种情况反映在写作中，就形成了抑与扬。正确而灵活地运用写作的这一自然规律，使行文内容在表现过程中交替出现抑扬的变化，以行文节奏的上下高低的起伏变化，造成阅读者情感起伏的相应变化，这是抑扬法的独特魅力所在。

刘熙载曾在《艺概》中称：“抑扬之法有四，曰：欲抑先扬，欲扬先抑，欲抑先抑，欲扬先扬。”写作实践中运用得最多的，是欲抑先扬和欲扬先抑两种形式。欲抑先扬，即为了否定某个对象，写作者先对它进行肯定和褒扬，待到适当的契机，笔锋一转，文气下沉，指出前面印象与认识的错误，并最终揭示出对象应予否定的某种本质。欲扬先抑，则是为了肯定某个对象，写作者先对它进行种种责难和否定，待到认识更深一步时，却发现前面的印象与认识是错误的，于是笔锋一转，文气上扬，最终揭出对象应予肯定的某种本质。无论是欲抑先扬还是欲扬先抑，写作中都应当注意，结构上在先者只是一种手段，在后者才是目的所在。因此，要特别注意结构上在先者对阅读者的心理和情感的影响作用，以造成阅读者真实的“误解”，并信以为真。只有如此，才会在出现文意转折时形成真实的内在节奏变化，充分实现抑扬法所应有的作用。

2. 张弛

张，指行文节奏紧张、急促；弛，指行文节奏舒缓、轻松。写作中正确而灵活地运用张弛之法来调配节奏、安排结构，使之与人的心灵节奏的内在要求相适应，是既使文本结构显示出错综变化之美，又利于文本内容有效表现的一种行之有效的结构安排的艺术手法。

请看 19 世纪德国现实主义作家克莱斯特的短篇小说《智利地震》。作品写一对情侣叶罗尼模和瑛秀斌，惨遭教会迫害而身亡的悲惨故事。小说开始，叶罗尼模“正监禁在牢狱，他这时还靠着监牢的一根柱子旁边站着，想上吊自杀”。他的爱人瑛秀斌，这天将被处以斩刑。满城仕女结队而出，要“参观这天网恢恢，疏而不漏的好把戏”。作品这时的气氛是压抑的，节奏是紧张的。就在叶罗尼模已把解脱苦海的上吊绳系好，“瑛秀斌在出发受刑，已经离法场很近了”的千钧一发之际，一场大地震爆发了。监狱倒塌了，行刑的队伍逃散了，这对恋人也逃脱了死亡，并且都逃到了圣地亚哥，在城外的山谷中相会了。这时作品的气氛是欢快的，节奏是舒缓的。阅读者绷紧的心弦这时也松弛开来，与作品的主人公一道来感受这劫后余生的喜悦，来领略这夜的宁静、梦的缠绵。这时，连天地间都充满了奇异温馨的香气，月光温柔地照抚着这对情侣，夜莺唱起快乐的歌。经历了九死一生磨难之苦的一对情侣，真难以相信眼前的一切竟是真的。为了感谢上帝创造的这个奇迹，他们准备第二天去参加大主教亲自主持的一个庄严隆重的弥撒。谁知，就在这对情侣虔诚地听一位年长的高僧布道之际，风云骤变，那可诅咒的高僧把邪恶的矛头对准了他们，“要求恶魔将他们的灵魂带到地狱里去”。于是，人们骚动起来，宗教培植起来的愚昧驱使一群“虔诚善良”的信徒将仇恨集中到他们那无辜的同类身上，人性被兽性野蛮地践踏着。最终，暴徒夺去了这对情侣的生命。

可以设想，假如作者不虚构这场大地震，而是让作品的节奏始终紧张，直接将这一对情侣推向死亡，从主题的角度来说，和现在看到的作品没有什么质的区别，都是把矛头直接指向残暴的教会制度。但那样的作品会令读者感到单调乏味，并因节奏的呆板无变化而与读者心灵节奏的内在要求相抵触，不能引起读者阅读的兴趣。现在这种处理方式，巧妙地通过一场大地震的插入，构成张—弛—张的变化格局，用主人公的九死一生，来陪衬最终的惨死，于节奏的变化之中，一方面点燃读者希望的蜡烛，一方面又毫不留情地将这美好的烛光吹灭，这更能引起读者对主人公之死的痛惜，对教会制度之恶的痛恨。

第二节　结构安排的主要环节

一般来说，写作者对文本结构安排的考虑主要有以下几个方面的内容。

一、层次与段落

层次与段落的安排，是结构安排的核心问题。层次与段落安排好了，首先是层次安排好了，文本的基本结构框架也就确定了。因此，有经验的写作者都特别重视这个问题。

（一）层次与段落的含义

层次，也称结构段、意义段，用以区别段落（自然段）。它是指文本内容各主要部分的划分和表达次序的安排。层次安排合理、清晰，文本内容就会表现得脉络分明、气势贯通。可以说，层次安排是结构安排中最重要的工作，它的意义在于从整体上确定全文的逻辑关系。写作前先拟一个提纲，主要就是解决层次安排问题，使写作者对全文的整体布局成竹在胸，这样再去进行各个局部的精雕细刻，就不会出现未经整体布局就“造成一架”又“再筹一架”而可能出现的混乱局面。

段落，就是自然段。它是从文字表达形式上体现文本内容表达过程中的停歇与转换的一种标志，这种标志就是“换行”。如果说层次主要是体现文本内容内在逻辑关系的结构概念，那么段落主要是表示文本内容外在表现秩序的结构概念。段落安排得适当，既可以使文本内容表现得眉目清晰，也可以使阅读轻松自然。但要说明的是，这里所说的段落，不包括那些具有“换行”标志而不宜视作自然段的情况。例如写作者用以表达某种着重意味的独语段，用来连接上下文的过渡段，为了醒目或减少段落长度而单独安排的引语段，为显示对话关系而分行排列的对话段等等，都只能看作是一种分行，不能认为是分段。

层次与段落的关系在多数情况下是层次大于段落，一个层次包含几个段落。在一些篇幅短小的文本中层次等于段落，也就是说一个层次采用一个段落的形式来表现。在少数情况下，层次又可能小于段落，如一些只有一个自然段的短文，其中就可能包含几个层次。不论从哪种现象来理解，层次都是表示文本内容内在逻辑关系的结构概念，是仅次于篇的结构单位。一篇文章是由若干层次组成的，而不是由若干段落组成的。强调这一点的目的，是要求写作者树立在动笔之前应当先在宏观上清晰地把握全文逻辑关系的意识。这一方面是因为大学写作课的习作要求写作内容比较丰富，篇章结构比较复杂，能够达到一定的写作水平；另一方面，也是为大学生今后进行要求更高、结构更为复杂、篇幅也更大的写作活动培养良好的构思谋篇习惯。从这种意义上来说，我们是在层次大于段落的含义上来使用层次概念的。

（二）层次与段落安排的原则

层次安排的基本原则主要有两条：一是组合部分的不可或缺性，二是组合次序的不可调换性。

所谓层次安排的不可或缺性，是从文本结构布局的整体性要求出发，对每一层次的安排，都要直接围绕全文中心思想表达的需要，使其成为体现全文中心思想的一个不可或缺的组合部分。去掉它，全文中心思想的表达就缺乏其必要的完整性。

所谓层次安排的不可调换性，是从文本结构布局的条理性（由语言表达的线性特征所决定）要求出发，使层次与层次之间的关系，既是相对独立的，又是相互联系的，既各自具有其表现内容上的不可替代、不可或缺的性质，相互之间的组合次序又能体现出推进和展现全文内容发展脉络的逻辑必然性。如果将它们之间的排列次序予以调换，就必然造成文本结构布局的混乱。

层次安排的这两条原则也同样适用于段落，但那是在相对于某个层次结构布局要求的前提下对段落而言才是适用的。同时，我们对段落的划分还有两条基本要求，那就是单一而完整，长短要适度。

所谓段落划分要单一而完整，是要求一段文字集中表达一个中心意思，不要把不相关的几个意思放到一个段落里表达。对集中表达的这一个意思，则要求通过句与句，或句群与句群之间的某种逻辑组合关系来完整地加以表现。不要这个意思还没说完，又去说另外一个意思；或者把这一个意思拉扯到几个段落中去说。努力使段落安排具有单一性和完整性，是保证各个层次内部结构具有条理性，并进而保证文本整体布局具有条理性的一个重要基础，因此值得我们特别重视。

所谓段落划分长短要适度，主要是从阅读效果方面提出的要求。能够引起人的美感的对象，一般来说都具有结构匀称、各组成部分之间比例协调的特点。文本作为阅读的对象也应该具有这种特点。层次作为表示意义的结构单位，在文本结构中一般没有直接的标志来显示，而段落却具有“换行”的明显标志为读者提供阅读的间歇。因此从文本表达形式的匀称、协调的角度来看，很自然地会提出段落划分长短要适度的要求。当然，段落的长短主要是由其所表达的内容多少来决定的，不可能做到各段篇幅等齐划一。但是，经过精心谋划，使各段篇幅的长短安排在一个适度的灵活范围之内，却是可以办到的。这不单纯是为了使文本结构具有美感特征，也是为了更好地表达文本内容。如果段落过长，则内容繁杂，不符合段落划分的单一性要求，让人读起来眼花缭乱，难以把握；如果段落过于零碎，把一个完整的意思分散到几个段落中去讲，也不符合段落划分的完整性要求，读起来会有一种杂乱无章的感觉。总之，不论是从作者表达的要求来看，还是从读者阅读的要求来讲，段落划分都不宜过长或过短，而应当长短适度。当然，文学作品中经常出现的提示性、着重性语段，对话语段等，由于不宜视为自然段，所以也不宜放到上述范围之内来要求。

（三）层次安排的方式

关于层次安排的方式，在以不同表达方式为主的不同文体中，会有不同的表现形态。

例如，在以记叙为主的各种文体中，有六种层次安排的基本方式：以时间的推移为顺序来安排层次，以空间的变换为顺序来安排层次，以时空交叉为顺序来安排层次，以材料性质的分类来安排层次，以作者的认识和感情发展为顺序来安排层次，以人物的意识流动为顺序来安排层次。

在以议论为主的各种文体中，有四种层次安排的基本方式：以并列的关系来安排层次，以递进的关系来安排层次，以先总后分或先分后总的关系来安排层次，以比较的关系来安排层次。

在以说明为主的各种文体中，有三种层次安排的基本方式：以事物的空间组合关系为顺序来安排层次，以事物发展变化的时间过程关系为顺序来安排层次，以事物功能和特征的主次关系为顺序来安排层次。

总之，层次安排的根本手段是依据层次之间的一定的逻辑关系来安排层次。如果我们把各种类型的层次安排中所包含的逻辑关系加以归纳，可以发现所有文本的结构大致不外乎这样三种基本逻辑关系类型，那就是纵向关系、横向关系以及纵横交错关系。

所谓纵向关系类型，是按照客观事物各个发展阶段的先后顺序或客观事理各个侧面层层深入的递进关系来安排文本内容的结构形态。这种结构形态普遍存在于各种文体写作之中。例如在记叙性文体中它可以表现为依据事件发展过程，人物成长过程，作者观察、感受、认识过程，人物心理活动过程等多种逻辑关系来安排结构层次。在议论性文体中它可以表现为依据从现象到本质、从原因到结果、从历史到现实等多种逻辑关系来安排结构层次。在说明性文体中它可以表现为依据事物发展变化的时间过程、事物特征形成的历史源流等多种逻辑关系来安排结构层次。

所谓横向关系类型，是根据文本思想表达的需要，从不同角度、侧面和范围选取若干材料或事件分别进行叙说或论证的结构形态。它的各个层次之间的关系一般来说是并列的。这种结构形态也广泛存在于各种文体写作之中。例如，在记叙性文体中可以通过同一时间不同地点，或不同时间和地点发生的一些事情来写一个人，或是表现一种思想感情。在议论性文体中，则可以把论证的中心论点分解成彼此并列的几个分论点来分别进行论证，以求得认识的全面性。在说明性文体中，最常见的方式就是以事物的空间组合关系为依据来安排文本结构，或是采取列举说明事物特征的方式来安排文本结构。

所谓纵横交错关系类型，是依据事物发展本身就具有的多样性和复杂性，以及客观事理所包含的多侧面、多层次的性质来安排文本层次的结构形态。它一般有两种具体表现方式：一种是以“纵”为主，以“横”为辅。也就是说其贯穿全文的大层次是依据某种纵向关系来安排的，而在这种纵向发展的每个阶段性“平台”上，则又依据某种横向关系来展开。这种依据横向关系展开的结构部分，就构成了一个纵向的大层次统辖下的若干横向的小层次。另一种是以“横”为主，以“纵”为辅。也就是说其贯穿全文的大层次是依据某种横向关系来展开的，而在这种横向展开的每一个并列的结构“单元”中，则又依据某种纵向关系来安排。这种依据纵向关系安排的结构部分，也就构成了一个横向的大层次统辖下的若干纵向的小层次。无论是哪种方式的纵横交错结构形态，都普遍存在于各种文体写作之中。一个最为人们所熟悉的例子，就是通讯《为了六十一个阶级兄弟》中所采取的以时间顺序（纵向）为主线，穿插叙述同一时间不同地点所发生和进行的种种事情（横向）的方式。

二、过渡与照应

过渡与照应是使文本内容前后连贯的一种重要结构手段。结构安排要求做到布局严密，衔接自然，前后贯通，形成有机整体，这就离不开过渡与照应的有效而巧妙的安排。

（一）过渡的含义与方式

过渡，是指上下文之间的衔接和转换。它在文本结构安排中起着承上启下的作用，使上下相关的两个层次或段落衔接紧密，转换自然，天衣无缝。

需要安排过渡的情况主要有这么三种：一是由开头部分进入主体部分，或是由主体部分转入结尾部分，都应有过渡衔接，才能使全文结构严密而完整。二是当文本内容转换时，例如由一个材料、一个事件、一个观点的叙述或论证，转入下一个材料、事件或观点的叙述或论证时，一般要用过渡来衔接。三是当表达方式或表现方法变化时，例如由抒情转入叙述时，或者由叙述转入议论时，通常也应当安排过渡，以使读者的理解跟上写作者思绪的变化，不至于造成阅读理解上的混乱。

常见的过渡方式主要有这么三种：过渡词，过渡句，过渡段。过渡词一般由关联词来承担，如“因此”、“由此观之”、“然而”、“但是”、“总之”、“综上所述”等。这种表示过渡的词语，一般放在下个段落的开头。过渡句一般放在前一段结尾或后一段开头，用以表示一种承上启下的关系。过渡段的作用与过渡句一样，只是它所包含的内容更具体一些，比如对前面的内容加以概括，对后面的内容进行提示。它一般用于两个层次之间的衔接，而且通常是在两个层次之间内容转换幅度较大的情况下使用。

（二）照应的含义与方式

照应，是指前后内容上的彼此配合、关照和呼应。如果说过渡体现的是上下文之间的直接联系，那么照应体现的则是前后文之间的间接联系。合理而巧妙地运用照应，不仅能使全文前后贯通，首尾圆合，而且能使某些关键内容在这种“前呼后应”中得到强化，给读者留下深刻印象或是某种启迪。

常见的照应方式主要有这么三种：首尾照应、照应标题和行文中的前后照应。

首尾照应是使用得最为普遍的一种照应方式，对于增强结构的整体感和突出文本思想，都具有重要作用。

照应标题的情况在写作中也经常可见。当标题比较直接和明显地标示了文本思想的含义时，写作者可以在文中某一处或多处来“点题”，以便使文本思想得到强调而显得更加鲜明和突出。当标题的含义比较深刻或含蓄时，写作者可以在文本适当处予以点破，便于阅读者更加准确、清晰地理解文本思想。这种照应标题的方式可以称为“解题”。

行文中的前后照应是一种最具有技巧性的结构手法。通常所说的“伏笔”、“悬念”等等，都属于这种类型。这种照应方式的高妙之处在于，它通过适当地预设伏笔和制造悬念，调动起读者阅读的兴趣，在读者的期待之中伏笔得到呼应、悬念顿然消失时，读者不仅对文本思想有了深刻的理解，而且会在自己的心中把文本的前后内容自觉地联系在一起，从而由读者自己来完成强化文本结构整体感的工作。这种照应方式在叙事性文学作品中得到普遍使用，但要真正达到既能引人入胜又能出人意料的艺术效果，却是很不容易的。它是最能够体现作者写作功力的重要标志之一。

三、开头与结尾

开头与结尾，是文本结构中的两个独立层次，而且通常以独立段落的形式出现。由于它们在全文组织安排中处于重要地位，因而受到写作者的格外重视，成为结构安排的一个不容忽视的重要环节。

（一）开头的作用与方式

俗话说：“万事开头难。”在写作中，一个好的开头能够为全文内容的表达理出头绪，确定基调，笼罩全文，提携文意，便于下文的生发、延展，因此历来为有经验的写作者所重视。李渔在《闲情偶寄》中就认为：“开手笔机飞舞，墨势淋漓，有自由自得之妙，则把握在手，破竹之势已成，不忧此后不成完璧。如此时此际文情艰涩，勉强支吾，则朝气昏昏，到晚终无晴色，不如不作之为愈也。”

具体来说，开头的作用主要表现在这样两个方面。一是从写作者的角度来看，好的开头就像登上高山而能延揽万物，站到源头而能畅行千里。当然，这种好的开头绝非靠凭空杜撰所能获得，它作为文本内容整体的一个有机组成部分，只能是写作者对全文构思趋于成熟的产物。正如叶圣陶在《开头与结尾》一文中所说的：“作者在一个字也不曾写之前，整篇文章已经活现在胸中了。这时候，该用什么法开头，开头该用什么样的话，也就派定注就，再不必特地用什么搜寻的功夫。”

二是从阅读者的角度来看，好的开头具有先声夺人、引人入胜的吸引力，并且能够引导读者把握要领，产生强烈的阅读理解欲望。正如李渔在《闲情偶寄》中说的：“开卷之初，当以奇句夺目，使人一见而惊，不敢弃去。”

常见的开头方式多种多样。例如，在议论性文体中，常见的开头方式就有或是直接提出将要论证的基本观点，或是指明论述的范围和对象，或是交代写作的背景和动机，或是借助谈古说今来引出话题等等。在叙述性文体中，常见的开头方式则有或是交代事件背景及发生缘由，或是描绘场面引出事件，或是描绘环境引出人物等等。综观各种具体的开头方式，我们可以把它们概括为两种基本类型，即直接入题和间接入题。

所谓直接入题，也就是通常所说的“开门见山”。这种类型的开头，起笔不作徘徊，或记人，或叙事，或论理，或言情，都能直接入题，使读者看了开头便能马上把握全文内容的基本性质或主要倾向，正所谓开宗明义、朴实无华。

所谓间接入题，形象化的说法叫做“曲径通幽”。这种类型的开头，起笔先要做些铺垫：如写人，先要描绘环境；如叙事，先要发点议论；如论理，先要说个故事，如此等等。总之，写作者总要凭借一些其他的手段作引子，通过巧妙迂回，逐步转入正题。

（二）结尾的作用与方式

林纾在《春觉斋论文》中有一句话说明结尾的重要性，讲得极好：“为人重晚节，行文重结穴”。的确，从某种意义上来说，结尾的好坏直接关系到写作的成败。结尾的作用主要表现在两个方面：

从写作者的角度来看，好的结尾是全文发展的一个必然归结，对于全面而深刻地展现文本思想至关重要；好的结尾还应当是与开头遥相呼应一气贯通的，对于文本整体结构的完成也是至关重要的。

从阅读者的角度来看，如果说开头的作用在于能引人入胜，那么结尾的作用则在于要让人留有余味。李渔在《闲情偶寄》中形象地称其为：“终篇之际，当以媚语摄魂，使之执卷流连，若难遽别。”叶圣陶在《开头与结尾》中也说，结尾应当“使读者好像嚼橄榄，已经咽下去而嘴里还有余味，又好像听音乐，已经到了末拍而耳朵里还有余音，那才是好的结尾”。

常见的结尾方式丰富多彩，概括而言主要有这样三种类型：一是总括全文，篇末点题；二是自然收束，事毕言止；三是面向未来，提出希望。不论以哪种方式结尾，都应当做到简洁、含蓄、自然。

思考与练习

1. 什么是结构？结构安排为什么要做到“言有序”？

2. 结构安排的基本原则有哪些？选择一篇自己阅读过的优秀作品，具体分析其结构安排中所体现的这些原则。

3. 结合“结构的艺术手法”中的相关内容，选择一篇自己阅读过的优秀作品，根据其在结构安排上体现的某种特点，确定一个具体的分析角度，例如抑扬、张弛等等，写一篇赏析性的读后感。

4. 什么是文章的层次？层次安排的基本原则是什么？

5. 过渡与照应的含义是什么？常见的过渡和照应方式分别有哪些？

6. 开头和结尾为什么在结构安排中特别重要？从自己阅读过的文本中选择几个类型不同的开头和结尾，分析其在各自文本结构安排中的重要作用。

第四章 言之有文(上)
——语言

内容提要

本章讨论的是语言的性质和写作中语言运用的一般要求问题。语言既是思维的工具，也是思维内容诉诸表达的手段。因此，不仅是在言之有物、言之有序的写作环节始终离不开语言积极而有效的参与，而且尤其是在写作者对文本思想内容和结构安排有了成熟的思考欲将其用书面形式予以表现时，写作者的语言运用能力更成为了决定写作成败的关键因素。要能有效地使用语言表达思想，首先应当对语言与思维的相互关系有准确的认识和把握；其次，应当对书面语言表达的基本要求有自觉的认识和把握；最后，还应当对书面语言表达的风格特征——文采之美有初步的认识和把握。如果我们能够把对上述内容的认识和把握与自己的写作实践有意识地结合起来，所谓语言表达能力的培养和提高就有了具体的内涵和明确的目标。

从某种意义上来说，所谓写作能力，归根结底是一种语言运用的能力。因为写作者的一切思考与谋划，无论是关于文本思想和材料的，还是结构安排的，都要最终通过“写”来落实并得以表现。“写”的过程就直接表现为语言运用的过程。正因为如此，语言表达能力的培养和提高自然也是培养和提高写作能力的一个重要环节，而对语言表达能力的考察当然也是评价写作成败的一项基本的和重要的内容。

不过在写作中语言的存在并不是孤立的，因为“语言是思想的直接现实”，所以要认识语言的作用和培养语言运用的能力，都必须与思维的特点和思想表达的需要联系起来。正因为如此，要真正认识语言的作用和培养语言运用的能力，首先要对语言与思维的关系有个基本的了解。

当我们在符合语言与思维的一般关系要求的基础之上进一步认识写作中的语言表达问题时，我们所需要回答的实际上是语言表达的评价标准问题，即怎样的语言表达才算是好的语言表达。对此，孔子曾经从两个层面提出过自己的看法：从基本的要求而言，写作者先要能“说”清楚，再从更高的要求而言，写作者还要能“说”得漂亮。

首先，在《论语·卫灵公》中孔子提出：“辞，达而已矣。”所谓“达”有二义：一是传达，即要求语言能准确反映说话者的本意；二是畅达，即要求语句通顺流畅。在今天看来，“辞达”主要属于消极修辞范畴。

其次，在“达”的基础上，孔子还认为语言应当有一定的文采，不光是把意思说清楚，还要能使表达更生动、灵活，说得漂亮，从而更具有征服力，让人不得不接受。当然，孔子的这个意思不是正面提出的，并且是有明确所指的。

据《左传》记载，春秋时期鲁襄公二十五年（公元前548年），郑国攻打了陈国。当时晋国是诸侯盟主，不同意郑国攻打陈国，于是，郑国派子产身穿戎服去晋国进献攻打陈国的战俘。由于子产善于言辩，巧于辞令，言辞有理，有利有节，使晋国最终接受了郑国的战利品，承认了郑国攻打陈国的事实。孔子在听说这件事后感慨地说：“《志》有之：‘言以足志，文以足言。’不言，谁知其志？言之无文，行而不远。晋为伯，郑入陈，非文辞不为功。慎辞哉！”孔子虽不赞成郑国恃强凌弱的行径，也不赞成晋国的无原则行为，但他确实从这件事中看到了“文以足言”的重要作用，故而提出了“言之无文，行而不远”的重要命题。也就是说，在排斥为错误目的服务的前提下，孔子是积极主张“言之有文”的。这个“文”，就是指文采。在今天看来，“言之有文”主要属于积极修辞范畴。

以下，我们在认识了语言与思维的基本关系之后，就根据孔子的意见，先从语言交流的基本要求，即“辞达”的层面，谈一谈文本写作中书面语言表达的基本特征；再从语言交流要能“言之有文”的更高层面，谈一谈文本写作中书面语言表达的文采之美。

第一节 思维与语言

一、思维与语言的一般特征

（一）思维的一般特征

恩格斯曾经把“思维着的精神”赞誉为物质运动所产生“在地球上的最美的花朵”。的确，思维是人类意识的核心，“有意识”的人类之所以能成为世界上的“万物之灵长”，归根结底就在于他们拥有人脑这种在人类的进化和实践过程中逐渐产生和不断完善的物质的最高产物，而“能思维”正是人脑这样一种特别复杂的物质的机能。这种机能主要表现在它能超越事物的个体实在性层面，而去反映事物内在的一般特性并发现事物之间规律性的联系和关系。正是由于人类具有思维这种特殊机能，才使得人类不但可以感知实在的东西，而且更能够把握无法感知的虚在的东西，从而能够使人类突破现实的局限去进行精神的自由创造。从这种意义上来说，思维就是人脑对事物的间接的和概括的反映。

通常所说的思维包括两层意思：一是指思维这种意识活动的过程，即思考；二是指思维这种意识活动的结果，即思想。思维具有两种基本特征：一是间接性，二是概括性。

思维的间接性可以从两方面来理解：一方面它表明思维的对象不像感知的对象那样是可以凭直观把握的事物的外在属性及其外部联系，而是需要在这些感性认识基础之上通过分析与综合、抽象与概括等思维过程才能间接把握的事物的内在本质及事物间的内在联系。另一方面，思维的间接性还表明，它在借助于感官直观地得到对事物外在属性及其外部联系的有限认识的基础上，通过对事物的内在本质及事物间的内在联系的把握，可以间接地去理解和把握那些没有感知过的，或根本无法感知的事物。

思维的间接性是依靠思维的概括性来实现的。思维的概括性也可以从两方面来理解：一方面它表明人的思维具有超越对事物的个体实在性把握的性质，它关注的是事物的普遍性和规律性。另一方面，由于概括性是反映全体同类事物性质的，所以才能使我们在掌握了某种具有概括性的理论知识之后，能够在对该类事物的认知过程中，由现象到本质，由片面到全面，由外部联系到内部联系，即实现思维的间接性。

思维对事物进行间接概括反映的特征只有放在人类精神文化积累的大背景下来看才能最充分地显示其意义。因为正是人类思维对事物进行间接概括反映的思想成果的历史积累，使后人既无须再去重复前人从直接感知到间接概括的意识过程，又可以运用这些具有间接性和概括性的理论知识指导实践，去创造合乎事物普遍性和规律性的新事物。当然，后人不会在前人已有思想成果的面前止步，而是必然会以此为基础，一方面通过自己的实践验证、修正和完善前人的思想成果，另一方面，不断开辟新的感知和思维领域，去寻求新的思想成果来丰富人类的智慧宝库。从这种意义上来说，人类思维的发展和提高，是人类自身发展和进步的阶梯。这条阶梯不是靠别的什么来修造的，而是靠写作。

（二）语言的一般特征

当我们指出思维所具有的间接性和概括性的特征时，我们必须回答的一个问题就是：这种意识活动能够进行的工具是什么？与此相连的又一个问题是：将思维的成果即思想进行传达以实现交流的手段是什么。尽管现代心理学、思维学研究的成果显示出进行思维的工具和传达思想的手段都可能是多元的而非单一的，但其中最主要、最有效，并且是唯一能够凭借自身功能而单独使用的，却只有语言。与思维所具有的间接性和概括性特征相对应，语言这一符号系统，作为一种能够独立进行思维的工具和传达思想的手段，其最基本的心理特征也正在于它具有间接性和概括性。

先从语言作为思维工具（材料）的角度来看，语言所具有的间接性表现在它以符号的形式，即不以事物直观的形式而以具有指称事物功能的间接形式而成为思维的材料，从而使得超越事物个体实在性的思维活动能够进行。同时，概括性也是语言的基本特征之一，“任何词（语言）都已经在概括。”①当然，这要排除那些专有名词。正是因为有了语言的间接性特征，主体才可以

---

①《列宁全集》，第38卷，303页，北京，人民出版社，1959。

不需要直观地面对思维对象进行思维，这对扩大人类思维的广度具有决定性的意义；同时，也正是因为有了语言的概括性特征，主体才可以直接在抽象的层面上来进行思维，这对开掘人类思维的深度具有决定性的意义。总之，语言的运用，对于人的思维的提高有着根本性的意义。

再从语言作为传达思想的手段的角度来看，其所具有的间接性、概括性特征同样表现得十分明显。尽管我们常说“语言是思想的直接现实”，但语言与思维并非就是一回事。思维是一种包含物质内容的精神现象，而语言则是一种包含精神内容的物质现象。正像思维中所反映的物质内容不能直接等同于物质的存在，而只是存在的间接反映一样，语言所传达的精神内容也不能直接等同于主体思想本身，而只是经过语言中介之后的间接反映。正是由于存在着这种间接性，人们才对思维及思想表达提出“求真”的要求。陆机《文赋》所谓“恒患意不称物，文不逮意”，就是出于这种考虑。古往今来人们对写作理论所进行的种种探讨，相当多的内容都是在论述由“物”到“意”、由“意”到“文”过程中所存在的这种间接性（转化性）特征的积极和消极作用问题。语言作为传达思想的手段不仅具有将无形的思想转化为有形的语言的间接性特征，而且也是对主体思维活动的一种概括性的表现。这可以从两方面来理解：一方面，从人类思维发展的历程来看，人类通过其思维活动所获得的对世界的概括性认识只能通过语言，尤其是语词来表现和贮存，因此，语词具有概括、凝聚人类智慧的伟大作用。另一方面，从个体思维活动的情况来看，语言表达并非是一种消极、被动的过程，而是将繁杂无序的心理内容转化为简洁有序的语言内容的积极、主动的化生过程。这本身就是一种概括。我们每个人都可以从日常生活中口语表达向书面表达转换的经验中获得对这种概括性质的生动体验。

思维与语言的关系问题是写作的最根本问题，因为写作就是通过书面语言来传达思想。从这种意义上来说，我们除了需要了解思维与语言各自的一般特征之外，还应当进而了解思维与语言之间的一般关系。

二、思维与语言的一般关系

思维与语言是不可分割的，但又不是同一的东西。思维是人脑对客观现实的反映，而语言只是事物的符号，是人脑进行思维的材料，也是传达和固定思想的手段。因此，思维与语言的一般关系中既有反映二者相互联系的一面，也有反映二者彼此区别的一面。

（一）思维与语言的相互联系

应当说，作为地球上最美的花朵的人的“思维着的精神”，是以其所具有的间接性和概括性为基本特征的，不论是通常所说的形象思维，还是抽象思维都是如此。两者的区别只在于运用语言材料实现间接性和概括性时对语言特性的利用各有侧重，因而其间接性和概括性的方式、程序乃至结果也就彼此相异。正是从这种意义上来看，思维和语言是密切联系的：思维只有借助语言才能产生、存在和交流；语言也只有通过思维才能形成和发展。

1. 思维与语言的联系

第一，思维的产生依赖于语言。关于思维与语言的产生谁先谁后的问题，历来争论不清。人类的祖先在劳动的过程中大脑的机能也逐渐得到发展，但要真正从动物也可能具有的具象性思维过渡到人才具有的抽象性思维，从逻辑上来说必须以具有间接性和概括性功能的思维符号即语言的存在为前提。可是同样从逻辑上来说，语言符号的内容就是人类的思维内容，当这种内容尚不存在时，也不会有语言符号的存在。因此，有学者认为种系思维和语言的发生是同步不同时的，逻辑上无先后，时间上有先后。也就是说，从劳动创造人这个大的过程尺度来看，思维和语言的发生具有同步性，即“已经形成的”人的思维和“已经形成的”人的语言是同步发生的，并且互为存在标志。这种意义上的思维和语言的出现，无所谓谁先谁后，它们是相互依存的，即每一方的存在都必须以另一方的存在为条件。没有真正意义上的语言，人的抽象、概念思维就不能出现，个人的思维就不能变为社会性的思维，也就没有真正意义上的思维。正是从两者之间这种互为条件的关系来说，思维的产生依赖于语言。

第二，思维通过语言才能存在和交流。根据巴甫洛夫高级神经学说，人类的思维，就是语言的思维。在巴甫洛夫看来，所谓思维，就是在第二信号系统里以语言动觉器官刺激物（即语言成分）代替了第一信号系统中的形象刺激物，因此，它的活动也就是对语言刺激物所产生的反应。没有语言作为它的刺激物，这种神经活动就不能存在。这说明，不论是就思维活动的过程本身，还是就思维活动的结果——思想的交流而言，都只能通过人脑所特有的第二信号系统，即通过人的语言活动来实现。正是从这种意义说，思维只有通过语言才能存在和交流。

2. 语言与思维的联系

第一，语言的产生依赖于思维。这实际上是前述思维与语言的产生互为条件关系的必然结论。与思维的产生需要依赖语言一样，语言的产生也离不开思维。从符号学的观点来看，任何一种符号作为客体，并不以其物质构成本身作为存在的意义，而是以其具有某种意义作用，即能够包含某种意义、指代某种意义来显示自身存在的价值。语言固然是一种声音，但绝非任何声音都可以称为语言，只有表达一定思想内容的声音才能叫做语言。当人类的祖先在劳动过程中大脑得到高度发展，开始具有思维的机能并运用一定的声音来表示一定的意义的时候，语言才产生了。

第二，语言的存在和发展离不开思维。所谓语言的存在离不开思维，与上述的语言符号的意义作用性质相关联。语言所具有的意义也就是它所表达的思维，因此使用某种语言的民族或人群的思维水平、思维方式、思维状况如何，直接决定着这种语言的存在形态如何。

既然一定的语言的存在总是与使用它的民族或人群的思维水平、思维方式、思维状况相适应，那么，随着社会的发展，人们的思维方式、思维状况发生变化，思维水平获得提高，与之相伴随的必然是语言的发展。在语言构成的语音、词汇和语法三个方面中，词汇的丰富、发展是最为明显的。不论是旧词增添新的含义，还是新词的产生，都直接体现着思维的发展。

（二）思维与语言的相互区别

尽管思维与语言之间有着上述密切联系，但二者又并不是同一的东西。思维是一种包含物质内容的精神现象，而语言则是一种包含精神内容的物质现象。或者说，思维是客观事物的心理反映，语言则是人们用于标示事物的符号。

1. 思维是客观事物的反映

说思维是客观事物的反映，有两层意思：一是说思维的内容应当是对事物客观性质与规律的正确揭示，而不是主观随心所欲的结果；二是说思维的形式也应该反映并且符合事物存在的普遍规律，因为它是人脑对客观事物规律的反映在人类意识中积淀的产物。从这种意义上来说，不论是思维的内容，还是思维的形式，都是具有全人类性的，因为客观事物的存在对全人类来说都是普遍一致的。正因为如此，人类的思维成果在消除语言隔阂的基础上完全可以为全人类所共有。

2. 语言是事物的符号

关于语言的符号性质，古往今来学者们多有论述。据哈特曼、斯托克《语言与语言学词典》介绍，美国语言人类学家萨丕尔认为，语言是人类独有的，用任意创造出来的符号系统进行交流思想、感情和愿望的非本能的方法。这就指出了语言符号的三个基本特性，即语言的约定性、交流性和系统性。

所谓语言的约定性，是指语言的根本特点在于语言与它所代表的事物之间没有必然的、本质的联系，语言与它所代表的事物之间的联系完全是创造这一语言的那个民族或人群的习惯的产物，是约定俗成的结果。正如《荀子·正名》所说："名无固宜，约之以命，约定俗成谓之宜，异于约者，谓之不宜。"这里所说的约定俗成有两层含义：一是就语言的创生而言，它是具有任意性的、非本质性的。这是它异于思维之处。二是就语言的使用而言，当语言符号与其所指对象之间的这种任意性关系被使用者所确认，它在使用中便具有了限定性，不能随意更改，否则便将直接影响人的思维及其交流活动的正常进行。正是因为语言的约定俗成性质所决定，语言只能是某一民族历史的产物，它不可能具有全人类性，而只具有民族性。

所谓语言的交流性，包含两层意思：首先，语言是思维的工具，而思维是对客观事物的反映，因此语言也就具有指称事物的性质。我们说语言是事物的符号，就是说语言可以指代事物。这既是人们进行思维活动的必要条件，也是人们进行精神交流的必要条件。其次，语言作为一种符号而能够成为人们进行精神交往的最主要的手段所具备的又一必要条件，在于语言具有透义性功能。其他符号在由"符号形式"向"符号内容"转化时，必须依靠语言作为中介才能实现。这是因为其他符号的内容就蕴藏在"符号形式"中，人们首先关注的是形式本身，只有通过对形式的辨别领会，才能达到对"符号内容"的把握。这个思维过程必然同时是一种语言运用过程。语言符号则不然。语言本身就是"思想的直接现实"，因此，当由语言符号的"能指"（音、形）向"所指"（意义）过渡时，无需别的中介物，而是直接为思维所领会。波兰哲学家沙夫在《语义学引论》中把这种现象称之为语言符号的"透义性"。他说："语词指号所特有的'透义性'出现的时候，正是当我们完全停止知觉到指号的物质形状（正常的交际过程中发生障碍的情形除外）而只意识到指号的语义方面的时候。"① 语言的透义性决定了它在各种交际手段中最具有直接性和有效性，因而也就最为人们所重视。

所谓语言的系统性，是指语言在作为人的思维工具和交际手段方面，较之其他具有类似功能的符号类型而言，是一种结构最为复杂、功能最为完善的符

① 沙夫：《语义学引论》，205页，北京，商务印书馆，1989。

号系统，能够满足人的几乎所有的思维与交际需要。这个符号系统包括两个基本构成因素：一是由语言的所有词构成的词汇，二是规定词的变化规则和用词造句规则的语法。由具有丰富的词汇和完整的语法所构成的语言系统，不论面对多么复杂的事物，或者进行怎样细密的思考，它都可以应付自如，这是其他任何符号类型所不可比拟的。

三、实现思维与语言自我调控的基本原则

认识思维与语言的特征及其相互关系，对写作有着根本性的意义。因为几乎所有关于写作的话题，最终都必然归结到思维或语言，以及思维与语言的相互关系上去。因此，以上所讨论的思维与语言的特征，以及思维与语言的相互关系问题，其意义将渗透到我们对写作活动的所有具体讨论之中。这里，只谈一谈我们在对思维与语言进行自我调控时应遵循的基本心理原则是什么。

（一）培养良好的思维品质

1. 思维的广阔性和深刻性

思维的广阔性，就是要能够全面地观察和思考问题，而不是片面地看待问题。能否具有这种心理品质对写作而言至关重要，因为它直接决定着写作中所要表达的思想是否建立在稳固的基础之上。产生错误的乃至愚蠢见解的一个重要根源，就在于思维的片面性。

应当指出的是，我们不要使思维的广阔性变成了思想的散漫性，优柔寡断，人云亦云。从写作的角度来说，思维的广阔性主要体现在形成思想的过程中思维材料来源的广泛性，以及在验证思想的过程中论证材料和方式的多样性。从这种意义上来说，思维的广阔性是为思想的集中性服务的。它一方面要在广泛的思考中发现真正有价值的问题，另一方面要使在此基础上所产生的思想真正具有说服力。但是，思维的广阔性还只是为发现有价值的问题和产生有说服力的思想提供了一定的条件，而不是全部条件，要真正使问题的价值得到充分显示，使思想具有无可辩驳的力量，我们还应当具备与思维的广阔性密切相连的另外一种思维品质，那就是思维的深刻性。这里所强调的思维的深刻性，就是在对问题的探讨中，将注意力集中到一点，深入开掘，真正揭示出事物内部最隐秘的本质及规律，而不是泛泛而谈，面面俱到，结果是什么都谈到了，而事实上又什么问题都未能解决。

2. 思维的灵活性和逻辑性

思维的灵活性，是指不墨守成规，不为思维定势所束缚，而能够根据具体情况因地制宜地提出符合实际的解决问题的新思路或新思想。这是能够进行创造性思维的人所必然具备的一种优良的心理品质。当然，思维的灵活性必然是建立在思维的独立性和批判性基础之上的。只有当主体具备独立思维的心理品质，并且敢于对一切现成的思路或思想提出大胆的质疑，他才能够突破思维定势的束缚，采取灵活的态度和方法去思考和解决问题，从而取得创造性的思维成果。

应当指出的是，思维的灵活性必须与思维的逻辑性结合在一起才是有效的，否则可能变成一种毫无实际意义的主观臆测。所谓思维的逻辑性，主要是指在索解问题答案的过程中表现出充足的逻辑依据和严密的逻辑结构，因而使最终的结论具有一种不可抗拒的说服力。从认识论的角度来讲，存在是第一性的，思维是第二性的；思维的逻辑性不是主体发明的，而是从对存在的反映中发现的，或者说它是事物自然规律作用于人的思维的一种必然反映。思维的逻辑性所具有的重要作用，在一般文本的写作活动中，尤其是在理论性文本的写作活动中，可以说是不言自明的。对思维的逻辑性难于进行直观把握的是文学写作。一般认为文学写作凭借着作家丰富而自由的想象与虚构去创造非现实的“第二自然”，似乎完全可以超脱自然规律的制约。其实不然。世界上许多大作家的创作经验反复告诉我们：往往是在那些最具有创造性的写作活动中特别显示着自然法则无所不在的调控作用。作家们可以感悟它、依循它，哪怕是在潜意识中也绝对不可拒绝它，否则只会导致创作的失败。

（二）正确运用语言规律

1. 充分发挥语言的多种功能

从不同方面看，会发现语言具有多面性和多样性的思维与交际功能。一个会写作的人的重要标志之一，就是善于充分发挥语言的多种功能。这里主要谈两个方面的内容：

第一，具象性与抽象性的统一。一般认为语言在本质上是间接的和概括的，即它已经脱离了具体事物而只是作为事物的一个符号，并且不是指向具体事物而是指向一般事物。但是，正是由于语言虽不固着于某物而又能指向某一类事物，这就使得它在具有抽象性的同时仍不可能失去其具象性。当然这里所说的具象性并非存在于语言符号本身（哪怕是真正的象形文字），而是指的它具有唤起主体记忆中相应表象记忆的功能。因为任何一种概念作为语言符号的

“所指”，在人脑中并不是孤立的，而是常常伴随着有关表象一起存在。并且，由于主体思维方式、思维要求的不同，语言“所指”在头脑中同时引起的具象性内容和抽象性内容的多少与隐显的比例程度也可以是不大相同的。譬如说“花”，在植物学家的头脑中也许主要是对这种植物现象的科学概括，但也必然同时伴有模糊的、不一定有确定种属的花的心理映象存在。如果是在一位养花爱好者的头脑中，这一概念所唤起的恐怕主要不是什么抽象的定义，而是真实具体的，并且往往只是他特别喜爱的那种花的心理映象；如果再加上适当的限定词和修饰语，所唤起的表象就会更加具体而清晰。那种以为形象思维就是用形象来思维，与抽象思维毫不关联的说法其实是大可怀疑的。不仅到目前为止人们还无法说明用形象来思维的发生机制是什么，而且对于在用形象来思维的过程中如何自我理解它的意义也是一个常常被避而不谈的问题。显然，我们脑海里自然浮现的任何表象不可能自发地成为创作的对象，只有在语言操作过程中有目的有意义地被唤起的某种表象或表象序列，才具有创作价值。因此，抽象思维与形象思维并不能被截然分离，因为它们的基本思维材料都离不开语言，只是在抽象思维中更偏重于发挥语言的抽象性作用，而在形象思维中更偏重于发挥语言的具象性——唤起表象记忆的功能。在人们的日常思维中，这两种作用由于没有受到有意识的调控，因而往往是不分主次地同时并存的。在写作中，我们却应当根据不同的写作需要，通过意识的调控作用有所侧重地发挥语言的功能来为写作服务。

第二，有限性与无限性的统一。语言作为一种特殊的符号系统，除了具有复杂的结构和完善的功能之外，比起其他符号系统来，它还具有一种重要特征，那就是具有强生成性，即语言的符号（如字、词）数目是有限的，但按照一定的构词和造句规则，却可以生成无限的词和句子。这是其他符号系统，如指示灯、旗语等所无法比拟的。在这方面汉语又显得格外突出。由于汉语是采用单个的汉字作为基本的书写符号（在口语中则是用单音节作为最基本的发音单位），所以只需掌握有限的符号，便可以生成无限的语言现象。对中国人来说，一般成人有 4 000 汉字即足以应付日常需要。在英语中，由于采用单词作为最基本的书写符号（口语与之相应），所以，使用英语的人往往要掌握两三万单词，才能达到中国人掌握几千汉字所能达到的语言应用效果。当然掌握有限的符号数目是一回事，能否在此基础上创生出无限的表达效果来又是一回事。这中间的转换中介就在于语法知识的学习和运用。这属于语言学课程的教学内容，这里就不多说了。

2．深入把握语言的文化内涵

当我们指出语言只是事物的符号，它与所指之间的关系乃是在某一民族或人群的历史发展中约定俗成的结果时，实际上也就表明了对语言的理解与运用必然具有的一个基本要求，那就是要能够深入把握语言中所包含的文化意蕴，否则难以实现对语言的正确理解和运用。对语言文化内涵的把握不只限于从它产生的文化背景中了解它的一般所指（即所谓辞典意义），更重要的还在于能够从产生它的特定文化背景中去把握它所负载的、超出一般所指的特殊意义（语言的深层内涵、象征义等）。由于这个话题涉及的内容十分广泛，这里不可能展开来讨论。我们可以结合与写作和阅读活动相关的语言学习，特别是外语和古代汉语的学习，具体而深入地体会把握语言的文化内涵对学习和运用语言所具有的重要意义。

第二节　书面语言表达的基本特征

写作是一种运用书面语言形式将写作者运思谋篇的思维成果外化为具有阅读交流功能的文本的活动。人类语言交流的有效性首先是建立在交流双方共同遵循的基本规则基础之上的，这在运用语言的规范化形态——书面语言所进行的阅读交流活动中表现得更加突出。因此，要使“写”的内容能为阅读者普遍理解和广泛接受，就应当了解和掌握书面语言表达的一些共同规律和基本特征。从保证阅读交流的有效性角度来看，书面语言表达的基本特征主要体现在这样三个方面，即准确、畅达和简洁。

一、准　确

陆机在《文赋》序言中将自己所感受到的写作障碍概括为：“恒患意不称物，文不逮意。”这实际上是从反面提出了成功的写作应当同时具备两个基本条件：一是写作者的认识要正确，二是写作者的表达要准确。显然，在陆机看来，写作者即使有了正确的认识而不能进行准确的表达，仍然会导致写作的失败。正因为表达的准确性如此重要，所以梁启超在《作文教学法》中特别强调，写作“最低限底的要求，是‘该说的话——或要说的话不多不少的照原样说出，令读者完全了解我们的意思’。”

要“令读者完全了解我们的意思”，从宏观来看是要正确安排文本的结构关系，从而使文本思想得到鲜明的表现；从中观来看是要遵循语法和逻辑来组织语句，从而保证写作者所要表达的意思能够通过正确的语言形式得到准确的表现；从微观来看是要正确选择词语，使用最能恰当地表达写作者意思的那“一个”词语来进行写作。这是保证语言表达准确的基础。关于文本的结构安排问题已在上一章进行过讨论，关于语句的组织应当遵循语法和逻辑的问题拟在下面的“畅达”一题中再行讨论，这里主要谈一谈用词的准确性问题。

不论是思维活动本身，还是思维内容的表达，都是在概念的基础上进行的，而概念又以词语作为其存在和使用单位。故此，朱光潜才要特别强调：“寻思必同时是寻言，寻言也必同时是寻思。”① 从这种意义上来说，“想清楚”与“说清楚”应当是统一的。例如，毛泽东《在延安文艺座谈会上的讲话》中有这样一段话：

> 他们抗战，我们是赞成的；如果有成绩，我们也是赞扬的。但是如果抗战不积极，我们就应该批评；如果有人要反共反人民，要一天一天走反动的道路，那我们就要坚决反对。

这段话所要表达的意思就很清楚，尤其是“赞成”、“赞扬”、“批评”、“反对”几个词语，把对统一战线中各种不同的同盟者的态度，表达得十分准确。这当然是与毛泽东对这一问题的深思熟虑分不开的。

但是，“想清楚”并不直接等于“说清楚”，它只是“说清楚”的必要条件。在由“想清楚”到“说清楚”的过程中，语言方式已经发生了变化，即由作为思维工具的内部语言，转化为作为表达和交流工具的书面语言，这就要求写作者必须遵循“约定俗成”的语言使用规范来恰当地选择词语，以使自己所意识到的内容也能准确地传达给读者。在这方面应当特别引起我们注意的，主要有以下几点：

（一）要注意辨析词义

准确地理解词义是进行准确表达的基础，这就要求我们平时注意积累，每当在阅读中接触到自己不熟悉的词语时，应当及时予以掌握以备写作时选用。同时，我们还要特别重视同义或近义词的辨析，这也是进行准确表达所必然要求的。对于同义或近义词语在词义上的差别，一般可以从这样三个方面来辨

① 《朱光潜美学文集》，第2卷，88页，上海，上海文艺出版社，1982。

析：一是注意区分同义或近义词语在使用范围大小上的不同；二是注意区分同义或近义词语在语意轻重上的不同；三是注意区分同义或近义词语在适用对象上的不同。

（二）要注意区分词的褒贬色彩

在汉语词汇中，大多数词属于本身不附带感情色彩的中性词，如鼓动、结合等等，但也有一部分词在具有其确定含义的同时附带有一定的感情色彩。那些带有赞许、肯定色彩的词，称为褒义词，如“鼓舞”、“团结”等等；那些带有贬斥、否定色彩的词，称为贬义词，如“煽动”、“勾结”等等。不注意区分词的褒贬色彩，褒词贬用或贬词褒用，是造成写作中表达不准确的一个重要原因，应当引起我们的充分重视。

（三）要注意掌握词的搭配关系

单独的一个词，就其本身而言，无所谓用得恰当不恰当；一个词只有在进入一定的语言环境，与其他词相互配合，发生搭配关系时，才产生用得恰当不恰当的问题。因此，注意正确地掌握词在进入句子之后与其他词语的配合关系，是保证写作者能够以正确的语言形式进行准确表达的重要条件。怎样才能正确地安排词语之间的搭配关系，这主要可以从两个方面来加以注意：一是要注意根据语法习惯来安排词的搭配。许多词语之间的搭配关系是在人们日常使用过程中约定俗成了的，对此，我们在平时应当注意掌握，在写作时才能正确使用。二是要注意根据语法特征来安排词的搭配。词是划分成各种类型的，如名词、动词、形容词等等，每一类词都有自己的语法特点，这些语法特点直接规定了词语搭配中的一些基本规则，对此，我们必须遵守，而不能违反。例如：动词、形容词可以受副词修饰，而名词一般不行；名词之前可以加数量词修饰，而动词、形容词一般不行；及物动词后面可以带宾语，而名词、形容词、不及物动词后面不能带宾语。诸如此类的规则还有很多，需要我们结合现代汉语课程的学习，逐一认真掌握。

二、畅　达

要进行准确的表达，除了要善于正确地选用词语之外，同时也必然要求行文中语句通顺流畅。我们不可能设想那些不符合语法和逻辑要求，读起来语病甚多的文章能够让阅读者准确理解写作者所要表达的思想。从这种意义上来说，要求行文畅达与要求准确表达是相互联系、相互统一的。

从根本上讲，行文畅达的逻辑前提与准确表达的逻辑前提一样，都要求写作者首先要“想清楚”。单纯从“写”的角度来看，行文畅达的宏观效果体现在文本结构安排所具有的逻辑性质之中，即全文的各个组成部分都被和谐一致地统一成一个有机整体；其微观效果则体现为语句通顺流畅，读起来没有滞塞之感。由于结构安排问题已在上一章进行过讨论，因此这里只着重谈一谈语句问题，它包括两个方面的内容：

（一）造句要合乎语法和逻辑

1. 首先应当做到句子结构完整

句子的结构成分有主语、谓语、宾语、状语、定语、补语。一句话，在通常情况下，起码应当有主语和谓语。有时候，一些必要的连带成分也绝不能缺少，否则会造成语句不通的情况。当然，在一定条件下，句子的某些成分是可以省略的，但如果不符合省略条件而任意省略，致使句子缺少某些必不可少的成分，造成语句的结构残缺，显然就不可能有效地表达出写作者的意思。例如有这样一句话：“李自成乘着敌人惊慌，接着又射一箭，从那个走在前边的小校的喉咙穿过，登时倒下马去。”由于这句话偷换了主语，造成主语残缺，读起来就感到别扭和费解。应当在“从那个”之前加主语“箭”，在“登时倒下马去”之前加主语“小校”，这样才能令读者读得顺畅，写作者所要表达的意思也才真正说清楚了。

2. 必须使词句的排列次序合理

汉语是一种十分重视语序的语言。一句话中，语词的排列次序直接关系到语意的表达，因此必须依照汉语的习惯和逻辑要求来安排，否则句子就不通顺，语意的表达也会受到损害。同时，句子之间的排列次序也必须要有逻辑性，否则会造成语意的混乱，也就不会有通顺流畅的阅读效果。

3. 句式要单一

在写作中，一种意思可以有多种说法，可以采用不同句式来表达。例如，要表达“爱国”这个意思，可以说：“祖国啊，母亲!”（感叹句）可以说：“国家兴亡，匹夫有责。”（祈使句）也可以说：“我爱祖国。”（陈述句）但是，在说一句话时，只能使用单一句式来表达，不能将两种或多种句式杂糅在一起，因为那样会造成句子结构的混乱，语句当然也就不可能畅达了。那么，怎样正确地使用句式呢？这正是我们要谈的第二个问题。

（二）正确地选用适当的句式

根据表达的目的和语气的不同，可以把句子划分为陈述句、祈使句、疑问句、感叹句四种基本类型。在写作中做到行文畅达的一个重要条件，就是写作者要善于随时根据表达内容的需要，灵活选用适当的句式，从而使写作的整个语言表达过程既富于变化，又自然流畅。当然，这首先要求写作者能够正确认识和掌握这四种基本句式。

1. 陈述句

陈述句用来陈述事实，说明意思，描绘景物，反映情况等，是写作中最常见、最基本的句式。它可以分为肯定句和否定句两种基本形式，这主要看谓语前面是否采用了否定词如“不”、“没有”等。一连采用两个否定词的陈述句，称为双重否定句。双重否定句意义上虽然是肯定，但它的表达效果比直接肯定还要丰富得多。它可以比直接肯定显得语气微弱、委婉一些，也可以比直接肯定的语气更强烈、更肯定。善于从表达内容的需要出发，适当使用双重否定句，可以使语气富于变化，行文也就更加生动。

2. 祈使句

祈使句所表达的是说话人的一种愿望，即要求别人有所行动或者停止行动。它可以是坚决的命令，可以是较为和缓的请求和希望，也可以是并不十分肯定的要求。祈使句通常省略了主语，但有时为了强调主语，不仅不省略，而且采用复指的方式来突出。例如，“祖国，您就放心吧！”表达强烈语气的祈使句，一般不带语气助词，如“吧”、“啊”、“呀”、“啦”等；表达比较和缓语气的祈使句，则应当带语气助词，使人听起来亲切，乐于接受。祈使句在各种文体的写作中均有着广泛的运用，尤其是在过渡和结尾等结构环节中运用得较为普遍。

3. 感叹句

感叹句用来表达喜欢、兴奋、爱慕、感激、钦佩、感伤、生气、厌恶、惋惜等浓厚深切的感情。感叹句的表达，一般通过句中表示感叹色彩的副词，如“真”、“太”、“简直”、“何等”、“多么”等，以及句末的语气助词和感叹号来表示。写作中适当使用感叹句，可以增强情感张力，使文本富有感染力，但要防止滥用感叹句。使用感叹句的基本原则是要自然，即写作者确实是有感而发而不是装腔作势，这样才会使整个行文自然流畅。

4. 疑问句

疑问句包括两种形式：一种是提出问题需要别人回答，这是单纯的疑问句，一般出现在文本对话中，不具有特殊意义，所以不必多谈。另一种是提出问题不需要别人回答，而只是作为一种修辞手段来使用，因而具有特殊的作用。这就是通常所说的设问和反问。设问的特点是自问自答，目的在于吸引读者注意下文。反问的特点是问而不答，答案就在问话的反面。因此，反问就是以否定的问句形式，来表现肯定的内容；或以肯定的问句形式，来表现否定的内容。写作中适当地使用反问，可以起到激发读者去思考、去解答的作用，因此反问又称激问。

三、简　洁

简洁就是用精练的语言表达出尽可能丰富的内容，而且要让人读得通、看得懂。从保证阅读交流的有效性角度来看，语言表达的简洁既是语言表达准确和畅达的必然结果，也是其必然前提。这三者相互关联，共同构成书面语言表达的基本特征。语言表达如果不具有简洁性特征，即在表达过程中夹杂大量杂乱信息的干扰，这显然既不可能准确表达写作者的思想，也难以使语句通顺、行文畅达。因此我们也可以说，对语言表达的简洁性要求，是写作者将自己所要表达的思想明确而有效地传达给阅读者的一条基本途径。应当注意的是，强调语言表达的简洁，并不等于提倡字数越少越好。如果不顾需要地一概追求用字少，甚至把该用的词、句也省去，以致造成意思的表达含糊不清，那就失去了语言表达的根本目的和作用。语言表达简洁与否，主要是看能否在有限的语言篇幅中表达出尽可能丰富的思想内容。如果单纯只是用字少、篇幅短，而表达的内容也很少，那仍然算不得简洁。

怎样做到语言简洁呢？这需要在以下两个方面进行努力：

首先，对自己所写的内容一定要有深切透彻的理解，能够真正抓住本质的东西来写，这样就能以少总多，有概括性。同时，在对所写内容有深切透彻理解的基础上，对所写内容的安排，也应当在行文之前有个整体的考虑，先写什么，后写什么，都要预先做出安排，以避免行文中的重复啰唆。

其次，尽量做到用最简洁的形式把要说的意思直接表达出来，使语言包含尽可能丰富的实际内容，不要一提笔就兜圈子，绕弯子，制造废话。当然，这并非是在反对写作中适当的铺垫逗引。写作者表达思想的基本方式无非直说和曲说两种。曲说就是间接表达。它通过种种铺垫逗引技巧，将阅读者召唤和引领到特定的理解和体验的精神空间，让阅读者自己去认识和感悟某种思想和情感。从这种意义上来说，写作中的铺垫逗引应当是一种具有明确目的性和结构效果的写作行为，因此它的每一个环节和步骤之中都被赋予了特定意义，并由此而在全文结构整体中承担着具体的责任。这种有特定意义和具体作用的铺垫逗引，与那种“装腔作势，空话连篇”的卖弄之词，是有本质区别的。要避免写作中的空话和废话，应当自觉做到：一是在选材上要紧扣思想表达的要求，不写与思想表达无关或关系不大的内容；二是在用词造句上力求准确、畅达，不可无话找话，宁可短些，但要精些；三是按鲁迅在《答北斗杂志社问》中说的去做，“写完后至少看两遍，竭力将可有可无的字、句、段删去，毫不可惜。”

第三节　书面语言表达的文采之美

文采是文本语言表达形式所显示出来的一种审美特征。一定的形式总是在与一定的内容相结合时才是有意义的，因此对文采表现形态的考察不应当成为一种纯形式的观照，而必然要与它所负载的文本内容相关联，否则就会失去其考察的意义。这是我们在讨论文采的表现形态时应当具有的一个基本前提。正因为文本内容的丰富多彩和各具特色，因而与之相适应的文本语言表达形式的绰约风姿也是风情万种、难以尽述的。但从分析与综合相结合的角度来看，作为一种基本的写作规范，我们对文采的认识与把握也还是有规律可循的。那就是：从语言表达的媒介手段而言，文采表现为声韵美和辞藻美；从语言表达与思维内容表里相融、浑然同一而言，文采表现为感性美和理性美；从语言表达的风格特色而言，文采表现为朴素美和华丽美。

一、声韵美与辞藻美

如果不考虑兼具书法艺术特性的文本写作情况，语言作为一种表达媒介，主要是依靠一定的声音形式来传达一定的思想情感，因此，具有特定的声音和意义，就成为语言作为一种表达媒介的根本特征。这种特征被写作者加以有效利用，具有了一定的文采，就表现为语言表达的声韵美和辞藻美。

（一）声韵美

汉语表达是以音节作为基本结构单位的，每个音节都是特定声、韵、调的结合体。因此，如果在写作中通过词语的选择和句式的安排，使音节的组合适当匀称，并注意音节组合中声韵的协调和声调的配合，就能使语言表达在声音形式上产生一定的美感效果。就像老舍在《关于文学语言的问题》一文中所说的那样："好文章不仅让人愿意念，还要让人念了，觉得口腔是舒服的。"从这种意义上来说，所谓声韵美，就是指写作者恰当地利用和发挥语言的声音特性，使语言表达具有一种音节匀称、声韵和谐、节奏优美的表达和阅读的审美效果。

音节匀称是造成语言声韵美的一个重要方面。现代汉语词汇中双音节词占大多数，单音节词也往往结合成双音节的词或词组来使用，这使得汉语的语句表达中双音节的词或四音节的词组使用得比较普遍。如果善于有效利用这种语言特点，通过对词语的选择和句式的安排，尤其是适当使用对偶和排比，就能造成音节匀称、声音和谐的效果，并且使语言表达形式具有独特的节奏感和韵律美。例如毛泽东在《改造我们的学习》中的一段文字就可以使我们感受到这种效果：

> 这两种人都凭主观，忽视客观实际事物的存在。或作讲演，则甲乙丙丁、一二三四的一大串；或作文章，则夸夸其谈的一大篇。无实事求是之意，有哗众取宠之心。华而不实，脆而不坚，自以为是，老子天下第一，"钦差大臣"满天飞。这就是我们队伍中若干同志的作风。这种作风，拿了律己，则害了自己；拿了教人，则害了别人；拿了指导革命，则害了革命。

声韵和谐、声调配合是造成语言声韵美的又一个重要方面。现代汉语的音节一般是由声母、韵母和声调构成的，并且一般来说，一个汉字的读音就是一个音节。因此，在写作中如能注意词语的选择和配置，使字与字之间在读音上显示出声韵的配合和声调的交错应和，就能使语言表达具有一定的音乐性和韵律美，读起来琅琅上口，悦耳动听。

如果不考虑以韵语为其基本形式的诗歌写作，单就以散行语言形式所进行的写作活动而言，写作中的声韵配合最鲜明、最集中地体现在双声或叠韵词语的使用上。例如像参差、慷慨、踌躇等，属于双声词；像从容、灿烂、逍遥等，属于叠韵词；而像意气风发、汹涌澎湃、小巧玲珑等，则是由双声叠韵复合而成的。写作中适当选用这种性质的词语，既琅琅上口，又悦耳动听，可以有效地提高表达效果。

汉语是一种有声调的语言。南朝齐梁之间，就有人把汉语分为平、上、去、入四声。后来语音不断发展变化，"入派三声"，古代入声调类在现代汉语普通话中已经消失，而平声则分为阴平和阳平，故现代汉语声调仍为四声，即阴、阳、上、去。古代汉语将平声称为平声，将上、去、入三声合称仄声；现代汉语将阴平和阳平称为平声，上声和去声称为仄声。平声响亮，较长；仄声低沉，较短。在写作中适当运用这两大类声调变化的配合，可以形成语音抑扬顿挫的丰富变化，提高表达效果。

（二）辞藻美

人与人之间通过语言进行精神交流，就是用语音表示意义。语言可以分出大大小小的有意义的片断，即语言的意义单位。词是能自由运用的最小的意义单位，或者说是能自由运用的最小的音义结合体。词所表示的意义是在一种语言的形成和发展过程中约定俗成的结果，因此能够为使用这种语言的人们所共同感悟和理解。这正是语言能够成为人与人之间交流思想感情的工具的根本原因所在。在写作活动中，尽管写作者可以通过特定语境而赋予某些词语新的含义，但从根本上来说，词语的含义是固有的，写作者只有在充分认识和掌握它的基础上，根据自身表达的需要，对词语进行选择，以求“文能逮意”。写作中常常出现的所谓“语言的痛苦”，根源就在于“文不逮意”。从这种意义上来说，写作能力高低的一个重要评价尺度，就是看写作者拥有词汇量的多少。凡是卓有成就的写作大家所具有的一个共同特点，就是拥有丰富的词汇，因而才能在写作中表现出对语言驾轻就熟、任意驱遣、信笔挥洒的大家风范。我们所说的辞藻美，不是指那种以堆砌辞藻为能事的小家子气象，而是指写作者在拥有丰富词汇的基础上，不仅能运用语言进行准确表达，而且更能使这种表达由于语词选择的“天宽地阔”“游刃有余”而上升到一种生动活泼的自由境界，从而不仅能使读者准确理解作者所表达的意思，而且还能对读者形成一种强烈的感染力，使读者“身不由已”地不得不接受作者的思想。

辞藻美的表现形式是多种多样的。最基本的是通过对词语的巧妙选用而使文意的表达显得丰富而生动。在这方面，我国古代诗文写作中有过许多“炼字”的故事，为我们提供了大量值得借鉴的范例。

辞藻美的又一种表现形式在于通过一定的修辞，最大限度地发挥词语的表现能力，以增强语言的感染力。所谓修辞，就是选择最恰当、最完美的语言形式以收到最好的表达效果。广义地讲，词语的锤炼，句子的选择，修辞格的运用，都属于修辞。不论哪种修辞方式，都具有充分发挥词语表现功能的作用。仅以词语锤炼中对声音的锤炼而论，其中对叠音词语的恰当运用就是写作者用来强化词语的表现力，增强语言感染力的一种重要手段。这方面最典型的例子，莫过于李清照《声声慢》词的开头三句："寻寻觅觅，冷冷清清，凄凄惨惨戚戚。"这一连串叠音词语的使用，把作者南渡之后那种饱经忧患、孤独无依的心境刻画得真切而深刻，历来为词家所推崇。

辞藻美不应当被看作是一种孤立和个别发挥作用的审美因素，真正的辞藻美来源于语词的恰当使用与文本的整体表达效果的相互融合。也就是说，辞藻美应当存在于文本表达的整体和谐之中，其作用在于更有效地加强文本表达的整体感染力。毛泽东在《星星之火，可以燎原》一文的结尾所写的一段文字，就很能显示辞藻美的这一特征：

> ……我所要说的中国革命高潮快要到来，决不是如有些人所谓"有到来之可能"那样完全没有行动意义的、可望而不可即的一种空的东西。它是站在海岸遥望海中已经看得见桅杆尖头了的一只航船，它是立于高山之巅远看东方已见光芒四射喷薄欲出的一轮朝日，它是躁动于母腹中的快要成熟了的一个婴儿。

在这段文字中，作者以他特有的诗人气质和深厚的语言修养，为我们描绘了一幅雄伟壮丽的图画。尽管这幅画的每一笔都堪称精彩之笔，词语的选用准确而又生动，但更重要的是它们都被充分融合到一种整体的表现力和感染力之中，所以其整体表达效果就显得特别强烈，这是每个读者都不难体会到的。

二、感性美与理性美

我们曾经谈到过，语言有着具象性与抽象性相统一的性质。语言在负载抽象含义的同时，也能唤起接受者相应的表象记忆，这正是语言为什么既可以作为抽象思维的基本载体，也可以作为形象思维的基本载体的根本原因。在写作活动中，需要表达的思想内容有偏重于形象思维的，也有偏重于抽象思维的。好的语言表达的一个鲜明特征就在于写作者能够根据不同的写作需要，有意识地侧重发挥语言的具象性功能或抽象性功能，达到语言表达与思想内容的表里相融、浑然同一的效果，从而使文本语言表现出鲜明的感性美或理性美。

（一）感性美

所谓语言表达的感性美，是指不论叙述、描写，还是抒情，都能产生使阅读者"身临其境"的真切感。正如王国维在《人间词话》中所说的："大家之作，其言情也必沁人心脾，其写景也必豁人耳目。”语言作为一种以表征事物的间接性和概括性为其本质特征的符号，本身并不直接具有感性特征。要使语言表达具有感性美，需要写作者具备特殊的语言运用能力，这突出表现在以下两个方面：

1. 善于选择形象感强的词语

语言本身是不具有形象性的，但语言具有唤起使用者或接受者形象感的功能。这是因为概念作为语言符号的“所指”，在人的头脑中并不是孤立的，而是常常伴随相关的表象一起存在。金开诚在《文艺心理学论稿》中根据概念与表象的关系将词语分为两大类：“第一类概念（语词）与有关的表象联系比较紧密，那些表象本身也比较清晰而稳定，因此人们使用或接触这类概念（语词）时，比较容易引起对有关表象的联想，也就是说容易产生一定的形象感。第二类概念（语词）与有关的表象联系不紧密，那些表象本身也比较模糊而游移，因此人们使用或接触这类概念（语词）时，比较不容易引起有关表象的联想，也就是说不容易产生形象感。”① 显然，要使语言表达具有感性美，就要求写作者善于从第一类语词中进行选择。这类语词的共同特点是概念所反映的对象具有形、音、色、味等可以为阅读者的审美经验直接感知的性质，因此特别容易引起阅读者相应的表象记忆。

2. 善于运用技巧强化语言的形象感

英美新批评派理论家马克·肖莱尔曾说过：“现代批评已经证明，只谈内容就根本不是谈艺术，而是谈经验。只有当我们谈完成了的内容，即形式，即作为艺术品的艺术品时，我们才是作为批评家在说话。内容即经验与完成了的内容即艺术之间的差别，就在技巧。”② 的确，从某种意义上来说，正是技巧的恰当运用，赋予了本身并不具有形象性的语言符号以能够唤起阅读者强烈的表象活动和相应的感性体验的功能。例如《水浒传》第三回写鲁智深拳打镇关西的一段描述：

> 鲁达……扑的只一拳，正打在鼻子上，打得鲜血迸流，鼻子歪在半边，却便似开了个油酱铺：咸的，酸的，辣的，一发都滚出来……提起拳头来就眼眶际眉梢只一拳，打得眼棱缝裂，乌珠迸出，也似开了个彩帛铺

---

① 金开城：《文艺心理学论稿》，70～71页，北京，北京大学出版社，1982。

② 转引自张隆溪：《二十世纪西方文论述评》，43页，北京，生活·读书·新知三联书店，1986。

> 的：红的，黑的，绛的，都滚将出来……又只一拳，太阳上正着，却似做了一个全堂水陆的道场：磬儿，钹儿，铙儿，一齐响。

这段描述的特色之一，是作者选择了形象感很强的词语，奠定了唤起读者相应的表象活动和感性体验的基础。特色之二，就是语言技巧的运用。首先是比喻，一连三个比喻，把不发生在读者眼前的事，与读者马上想象得出的事联系起来。同时，这三个比喻的安排又和通感手法的运用巧妙结合起来，分别写成读者的味觉、视觉、听觉可以感受到的东西，从而调动了读者的多种感觉功能参与对形象的感知，使读者想象中“复活”的形象画面有声有色有味，不仅清晰，而且生动，又具有很强的立体化效果。

（二）理性美

所谓语言表达的理性美，是指写作者在表述抽象思维成果时，其语言形式所具有的与文本理性内涵表里相融的和谐效果。其基本的表现形态有两种：一是对文本理性内涵的表述准确而清晰；二是对文本理性内涵的表述过程具有严密的逻辑性。要做到这两点，需要写作者具备相应的语言运用能力，这突出表现在以下两个方面：

1. 善于选择含义最确切的词语

从表述抽象思维成果的基本要求而言，无疑要求写作者对词语的选择更多地要来自于上述两种语词类型中的第二类。不仅如此，写作者还应当对同样属于抽象程度较高的有关词语进行更细致的选择。因为，近义词语的大量存在是任何一种语言都无法消除的一种普遍现象。如就增强语言表达的感性效果而言，近义词语的大量存在应当说是一件好事，因为它可以使写作者有更丰富的选择对象，以造成语言的生动变化。但相对于语言表达的理性效果而言，如果不能选择含义最确切的词语，而是使用近义词来表达，就意味着有使理解变得模糊，甚至产生歧义的可能性，这与抽象思维的精确性和严密性要求显然是相悖的。因为，既然是近义词语，就意味着彼此在概念的内涵和外延上存在着程度不同的差异性。因此，要使语言表达与文本理性内涵表里相融，首先必须做到选用含义最确切的词语。这正如叶圣陶在《认真学习语文》中所说的：“用词怎么用得正确、贴切，需要比较一些词的细微差别。这是很要紧的。比如与‘密’配合的，有‘精密’‘严密’‘周密’等词，粗看起来，好像差不多，要细细辨别，才辨得出彼此的差别。‘精密’和‘周密’有何不同，‘精密’该用在何处，‘周密’该用何处，都要仔细想一想，想过了用起来就有分寸。如果平时不下功夫，就不知道用哪一个才合适。”

2. 善于使语言表述过程具有最严密的逻辑效果

抽象思维的一个鲜明特征就在于它的严密的逻辑性。与此相应，构成语言表达理性美的一个重要特征，就在于应当使语言的线性表述过程也体现出与人的抽象思维形式相吻合的严密逻辑效果。在这方面，李斯的《谏逐客书》堪称典范。

战国末年，秦国强大，韩国为使秦国消耗国力，不能对韩国用兵，使水工郑国来秦，劝秦人兴水利。此事被秦发觉后，宗室大臣皆言于秦王嬴政曰："诸侯人来事秦者，大抵为其主游间于秦耳，请一切逐客！"秦王接受建议，于公元前237年下令逐客。楚国人李斯也在被逐之列，于是上书劝谏。秦王读罢这篇《谏逐客书》，幡然悔悟，收回成命，并派人追回已经上路的李斯，恢复其客卿之职。十六年后，即公元前221年，嬴政完成统一天下大业，成为中国历史上的始皇帝，并以李斯为丞相。由此可见，这篇谏书在中国历史上的作用是非同一般的。也正因为如此，司马迁才在撰写《史记·李斯列传》时，将其全文收入。这篇文章的鲜明特色就在于以事实为基础，既慷慨陈词，又逻辑严密，丝丝入扣，层层推进，把秦王"逼"到不得不承认逐客之错的"绝境"。试读该文的第二段：

> 昔缪公求士，西取由余于戎，东得百里奚于宛，迎蹇叔于宋，来丕豹、公孙支于晋，此五子者，不产于秦，而缪公用之，并国二十，遂霸西戎。孝公用商鞅之法，移风易俗，民以殷盛，国以富强，百姓乐用，诸侯亲服；获楚、魏之师，举地千里，至今治强。惠王用张仪之计，拔三川之地，西并巴、蜀，北收上郡，南取汉中，包九夷，制鄢、郢，东据成皋之险，割膏腴之壤，遂散六国之从，使之西面事秦，功施到今。昭王得范雎，废穰侯，逐华阳，强公室，杜私门，蚕食诸侯，使秦成帝业。此四君者，皆以客之功。由此观之，客何负于秦哉！向使四君却客而不内，疏士而不用，是使国无富利之实，而秦无强大之名也。

读这段文字，我们很难不为李斯雄辩滔滔、慷慨陈词的声韵之美所感染，但更能打动人心的，无疑是行文中严密的逻辑效果。嬴政是一位不止要守成，更要创业的君主，于是李斯极有针对性地选择了秦国由一个边鄙小国发展成有统一天下实力的强国的历史中起到过重要作用的四位君主的成功范例。这四个范例中包含的共同特征在于"皆以客之功"，但在具体论述时又有侧重点的不同：写缪公用客卿，重在广纳人才；写孝公用客卿，重在变法治国；写惠王用客卿，重在四面扩张；写昭王用客卿，重在打击豪门。通过这种角度的变化，形成一种多方论证的逻辑效果，将客之有功于秦的方方面面作了全面而清晰的论述，从而使得“向使四君却客而不内，疏士而不用，是使国无富利之实，而秦无强大之名”的反证推理显得有理有据，催人猛省。不要说像嬴政这样有雄才大略的人，就是任何一个具有正常逻辑思维的人，面对李斯这番丝丝入扣、层层推进的滔滔雄辩，也很难不承认逐客之错。

三、朴素美与华丽美

由于写作的表现对象、文体样式、目的要求等的不同，由于写作者的语言习惯、思维方式、审美爱好等的不同，由于阅读者的理解习惯、接受期待、趣味时尚等的不同，都会直接或间接地影响写作者对语言的选择运用，从而在这些因素的综合作用下，使文本表达呈现出一定的语言风格。概括而言，文本的语言风格可以划分为朴素美和华丽美两大类型。

（一）朴素美

所谓语言表达的朴素美，是指由于行文的朴实、简洁，语言不尚雕琢而形成的一种“清水出芙蓉，天然去雕饰”的“淡抹”效果。朴实和简洁是构成语言朴素美的两个基本因素。

老舍曾在《人物、语言及其他》中指出：“文字不怕朴实，朴实也会生动，也会有色彩。齐白石先生画的小鸡，虽只那么几笔，但墨分五彩，能使人看出许多颜色。写作时堆砌形容词不好。语言的创造，是用普通的文字巧妙地安排起来的。”的确，好的语言表达，往往并非是作者用华美或生僻的文字造就的，而恰恰是一些日常惯用的字眼，经作者的匠心独运，便产生一种新奇的效果，令人觉得妥帖而有韵味。诸如陶渊明“采菊东篱下，悠然见南山”的“见”，贾岛“鸟宿池边树，僧敲月下门”的“敲”，类似的例子可以说是不胜枚举的。

当然，一味的朴实也成就不了语言表达的朴素美。不加节制、不予提炼的一味“朴实”，往往是造成语言表达啰唆无味的重要原因。因此，朴实只有在与简洁相结合时，才会产生生动的美感。这正如托尔斯泰在《致安德列耶夫》中所提出的那样：“简洁——是美的必要条件。”当然，简洁也并非单纯指字数少、篇幅短，语言的简洁是相对于含义的丰富而言，即所谓“言约而意丰”，或“言有尽而意无穷”。司马迁写《史记·封禅书》，记载汉武帝祭神求仙场面，详详细细数十事，洋洋洒洒三千言，其结尾却不过区区六字：“然其效可睹矣!”于朴实、简洁的语言之中，蕴涵着耐人寻味的深意。

（二）华丽美

所谓语言表达的华丽美，是指通过对语言的适度修饰所形成的一种美辞佳句、华彩纷呈的“浓妆”效果。积极修辞和适度繁复是构成语言华丽美的两个基本因素。

积极修辞就是通过各种修辞格的恰当运用来加强语言表达的美感效果。例如杜牧在《阿房宫赋》中，就通过夸张与比喻相结合的方式进行描写。其描写阿房宫的华丽建筑是：“盘盘焉，囷囷焉，蜂房水涡，矗不知乎几千万落。长桥卧波，未雩何龙？复道行空，不霁何虹？”其描写阿房宫的奢侈生活是：“明星荧荧，开妆镜也；绿云扰扰，梳晓鬟也；渭流涨腻，弃脂水也；烟斜雾横，焚椒兰也：雷霆乍惊，宫车过也；辘辘远听，杳不知其所之也。”通过这种积极修辞，使语言具有了强烈的装饰效果。

语言表达的繁复效果是通过语言的多角度、多层次的渲染、铺陈、阐释，不仅能够淋漓尽致、详密无遗地表达丰富的思想内容，而且使人获得一种繁而不乱、复而不冗的审美感受。例如，南朝宋代鲍照在《登大雷岸与妹书》中对在大雷（古地名，在今安徽望江境内）所见山水景物的描写，就极具多角度铺陈的繁复效果。我们试读其中一段便可窥其一斑：

南则积山万状，负气争高，含霞饮景，参差代雄，凌跨长陇，前后相属，带天有匝，横地无穷。东则砥原远隰，亡端靡际。寒蓬夕卷，古树云平。旋风四起，思鸟群归。静听无闻，极视不见。北则陂池潜演，湖脉通连，苎蒿攸积，菰芦所繁，栖波之鸟，水化之虫，智吞愚，强捕小，号噪惊聒，纷牣其中。西则回江永指，长波天合，滔滔何穷，漫漫安竭？创古迄今，舳舻相接。思尽波涛，悲满潭壑。烟归八表，终为野尘。而是注集，长写不测，修灵浩荡，知其何故哉！

在介绍了朴素美与华丽美的基本含义之后，有两点需要强调。其一是朴素美与华丽美之间的关系不应是对立的，而应当是统一的。这不仅是指两者的根本目的是一致的，都是为了有效地表达文本内容，而且还是指两者可以在同一文本中交错运用，使文本语言的表现力更加丰富。鲁迅在《雪》中对“江南的雪”与“朔方的雪花”分别所作的描述，就有华丽与朴素之别。其二是在朴素美与华丽美之间不应当简单化地以优劣而论之。从古至今的写作理论中普遍存在一种倾向，即肯定朴素而贬抑华丽。其实，不论朴素还是华丽，只要既符合文本内容的表达需要，又能增强文本内容的表现力，就都应当予以充分肯定。反之，不顾内容要求，一味追求朴素或是一味追求华丽，都不可能达到与文本内容表里相合的自然境界。如果说一味追求华丽会造成繁采寡情结果的话，那么一味追求朴素又何尝不会造成浅陋无味的结果呢？还是清人吴德旋在《初月楼古文绪论》中说得好："作文岂可废雕琢？但须清雕琢耳。功夫成就之后，信笔写出，无一字一句吃力，却无一字一句率易；清气澄彻中，自然古雅有风神，是一家数也。"

思考与练习

1. 语言之所以能够成为进行思维的工具和传达思想的手段，是因为它与思维具有哪些相同的心理特征？

2. 语言与思维既不可分割，又不是同一的东西，那么，它们相互联系的一面是什么？彼此区别的一面又是什么？

3. 应当怎样认识语言所具有的具象性与抽象性相统一的性质？

4. 要达到书面语言表达的准确性要求，从词语使用的层面来看，应当特别注意哪些方面？

5. 要做到行文畅达，从语言的角度来看，应当注意些什么？

6. 应当怎样理解对语言的简洁性要求？怎样做到语言简洁？

7. 书面语言表达的文采之美包含哪些方面？从自己阅读过的优秀作品中选择一篇，从一个方面或多个方面对其所具有的文采之美进行赏析。

第五章 言之有文(下)——表达方式和表现技法

内容提要

本章讨论的是写作中语言表达的基本类型和具体技法问题，即所谓表达方式和表现技法。表达方式是由写作者的写作目的和文本的表现内容所要求的语言运用的具体手段和方法。一般认为表达方式有叙述、描写、说明、议论和抒情五种，分别体现了语言的陈述性、描绘性、解说性、论说性和情感化的表达功能。本章在对各种表达方式的基本内容进行介绍的同时，也对写作实践中可能存在的一些模糊认识予以澄清，如叙述中的第二人称问题，说明作为一种独立表达方式的特点和要求问题，抒情的依附性特征问题等等。表达方式作为由表达目的所决定的语言运用的基本类型，在长期的写作实践中各自形成了一些具有稳定性和普遍适用性的表现技法。本章以表达方式的五种类型为序，分别介绍了几种最主要的表现技法。将五种表达方式与相应的表现技法结合起来，我们就获得了对写作中语言表达的基本类型和具体技法的全面认识。

从上一章的介绍中我们已经可以看到，语言在写作中的作用可以说是根本性的和决定性的。这不仅在于它是写作思维的唯一工具，而且从“写”的角度来说，它也是写作表达的唯一工具。在写作活动中，写作者辨析、理解材料，概括、提炼思想，谋划、调整结构等方面的能力固然十分重要，但如果缺乏运用语言来准确、畅达、简洁地进行书面语言表达的能力，也就是说写作者最终不能把“心有所想”的东西“写”出来，那又何言“写作”呢？

一般来说，对写作中的语言表达问题的认识和把握可以分宏观和微观两个层面来进行。上一章所讨论的语言与思维的关系，以及写作中语言运用的一般要求，就是从宏观层面对写作中的语言表达问题的一种认识和把握。本章则是要从微观层面来更具体也是更深入地认识和把握写作中的语言表达问题。它包括这样两个方面：一是由写作者的写作目的和文本的表现内容所要求的语言运用的具体手段和方法，即通常所说的写作的“表达方式”；二是在表达方式的灵活运用中所形成的更为丰富的具体手法，即通常所说的写作的“表达技法”。

第一节 写作的表达方式

所谓表达方式，是由写作者的写作目的和文本的表现内容所要求的语言运用的具体手段和方法。一般认为表达方式有叙述、描写、说明、议论和抒情五种。应当说明的是，表达方式与文体特征之间有一定的联系，不同的文体在运用表达方式时总是有所侧重的，在某种文体写作中发挥主要作用的那种表达方式，就成为体现这种文体特征的一个重要标志。通常所说的记叙文体、议论文体和说明文体，正是以此为依据进行划分的。但是，这种划分只应当是相对的，而不应当是绝对的。在具体的写作活动中，各种表达方式之间不应当是彼此隔绝的，而是要根据具体的写作目的和表现内容来有所选择地综合运用。

一、叙 述

叙述是写作中最基本和最常用的一种表达方式。它是写作者运用陈述性的语言，对人物的经历和事件的发展变化过程所作的介绍和交代。它不仅是叙述类文体写作的主要表达方式，而且几乎在所有文体的写作中都程度不同地发挥着应有的作用。

一个完整的叙述应当包括人物、事件、时间、地点、原因、结果六个要素，即所谓“叙述六要素”。不过在具体运用时写作者可以根据表达的需要而有所省略。但省略必须要以读者能够理解为基础，否则便失去了写作的意义。

（一）叙述的表现形式

叙述的表现形式有详细叙述和概括叙述两种，其区别主要体现在叙述内容的详略和叙述节奏的快慢上。详细叙述是对人物活动和事件过程的具体内容进行细致交代，因而其进展节奏也就比较缓慢；概括叙述则只是一般介绍人物活动和事件过程的梗概，相应地来说其进展节奏就要大大快于详细叙述。从不同文体写作比较的角度来看，一般而言，详细叙述主要运用于记叙类文体写作，而概括叙述则普遍运用于其他各种文体类型的写作之中。如果单从记叙类文体写作的角度来看，详细叙述固然具有重要作用，然而概括叙述也同样不可缺少。一般而言，详细叙述用于对主要事件，或是事件过程中主要环节的介绍叙说，概括叙述则用于交代次要事件，或是事件过程中的次要环节。只有将详细叙述与概括叙述结合起来，才能使叙述内容重点突出、主次分明、详略得当，而不是平铺直叙，如记流水账一般。

（二）叙述人称

叙述的表现角度有主观叙述与客观叙述两种，其区别主要体现在叙述人称的不同使用上。所谓叙述人称，就是作者叙述的观察点、立足点，即叙述者是站在什么位置，从什么角度，用什么口气进行叙述的。通常认为叙述人称只有第一人称（主观叙述）与第三人称（客观叙述）的区别。

1. 第一人称叙述

第一人称叙述，即叙述者以“我”（“我们”）的口吻在文本中作为当事人来进行叙述，所叙述的都是叙述者所闻所见所历，带有鲜明的主观规定性，故而称之为主观叙述。一般记叙文写作中的“我”，就是写作者自己。但在小说中出现的“我”，既可以是写作者，也可以只是作品中的一个人物，一个故事的叙述者。例如在鲁迅《一件小事》中的“我”，是作品的主人公；《孔乙己》中的“我”，是酒店的一个小伙计，在作品中只是一个次要人物，故事发展的见证人；《祝福》中的“我”，则仅仅只是一个线索人物，作用在于引出故事、串连全篇。运用第一人称写作，可以增强叙述的真实感和亲切感，也便于写作者抒发自己的感情。其缺点在于受到“我”必须在场的主观规定性的限制，不可能直接叙述“我”的所闻所见所历之外的人和事，因而其反映生活的广度也就受到极大限制。

2. 第三人称叙述

第三人称叙述，即叙述者以超脱当事人之外的旁观者的身份，用叙述他人事情的口吻来叙述当事人——“他”（“他们”）——的活动，以及由此而构成的事件的发展变化过程。因为在这种叙述中叙述者只是一个旁观者，所以我们称它为客观叙述，意即它可以不受叙述者必须在场的主观规定性的限制，因而这种叙述具有最大的自由性，可以不受时空限制地去反映生活中的一切，故又被称为“万能人称”。其局限在于缺乏第一人称叙述的亲切感，不便于直接抒发写作者的情怀。

在写作中，应当特别注意人称的统一。一篇文章中最好只用一种人称来进行叙述，如果确实需要交替使用不同人称时，就必须在人称转换处交代清楚，以免因为随意变换叙述角度而造成叙述内容混乱，使读者摸不清头脑。

3. 第二人称叙述

在现实的写作活动中，以第二人称形式进行叙述的方法被越来越多的写作者所重视。但第二人称能否作为一种叙述人称，却一直意见分歧。否定者认为人称就是叙述的观察点、立足点。叙述者或是站在自身的立场进行叙述，或是站在当事人之外的第三者的立场进行叙述，而不可能站在“你”（“你们”）的立场来叙述“你”（“你们”）的事情，所以第二人称叙述是不能成立的。肯定者则认为，如果说第二人称实际上被包含在第一人称之中，那么第三人称严格说来也包含在第一人称之中，因为归根结底是“我”（写作者）在对“你”（阅读者）讲述“他”（作品中的人物）的故事。因此，有人提出，不应把叙述人称与叙述角度连在一起，而应当以在作品中占主导地位的人称代词为标志来确定叙述人称。

应当看到，将叙述人称与叙述角度统一起来的看法早已约定俗成，有其普遍的理论意义，不宜推倒重来。并且，只要对以第二人称形式所进行的叙述加以分析便可发现：“你”（“你们”）如果是用来代表读者或一些特定的被叙述对象（如朱自清的《给亡妇》），则仍然属于第一人称叙述；“你”（“你们”）如果是作品中的一个人物，写作者只是以旁观者的身份来对他的活动进行叙述，这显然仍属于第三人称叙述。那么，在现实的写作活动中以第二人称形式所进行的叙述为什么会得到较为普遍的运用呢？这主要是因为运用这种方式可以在一定程度上综合第一人称叙述和第三人称叙述的优点，而避免其缺点，从而增强叙述的感染力，更大限度地调动读者的阅读兴趣。所以，以第二人称形式进行叙述，可以被看作是对第一人称叙述或第三人称叙述的一种灵活运用，因而虽然不宜作为一种独立的叙述人称，但却是有其存在的必然性和必要性的，值得充分肯定。

二、描　写

描写，是写作者运用描绘性的语言，把人物、景物或场面的状态或特征具体、形象和生动地表现出来的一种表达方式。它要求能够最充分地发挥语言所具有的唤起阅读者相应的表象记忆的功能，通过精心选择的富有表现力的文字，给阅读者以栩栩如生和身临其境的真实感受。描写是叙述类文体写作，特别是文学创作中的一种主要表达方式。在其他文体类型的写作中，有时也需要借助描写来加强表现效果。

（一）描写的表现形式

描写的表现形式主要有详细描写和简要描写两种。前者通常称为细描或“工笔”，后者通常称为“白描”。所谓细描，就像绘画中的工笔画一样，用细腻、逼真的笔法对描写对象进行细致入微的描绘，以求达到具体再现描绘对象的目的。所谓“白描”，就是对描写对象进行粗线条的勾勒，而不作细部的精致描绘，以此来凸显描写对象的某种特征，使人一目了然，过目不忘。一般来说，不论写作者描写什么，总是要结合使用这两种表现形式，而不应当单独使用一种。只有这样，才能避免因事无巨细一律“工笔”描绘所造成的繁杂乃至混乱，或是因只有线条勾勒不见细部刻画所造成的粗疏乃至模糊，而达到一种既形象生动、具体可感，又特征鲜明、神韵远出的综合表现效果。

（二）描写的表现类型

描写的表现类型有人物描写、景物描写和场面描写三种，这是根据描写对象的不同来划分的。

1. 人物描写

人物描写包括肖像描写、行动描写、心理描写和言语描写。肖像描写要通过对人物外貌中能够传达和体现人物精神风貌的某种特征的描写来“以形传神”，使所写的人物“形神兼备”。行动描写则应通过人物“怎样做”来显示人物的性格与思想。心理描写要重在展示人物心理活动和思想情感的复杂性、丰富性，给人以真实、自然的感觉。与展示人物内心世界的复杂性、丰富性要求相一致，心理描写的途径也是多样化的。它可以是直接的描写，就像我们在阅读中通常可以见到的“他想……”、“他觉得……”等等那样；它也可以通过内心独白的方式来表现，让人物在“自言自语”中去展现内心的隐秘；它还可以借助对梦境或幻觉的描写来表现，使人物在正常精神状态下自觉不自觉地用许多“伪装”来掩饰的那种“本真的自我”，在作者的笔下暴露无遗。言语描写的作用主要表现在两个方面：一是通过“言为心声”的途径来表现人物的思想情感；二是借助人物的言语特征来展现人物的性格特色，就像俗话所说的“快人快语”、“刀子嘴豆腐心”等等所包含的意思那样。

2. 景物描写

景物描写通常包括自然环境的描写和社会环境的描写两个方面。对自然环境的描写，要求能够写出时令节序、山川河流、动物植物等等自然环境的鲜明特色。在诸如游记、知识小品、抒情散文等文体的写作中，对自然环境的描写成为主要的描写对象。写作者通过这种描写来抒发自己的某种思想情感。在写人叙事一类的文体写作中，例如在小说中，对自然环境的描写往往只具有辅助作用，或是为故事展开提供某种氛围，或是为刻画人物渲染某种情调，或是为表现主题寻找某种依托。对社会环境的描写，又包括人物活动的社会时代背景和具体生活环境两个方面。前者要求能从大处着眼为人物活动和事件发展提供依据，后者要求能从细微之处来烘托人物的思想性格。

3. 场面描写

场面描写是上述人物描写与景物描写相结合的一种综合性描写。它是对特定时间和地点中人物的特定活动的一种总体性描写。它要求把环境因素与人物活动具体结合起来，写景与写人达到有机融合。要写好场面，就要既突出重点，又照顾全面，有点有面，点面结合，这就需要将全景的描写与特写镜头的描写结合起来。在这方面，方纪在散文《挥手之间》中，对延安的干部群众为毛泽东同志赴重庆谈判而去机场送行所作的场面描写，为我们提供了一个很精彩的范例。

三、说　明

说明，是写作者运用解说性语言，对事物的形状、结构、功能、用途、成因、性质、特征、关系、意义等进行客观地介绍和解释的一种表达方式。它是说明类文体写作的主要表达方式。例如像在科普文章、解说词、说明书、内容提要、教科书、辞书等文体的写作中，说明都占据着写作的主导地位。在其他各种类型的文体写作中，说明也有着广泛应用。例如新闻写作中起注释性作用的背景材料，理论写作中的概念解释，记叙类写作中的人物经历、事物由来及其特征、用途的介绍，乃至剧本中的舞台提示，诗歌前的小序，游记中的风光、文物介绍等，都离不开说明这种表达方式。

（一）说明的对象

说明的对象主要有两大类型：一类是实体性的事物，如山川河流、草木虫鱼、建筑器物、产品工艺等等；一类是抽象性的事理，如思想意识、品行修养、观点概念、典章制度等等。说明的对象不同，说明的具体方法也就不尽相同。“写实体事物时，要特别注意写清楚空间的位置，注意事物的表、里、大、小、上、下、左、右、东、西、南、北、前、后、来、去的位置和方向。抽象事理的说明则重在阐释概念特点、来源、结构、种类、异同、比较、联系和功能，以及适当运用图表、数字、引用、举例等等。”①

（二）说明的特点

有人认为“说明”不是一种单独的表达方式，而只是其他表达方式共同具有的一种基本功能，因为叙述、描写、议论、抒情都是在从不同角度向读者“说明”着某种东西。应当说，这是一种片面性的看法。正如叶圣陶所指出的：“人类生活非常繁复，人与人之间不能够单把所接触的东西，所知道的东西互相告诉了就完事，还得把所发现、所理解的道理互相传授，互相印证，使彼此的知识更加丰富起来。因此，写文章不能只写记叙文，还得写说明文。”②说明文虽然不等于说明这种表达方式，但它需要以说明作为自己的主要表达方式。我们认为，“说明”不仅应当被承认是一种单独的表达方式，而且随着社会的发展和时代的进步还将越来越受到广泛的重视和普遍的运用。这是由说明的特点所必然决定的。

说明的特点主要表现在它的知识性、解说性和客观性三个方面。所谓知识性，是指说明的目的就在于介绍和传播某种知识。它通过对各种事物或事理的说明，使读者了解有关的科学内容，从而认识这些事物或事理，获得新的知识。所谓解说性，是指说明的手段在于根据事物或事理本身所具有的条理性来对事物和事理中所包含的科学内容进行解释和说明，因此它既不同于陈述事件过程的叙述，也不同于描绘事物情状的描写，又不同于通过论证来揭示事理的

---

① 张寿康：《说明文的写法·序》，9～10页，北京，北京出版社，1981。
② 叶圣陶：《文章例话》，49页，北京，生活·读书·新知三联书店，1983。

议论，当然更不同于以抒发写作者主观感受为特征的抒情。所谓客观性，是指说明的态度必须是冷静、客观的，既不能凭写作者个人的兴趣、爱好对说明的内容进行任意取舍，也不能将写作者的主观评价或好恶倾向带入说明的内容中，否则将从根本上损害通过说明传播知识的有效性。这正是说明明显不同于其他表达方式的一个重要特征。

（三）说明要达到的基本要求

由说明的上述基本特点所决定，写作者在运用说明方式进行写作时，应当达到的基本要求主要有这么三点：一是说明的内容必须科学，二是说明的过程要有条理，三是说明的语言要准确简洁。

1. 说明的科学性

说明内容的科学性，是由说明作为一种传播知识的重要手段所决定的。应当说，这首先是对写作者的学识修养所提出的一种要求。说明的内容，需要涉及自然科学、工程技术、社会科学和日常生活知识等各种科学领域，要想让读者通过阅读真正获得有关的知识，写作者就必须要在这个领域有一定的科学造诣和学术专长，确实能够从科学的角度为阅读者解说事物或事理中所包含的种种知识。如果由于写作者自身缺乏有关的科学知识，从而造成在说明某一事物或事理时出现科学性、知识性的错误，其危害是很严重的。尤其是在像教科书、辞书等文体类型的写作中，写作者必须慎之又慎。

2. 说明的条理性

写作者在对事物或事理进行解说时，除了应当将说明对象所包含的科学内容准确地揭示出来之外，还应当特别讲究解说过程的条理性。这并不只是指一般意义上的文本结构安排的有序性，而是由说明内容的科学性要求所决定的。解说的条理性是建立在事物或事理本身所具有的内在条理与人类认识事物或事理的具体规律相结合的基础之上的。前面所提到过的，“写实体事物时，要特别注意写清楚空间的位置”，就是在强调解说过程的条理性。

3. 语言准确，简洁明了

语言的准确和简洁明了，虽然也是所有写作活动所应当达到的一种基本要求，但对写作者运用说明方式进行写作而言，它具有特别重要的意义，因此仍有必要作为对说明的一种基本要求而在这里提出来。说明的内容既然是科学知识，那么就必须要用准确的语言来表述，否则会因为表达的不准确而导致解说的错误，那不仅失去了说明的意义，严重的还会对人们的学习、工作和生活造成极大危害。除了准确，说明的语言还特别强调简洁，只要把意思说清楚就行，一般不需要铺陈和渲染。说明中往往大量使用内涵极为丰富的专门名词和术语，这是说明语言简洁的一个重要标志。同时，写作者为了使说明的语言准确，也必须选择最恰当的词语来表达，尤其是定义性、概念性的说明，用语更是极为精练。需要说明的是，在强调说明语言的准确和简洁的同时，我们也应当注意尽量做到深入浅出、通俗易懂，这样才能使说明的作用得到更加充分的发挥。

四、议 论

议论，是写作者运用论说性语言，通过逻辑推理的方式来证明自己对自然界、人类社会，以及人自身的某种现象的理性认识正确性的一种表达方式。它是议论类文体写作的主要表达方式。但通常认为议论还广泛地运用于其他文体类型的写作中，因此是各种文体写作的基本表现方式之一。这种看法是不确切的。在其他文体类型的写作中，写作者往往针对其叙述、描写或说明的对象而提出自己的某种见解、主张，或是作出某种评价，但那仅仅只是提出观点（论点）而已，并不需要运用一定材料（论据）来从逻辑上证明它的正确性。严格地说来，这些情况不应当属于议论的范围，而应当看作是其他表达方式的一种自然延伸。

一个完整的议论，应该包括论点、论据和论证过程三个组成因素，通常称为“议论三要素”。

（一）论 点

论点是写作者提出来要加以论证的思想观点。它是议论的核心因素，体现着议论的意义和价值。对论点的要求是正确、深刻、鲜明和新颖。所谓正确，即要求论点符合客观实际，是对客观对象进行全面认识的结果。所谓深刻，是要求论点具有深入事物本质的性质，而不是停留在事物的表面。所谓鲜明，是要求写作者经过深思熟虑，真正理清了自己的思想，并能用准确简洁的语言把自己的思想概括为明确的论点。所谓新颖，是要求论点能体现出写作者观察思考问题的独特性，有创见，能给读者以启发。这是对论点的更高要求。

（二）论 据

论据是写作者用来支持论点成立的材料。论点在得到证明之前还只是写作者的一种个人的主观见解，不能以自身的存在来证明自身的正确，因此它不可能像说明的内容那样，作为一种具有普遍性和客观性的科学知识，无需别的材料来证明它，而只需要依据自身的条理性进行解说即可。在议论中，论点只有在得到论据的充分支持时才能最终成立。要完成这个任务，论据首先必须是真实的。如果论据是某个事实，那必须要经过认真核实；如果论据是一种理论，那它必须是公认为符合事理的，而并非是任何一种理论都可以被用作论据的。其次，论据要具有典型性，也就是说，它在同类材料中最具有代表性，因而也最具有说服力。最后，论据应当新颖，应当尽可能地从写作者所熟悉的领域中去寻找鲜活的材料，而不要只把目光停留在那些具有“权威效应”的材料上。

（三）论　证

论证是运用论据来证明论点的过程。论证的具体方法可以有许多，但实质在于把握并揭示论点与论据之间的逻辑关系。各种论证方法，正是论点与论据之间各种不同逻辑关系的表现形式。通常所要求的论证要严密有力，就是指的要准确把握和充分揭示论点与论据之间的这种逻辑关系。

论证的表现角度有立论和驳论两种。所谓立论，就是正面提出自己的论点，直接运用一定的论据来证明它的正确，从而使它得到确立。所谓驳论，即反驳对立的论点，证明它是错误的，从而把它驳倒。从逻辑的观点来看，驳倒与自己相对立的观点，实际上也就是确立了自己的观点，因此驳论在本质上仍然是一种立论。从写作的角度来看，由于立论和驳论反映了两种不同的论证角度，因此其基本的论证方法也就各不相同。从立论的角度来看，其基本的论证方法主要有演绎法——从一般规律推论个别事理，归纳法——从个别事例中推论出一般规律，类比法——用已知的特殊事物或事理来推论另一同类的特殊事物或事理。从驳论的角度来看，要驳倒对方论点，关键在于揭示对方论点的虚假，因此它可以采用直接驳倒对方论点的方法，也可以采用通过驳倒对方论据来驳倒对方论点的方法，还可以采用通过驳倒对方论证来驳倒对方论点的方法。当然，不论是立论还是驳论，这些基本的论证方法既可以单独使用，也可以综合运用。

议论作为议论类文体写作的主要表达方式，必须是三要素齐全的，否则便不可能真正体现议论的独特的表达魅力。当然，议论也有繁简之分。一些短小的议论文章，通常就是由一个比较单纯但却完整的议论所构成。在一些结构复杂的篇幅较长的理论文章中，中心论点之下还有分论点，每个分论点的成立又必须至少有一段完整的议论，因此在长篇理论文章中，议论往往是多层次地展开，所要实现的整体论证效果，便是中心论点的确立。逐步实现由简单议论向复杂议论的过渡，应当是大学写作的一项基本训练内容。

五、抒　情

抒情，是写作者运用情感化的语言，主要借助于除说明之外的其他表达方式来抒发和表现内心情感的一种特殊表达方式。它多用于各类文学作品的写作，尤其是在抒情诗和抒情散文中，更成为作品的主要表达方式。此外，它还广泛运用于各类文体的写作，对加强写作的表达效果有独特的作用。

情感是人对客观世界的一种特殊的反映形式。心理学认为，情感是人对于客观事物是否符合人的需要而产生的态度体验。这说明情感具有这样两种属性：第一，它是人的认识活动的派生物。因为一个事物满足了人的需要没有，或是满足的程度如何，都离不开人对事物的认识。人只有先经过感性认识意识到周围环境的优美，才会形成相应的愉快的情绪；人也只有先经过理性的判断，意识到天安门的象征意义，才会在置身于天安门广场时产生一种崇高感和自豪感。第二，它是一种体验而不是一种认识，主要表现为因神经兴奋而引起的内部生理因素的某些变化，以及相应的外部表情和动作。情感的这样两种属性使它在成为写作的表达对象时，必然地具有这样两种特点：首先是依附性。由于它本身是认识活动的派生物，因而也只能主要依靠伴随特定的认识内容而出现。其次是非语言性。由于它是一种体验而不是一种认识，因此严格说来其本身是不能直接转化为“思想的直接现实”——语言的。语言所能够直接表现的，除了简单的情感符号，例如“啊”、“唉”、“嗬”等等之外，就只能是人的因情感活动所引起的生理变化和外部表现，但那已经是一种描写了。既然情感只能伴随认识内容而出现，却又不能为语言所直接传达，这就必然决定了抒情在表达方式上的独特性，那就是它具有明显的依附性，需要借助于其他表达方式来达到自己的目的。

（一）直接抒情

通常认为抒情的表现方式有直接抒情和间接抒情两种。所谓直接抒情，即写作者以直接的方式来抒发情怀。如上所述，这种方式的抒情手段极其有限，严格来说，只有一些感叹词而已。一般把写作者结合所写的特定对象，如人物、事件、景物等等，来直接表达自己的或喜或忧、或爱或憎的情感，作为“直抒胸臆”的主要表现。但只要稍加分析便可以发现，这种“直抒胸臆”所表现的，从本质上来说是一种理性认识，情感只是这种认识的伴生物，并依附这种认识而表现出来。例如郭沫若在《银杏》中是这样来“直抒胸臆”的：

“你是真应该称为中国的国树的呀，我是喜欢你，我特别的喜欢你。/但也并不是因为你是中国的特产，我才特别的喜欢，是因为你美，你真，你善。”毫无疑问，像“你应该……”“不是因为……是因为……”这样的句子结构本身，就显示着表达内容的理性认识特征，写作者的情感既是由这种认识所引发的，也是伴随这种认识的表达而表现的。这样看来，抒情的基本表现方式只有间接抒情一种。

（二）间接抒情

所谓间接抒情，就是借助于其他表达方式，主要是叙述、描写和议论，来达到抒发作者情怀的目的。间接抒情体现了抒情在表达方式上的独特性，即依附性特征。它可以分为叙述抒情、描写抒情和议论抒情三种。叙述抒情与一般叙述的不同之处在于，它的目的并不在于完整地叙说某个事件的过程，而是重在表现写作者或是作品中的人物在经历这一事件时所产生的某种情感体验，因此它往往只选取事件中最具有感染力的某个片断予以叙说，并且特别突出了写作者或是作品中的人物对这一事件的主观感受，从而使叙述成为一种抒情的手段。描写抒情即通常所说的“借景抒情”和“托物言志”。它与一般描写的不同之处在于，它的表现目的不在于客观地描绘出事物的自然形态来，而是在表现过程中突出写作者的主观感受，就像“情人眼里出西施”这句话所表明的那样，使描写对象融合于写作者的主观感受之中，达到一种“情景交融”、主客不分的化境，从而使描写成为一种抒情的手段。同样的道理，议论抒情也不同于一般的议论。它的目的并不是要证明某种观点的正确，而只是要表达出写作者在形成某种思想认识的过程中所伴生的某种情感体验。因此，它一般不需要运用论据来组织论证，而只是用情感化的语言来倾诉自己对某种事物的判断和评价，并且特别突出这种判断和评价的主观色彩，从而使议论成为一种抒情的手段。

由于抒情具有明显的依附性特征，因此有论者认为它不能够作为一种独立的表达方式，而只能作为一种内容因素而存在于其他表达方式之中。应当说，这种看法是片面的。抒情作为一种表达方式固然有其依附性的一面，但从另一方面来看，正如以上所分析的那样，所谓叙述抒情、描写抒情、议论抒情，已经不再是一般意义上的叙述、描写和议论了，而是完全作为一种抒情手段来服务于写作者表达情感的需要。更重要的是，抒情在写作中具有其他表达方式所不可替代的重要作用，由此而决定了抒情作为一种表达方式的必然性和必要性。这些作用主要体现在这样三个方面：首先，抒情是产生写作需要、萌发写作动机的根本因素之一。其次，抒情在写作中还具有以情纬文、结构篇章的意义和作用。特别是在抒情类的写作中，纷繁的景物变幻和飘飞的情思意绪，主要是靠情景交融或是事理结合的表达方式来进行组合与编织，使其成为一个结构整体的。最后，抒情也是阅读者与写作者进行精神交流的根本途径之一。“感人心者莫先乎情”，“晓之以理，动之以情”，在这些人们所熟悉的话语中已经表明了抒情手法的正确运用在阅读中所具有的重要意义和作用。

第二节 写作的表现技法

表达方式作为由表达目的所决定的语言运用的基本类型，在写作活动中具有根据不同表达目的而为写作者提供语言表达的特定方法的意义和作用。每一类表达方式在其具体运用过程中，会因写作的具体需要而在写作者的灵活运用中形成许多特殊方法。这些特殊方法最初都是以个人经验的形式出现，这便是通常所说的“表现技巧”。对这些经验性的、技巧性的表现方法进行总结，从中发现一些具有稳定性和普遍适用性的技巧形式加以认识，从而予以推广应用，这便形成一些基本的表现技法。以下，我们仍以表达方式的五种类型为序，分别介绍几种最主要的表现技法。

一、叙述技法

（一）顺叙法

顺叙就是按照事件发展的先后次序进行的叙述。它是由人们理解的一般习惯和语言表达的线性特征所决定的叙述的基本手段。顺叙的好处在于可以把文本结构的安排与事件发展的过程自然统一起来，把事件过程的来龙去脉交代得一清二楚。这样写不仅写作者行文方便，而且阅读者也一目了然。顺叙法是叙述的主干方法，即使采用其他叙述技法进行叙述，也仍然要以顺叙作为其叙述的主体。

使用顺叙法应当注意的问题：第一是要避免不分轻重缓急、主次详略的一律“平铺直叙”，写成一本“流水账”。应当根据文本思想表达的需要，对叙述内容加以区分，处理好主次详略的关系，使重点得到突出。第二是不宜单纯使用顺叙。因为只用顺叙，会造成叙述内容的单一化，结构上也难以有变化；

同时，单纯使用顺叙还会造成因缺乏必要的背景交代而给阅读者带来理解上的困难。因此，使用顺叙时，往往需要根据情况而穿插使用追叙和补叙等表现技法。

（二）倒叙法

倒叙就是把事件结局，或是事件中的某个最突出的片断提到开头先讲，然后再回头按事件发展的先后次序进行叙述。也就是说，使用倒叙时，除了把事件过程中的某个部分提出前置之外，叙述的主体仍是顺叙。倒叙的好处在于可以造成悬念、吸引读者，使读者产生一种强烈的阅读欲望。倒叙的方式一般有两种：一种是因为事件的结局包含有发人深省的特殊意义，故而写作者将其移至开头部分叙述。一种是因为事件中的某个片断具有与正常情况明显不同的突出特征，故而写作者将其放到开头部分叙述。这两种方式都能有效地造成悬念，一下子就把读者的注意力吸引到即将展开的事件叙述上来。

使用倒叙法应当注意的问题：一是要处理好由倒叙引入顺叙时的衔接与转换。倒叙的内容只是事件的结局或某个中间环节，倒叙完后要安排明显而自然的过渡，使读者清楚地意识到由“倒”回“顺”的转换关系。二是要处理好倒叙部分在顺叙过程中的照应关系。如果倒叙部分是事件的某个中间环节，那么在进行事件的主体叙述时，必须在相关处对倒叙内容作出简要交代。这样既使读者对事件有了完整的了解，也使读者清楚地理解了倒叙部分在事件过程中的重要意义。如果倒叙部分是事件的结局，那么在全文的结尾，一定要重新回到开头的倒叙上来，做到首尾照应，切不可因为结局已经在开头讲过，结尾时便不再交代。三是倒叙的运用一定要从表达内容的需要出发，切不可只是为了造成悬念而故弄玄虚。

（三）插叙法

插叙是在叙述主要事件的过程中，由于某种需要而选择适当时机，暂停主要事件的叙述，插入一段与中心事件相关的事情的叙述，完后再继续进行主要事件的叙述。插叙的好处在于，它作为一种灵活使用的片断性叙述，一方面可以根据需要及时有效地丰富叙述内容，帮助读者更好地理解中心事件；另一方面可以有效地打破单一顺叙容易产生的平淡感，使叙述结构有断有续，文势发展有起有伏，对提高表达效果具有积极作用。插叙的方式根据插叙内容的不同可以分为两类：一种称为追叙，即在对当下发生的主要事件的叙述中所插入的相关事情的叙述，具有追忆以往情况的性质。还有一种称为补叙，即在主要事件的叙述过程中针对所涉及到的某种情况或事物，暂时中断主要事件的叙述，插入一段相关事情的叙述，起到对主要事件的叙述中所涉及到的特定情况或事物进行补充说明的作用。

使用插叙法应当注意的问题：一是不可滥用。否则既失去了插叙所具有的使主要事件中的某些重要环节得到突出的作用，也使主体叙述因枝节太多进展缓慢而导致读者厌烦。二是不可太长。插叙只是一种片断性叙述，目的主要在于帮助读者更好地理解主要事件。如果插叙过长，会喧宾夺主，模糊叙述中的主次界线。

(四) 平叙法

平叙又称分叙，它是对同时发生的两个或多个事件所进行的一种平行叙述。平叙与顺叙相比，基本性质是一样的，都是按照事件发展的先后次序进行叙述。不同之处在于，平叙的对象是一些复杂事件，即主要事件是由不只一个的，并且是同时进行的平行事件构成的。要把主要事件交代清楚，就必须对这些平行事件依照其相互关系来进行叙述。由于受语言表达的线性特征所限制，因此所谓平行叙述在操作中只能是一种交叉叙述，即所谓“花开两（多）朵，各表一枝”，说完一件，再说一件。即使是像《为了六十一个阶级兄弟》这样“多头并进”的叙述方式，也只能是讲完一个事件的一个片断之后，通过“就在同一时间内”等连接转换方式来过渡到对另一个事件的另一个片断的讲述，因而也仍然只能是一种交叉叙述。平叙的好处是十分明显的，那就是通过这种叙述技法，可以将包含多个平行事件的复杂事件线索清晰、层次分明地，“立体”性地表现出来。当然，要做到这一点也是很不容易的，它不仅要求写作者对事件全局有透彻的把握，而且需要写作者具有很强的结构安排能力，否则将难以驾驭平行事件之间复杂的衔接转换关系。

使用平叙法应当注意的问题，第一是分头进行的平行事件的叙述在时间进度上一定要大体一致，这样才能使读者感到是在同时叙说两个或多个事件。第二是由一事向另一事叙述的转换一定要交代清楚，一般采用标明时间或地点的方式来突出两者之间的平行关系和相互联系，以避免因叙述内容的“多头并进”而造成平行事件之间纠缠不清的情况。

二、描写技法

(一) 烘托法

所谓烘托，就是对描写对象不进行直接描写，而是通过对他人的感受，或是与描写对象相关联的周围事物的描写，来间接地表现描写对象的某种特征。使用烘托法的根本依据，在于语言是一种不具有形象直观性的表现手段，因此从客观上就要求写作者尽量避免对描写对象作直观的形象刻画，而代之以“烘云托月”式的效果渲染，以将阅读者引入某种特定的情境和想象空间，从而自己去填补那并未被写作者“说”出，或者“说”得很少的描写对象。从这种意义上来说，善于使用烘托法，就能最大限度地调动阅读者的想象力，使阅读者也参与到作品的创作中来。

18 世纪的莱辛，就已经从绘画与诗的比较中发现了使用语言写作的诗歌，不可能在直接“描绘物体美”方面与使用线条和色彩的绘画争高低。在《拉奥孔》中，他提出应当让“诗人就美的效果来写美”，而“故意避免对物体美作细节的描绘”，让阅读者在特定“效果”的激发下，去感受、去想象、去在幻觉中呈现“美本身”。为了说明这种情况，他举出荷马史诗中对美女海伦形象的创造为例。他指出，在史诗中，“我们只偶尔听到海伦的胳膊白，头发美之类的话。但是尽管如此，正是荷马才会使我们对海伦的美获得一种远远超过（其他）艺术所引起的认识”。这是因为荷马虽未直接描绘海伦的眉眼服饰之类的形象画面，但却为我们提供了一种由于她的出现所引起的特定“效果”，那就是当海伦走进特洛亚国元老们的会场时所激起的反响：“这些尊贵的老人看见了海伦，就彼此私语道：没有人会责备特洛亚人和希腊人，说他们为了这个女人进行了长久的痛苦的战争。她真像一位不朽的女神啊！”莱辛认为：“能叫冷心肠的老年人承认为她战争，流了许多血和泪，是值得的，有什么比这段叙述还能引起更生动的美的意象呢？”

（二）对比法

不论是人物描写、景物描写，还是场面描写，也不论是采用细笔描绘，还是进行简笔勾勒，所应达到的一个基本要求，就是要将描写对象的某种根本特征突出而生动地表现出来。要做到这一点，就需要运用对比的方法，将同类或不同类的事物放在一起进行比较，从而使事物之间的共同点或不同点凸显出来，产生强烈的表现效果。

例如朱自清在散文《绿》中，为了突出梅雨潭“不杂些儿尘滓，宛然一块温润的碧玉，只清清的一色——但你却看不透她”的“奇异的绿”，就采用了对比的手法来表现：“我曾见过北京什刹海拂地的绿杨，脱不了鹅黄的底子，似乎太淡了。我又曾见过杭州虎跑寺近旁高峻而深密的‘绿壁’，重叠着无穷的碧草与绿叶的，那又似乎太浓了。其余呢？西湖的波太明了，秦淮河的又太暗了。”首先，作者集中一些世所公认的美好的绿色来作为感受梅雨潭的绿色的参照物，这种对比本身就显示了梅雨潭的绿色与这些世所公认的美好的绿色之间有着共同点，这也是作者喜爱它的基本前提。在此基础上，作者又采用“太淡”、“太浓”、“太明”、“太暗”等对比性词语特别突出了梅雨潭的绿色与人们所熟悉的那些美好的绿色之间的不同点，从而使其绿色的“奇异”之处强烈地凸显出来。这又是作者特别喜爱它，以至舍不得离开它的根本原因。显然，如果没有这一段对比性描写，梅雨潭的“奇异的绿”就不会被表现得如此出色。

（三）错综法

这里所说的错综，是指作者对描写对象的观照角度可以灵活变化。所谓错综法就是在这种角度的变换或综合中来描写对象，这样可以使对象的内在特性得到全面的和多层次的展现。描写的错综法中运用得最为普遍的是动静交错的方法。写静物可从动态角度去观照，写动感可从静态角度去观照，当然还可以在动与静的结合中来描写对象。

从动态的角度来写静物，即“化静为动”，可以将描写对象内在的生命感蓬勃地表现出来，这显然比单纯的静物静写具有更强的表现力。这方面脍炙人口的范例很多。比如像王安石的“春风又绿江南岸”，宋祁的“红杏枝头春意闹”，以及朱自清在《春》中对春天到来时“一切都像刚睡醒的样子，欣欣然张开了眼”的充满蓬勃生命力的描写，等等。

从静态的观照角度来写事物的动态，即“以静制动”，也就是指写作者的立足点和观照角度相对固定，但他却能在这一个点上推、拉、摇、移，伸缩自如地将镜头始终对准事物的变化过程，因而给人一种“一览众山小”的整体感，可以将描写对象的丰富的感性特征表现得淋漓尽致。在这方面，方纪在《挥手之间》中对延安群众在机场为毛泽东同志赴重庆谈判送行场面的描写，刘白羽在《日出》中对从飞机上所见到的日出景观的描写，都堪称典范。

在动与静的结合中来描写对象，无疑可以综合两者的优势，所获得的表现效果当然也就更加生动。我们不妨来读一读《约翰·克利斯朵夫》中对克利斯朵夫与弥娜爱情的一段描写：

> 突然，她头也没回过来，只抓着他的手说了声：“来罢！”
>
> 她拉着他奔入小树林，那里有些拐弯抹角的小路，两旁种着黄杨，林子中间还有一块迷宫似的高地。他们爬上小坡，浸透雨的泥土使他们滑来滑去，湿漉漉的树把枝向他们乱抖，快到坡脊，她停下来喘口气……

他望着她。她望着别处，微微笑着，嘴张着半天，喘着气；她的手在克利斯朵夫的手里抽搐。他们觉得手掌与颤抖的手指中间，血流得很快。周围是一片静寂。树上金黄色的嫩芽在阳光中打战；一阵细雨从树叶上飘下，声音那么轻灵；空中有燕子尖锐的叫着。

她对他转过头来，像一道闪电那么快，她扑上他的脖子，他扑在她的怀里。

“弥娜！弥娜！亲爱的弥娜……！”

“我爱你，克利斯朵夫，我爱你……！”

他们坐在一条潮湿的凳上，两人都被爱情浸透了，甜蜜的、深远的、荒唐的爱情。其余的一切都消灭了。自私、自大、心计，全没有了。灵魂中的阴影，给爱情的气息一扫而空。笑眯眯的含着泪水的眼睛都说着：“爱啊，爱啊。”这冷淡而风骚的小姑娘，这骄傲的男孩子，全有股强烈的欲望，需要倾心相许，需要为对方受苦，需要牺牲自己。他们认不得自己了；什么都改变了；他们的心，他们的面貌，照出慈爱与温情的光的眼睛，几分钟之内，只有纯洁、忘我；那是一生中不会再来的时间！

在这段精彩的爱情描写中，作者充分运用了动静交错的手法，把人物外在的行动和内在的感受同时生动地表现了出来，真正达到了一种令读者身临其境、感同身受、形神兼备的描写效果。

三、说明技法

（一）定义说明

定义说明就是通过给说明对象下定义的方法来说明对象的本质特征，从而使读者形成有关对象的基本概念，对说明对象的本质有一个最简明而又最精确的认识。

定义说明的方法，通常是将被定义的概念放到它所从属的另一个更为广泛的概念里，然后采用限定的方式，指出被定义概念与它所从属的那个更广泛的概念中的其他同等概念之间的区别。这样，被定义概念与经过限定之后的那个用来说明它的概念，即定义概念，在外延上便是相等的。例如，要给“水”下定义，第一步可以将“水”纳入“液体”这个更广泛的概念之中。然后，要具体限定“水”与同属于“液体”的其他事物之间的区别，即“水是一种无色、无臭、无味、透明的液体”。经过限定之后，定义的双方，即被定义者

“水”，与定义者“无色、无臭、无味、透明的液体”，在外延指向上便是相等的了。正是因为定义的双方外延应当相等，所以双方的位置是可以互换的，变换之后定义依然成立。应当注意的是，下定义只能采取肯定判断的方式，而不能采取否定判断的方式；同时，定义只能用科学的语言来表述，而不能用修饰性的语言来表述。例如，把“水”比喻为“生命的源泉”，就不能看作是科学的定义。

（二）诠释说明

诠释说明是对说明对象的本质特征进行全面或若干侧面的解说。这有助于读者形成有关说明对象的丰富而具体的认识。如果说定义说明是用精确的语言来概括事物的本质，那么诠释说明就是定义说明的具体展开，即将事物的概念内涵和基本特征展开来进行解说。且看沈振辉在《八股文趣谈》中对“八股文究竟是怎么回事”所作的一段诠释：

> 八股文也叫时文、时艺、制义、制艺，或八比文、四书文，它是明清科举考试规定的文体，有严格的限定。它以四书五经的字句、段落为题，内容的阐发，只能依照朱熹的《四书集注》等书，不许自由发挥，甚至文中的语气都要仿孔孟之口，谓之“代圣贤立言”。它有一套繁琐的格式，全篇分为破题、承题、起讲、入手、起股、中股、后股、束股以及落下等几部分。破题为点破题目要旨，其中忌直接称呼人的名号。承题承破题之义进而说明。起讲为议论之始，要用“若曰”、“意谓”、“且夫”、“今夫”、“尝思”等作为转折。入手亦称领题，为议论入手处。接着才是文章的正体，文章的正体包括起、中、后、束各两股两相排偶的文字，合计八股，又称八比，八股文之名由此而得。

这一段文字，主要是针对八股文的写作要求与特点，进行了具体解说，从而使读者对“八股文究竟是怎么回事”，有了全面而具体的认识。如果仅仅是给“八股文”下定义，显然就不会具有这种说明效果。

诠释说明除了可以作为说明类文体写作中的一种基本的说明技法使用之外，还可以作为写作活动中的一种具有重要作用的辅助手段而被广泛运用，这便是通常所说的“注释”方法。许多文本写作中所涉及的专门术语的特定含义，所引用的历史典故的由来和本义，以及像引文材料的出处来源，等等，都需要有某种不至于影响文意正常表达的特殊方式来进行解说，以便于读者参考，这就需要采用“注释”的方式来处理。在具体的写作活动中，根据需要

“注释”的情况不同，“注释”的具体手法主要有三种：一是所谓“自然注”，即不需要采取某种特殊标志，只在行文中需要注释的对象后面，直接加以诠释说明，使注释内容与正常行文融为一体。二是所谓“夹注”，也称随文注，即在行文中需要注释的对象之后用括号（也可以采用破折号）来显示注释的内容。三是所谓“尾注”，即在行文中需要注释的对象上标明序数号，然后在本页下端（这种形式也称“脚注”），或全文结束处依照序数号分别进行注释。

（三）分类说明

有时候，说明对象不是以“个体”形式存在的，而是一个“群体”，其中包含着众多的表现形态或构成因素，这些形态与因素之间又存在着复杂的相互关系。要把这种内涵复杂的对象解说清楚，就需要确定一定的标准，将对象分门别类之后逐一进行解说。这种说明方法就叫分类说明。

对复杂事物进行分类有多种情况。一种是在确定一个角度之后进行一次性分类。例如我们可以根据表达方式的不同，把文体划分为记叙类、议论类、说明类三种类型。再一种是在同一逻辑层面上选择不同角度进行多次分类。例如我们除了可以把文体区分为记叙类、议论类、说明类三种类型之外，还可以从另一个角度，即从文体形态和社会作用相统一的角度，将全部文体划分为新闻、理论、文学、应用四大类型；又可以再选择一个角度，即从人的意识功能的角度，将全部文体划分为认知性文体、析理性文体、审美性文体三大类型。还有一种是不在同一逻辑层面上进行的多次分类。例如我们在最高逻辑层面上将全部文体划分为认知性文体、析理性文体、审美性文体之后，又可以在接下来的一个逻辑层面上对文体的三大类型分别进行二次分类，比如审美性文体就可以具体划分为诗歌、小说、散文、戏剧四大类。如果需要，我们还可以在接下来的第三个逻辑层面上对审美性文体的四个基本类别再分别进行三次分类，而且这种分类仍可以采取在同一逻辑层面上选择不同角度进行多次分类的方式进行。仅以诗歌为例，从语言形式的角度，可以把诗歌划分为格律诗、散文诗；从表现内容的角度，则可以把诗歌划分为抒情诗、叙事诗。如果需要，这种分类还可以继续进行下去。总之，分类说明的目的，就是要将一个复杂事物依据一定的逻辑关系分解开来进行解说。分类越细密，读者对这一事物的整体认识也就越清晰。

应当注意的是，分类说明尽管可以多次进行，但每一次分类，都必须遵循统一的标准进行。例如，我们可以依据表达方式的不同而把文体划分为记叙、议论、说明三大类，但是将记叙文、议论文、说明文、应用文四者并列，就显得不伦不类了。另外，参加每次分类的具体对象不仅是要同属于一个大的类型，而且必定要是同处一个逻辑层面。例如，新闻、理论、文学、应用四类并列，这是从最高逻辑层面依据统一标准进行的划分，是合理的；但如果将新闻、理论、应用、小说、抒情诗并列，就出现了逻辑层面和分类标准的混乱，这当然是不合理的。

四、议论技法

（一）例证法

例证，就是采用事实作论据，通过举例的方式来证明论点。根据使用论据的情况不同，通过举例的方式来证明论点的具体手段也可以是多样的。最常见的例证途径有这样几种：

一是所举事例与论点之间直接构成从个别到一般的概括归纳关系。例如，我们可以通过举出世界上许多“狼孩”在回归人类社会之后始终未能学会语言的例子，从中概括归纳出“人类学习语言的关键时期是幼儿时期”的观点。

二是论点与所举事例之间直接构成从一般到个别的演绎关系。但是，这种关系的建立必须有一个基本前提，那就是这种论点必须具有科学假说的性质，即当写作者在其研究工作中形成某种科学假说的设想之后，通过在这一理论设想的指导下进行科学实验，或是用这一设想指导具体工作，从而在实验或工作中被证明是一种具有普遍适用性的科学理论。这样，写作者就可以通过列举具体的实验或工作事例，来印证他所提出的科学假说的科学性和普遍适用性，从而使这种假说因此而得到证明，并成为一种新的科学理论。

三是所举事例与论点之间性质上有某种相似或一致之处，从而使两者之间构成一种类比关系。例如，毛泽东在《论人民民主专政》一文中驳斥所谓“你们太刺激了”的说法时，就举出了景阳冈上武松打虎的例子。作者要阐明的观点是：对于反动派，我们不能有丝毫的怯懦。这种关系，正与武松同老虎的关系一样，不是你死，就是我活，“并不发生刺激与否的问题”。正由于抓住了两者之间本质上的某种一致之处，从而十分生动形象地说明了自己的观点。

四是所举事例本身不直接与论点联系，而是通过所举事例之间所形成的对比关系来体现某种思想，而这种思想与写作者要阐明的观点之间具有某种本质的相似或一致之处，由此来证明自己的观点。例如，清代彭端淑在《为学》

一文中要阐明为学的成败不在天资的高低，而在人们主观上是否努力。为此，他在文章中讲了一个故事：四川的两个和尚皆欲朝南海（普陀山）。其中的穷和尚说干就干，凭“一瓶一钵”便已去而复归；其中的富和尚虽“数年来欲买舟而下”，但只有打算不见行动，故面对朝南海而归的穷和尚只能是“有惭色”而已，作者通过这种对比，表现了天下之事为之则易、不为则难的思想，并由此证明了自己所提出的只要“力学不倦”终有所成的观点。

（二）引证法

引证，就是通过引用已为事实证明是正确地反映了事物的普遍规律，并且已被人们所广泛接受的某种理论材料作论据来证明论点。引证的逻辑依据在于论据与论点之间具有从一般到个别的演绎关系。它是通过引用已知的、具有普遍意义的正确理论，推断出个别事物的性质或结论的一种论证方法。例如，有人将“科学是没有祖国的”命题换成“科学家也可以是没有祖国的”。为了反驳这种观点，我们既可以采用例证的方法，也可以采用引证的方法。19 世纪法国著名微生物学家巴斯德曾经拒绝接受德国授予他的博士学位，因为他的祖国遭受到德国的侵略。当时，他曾说过这样一句很有名的话：“虽然科学没有国界，但科学家是有祖国的。”引用这句名言来反驳对方，就显得十分恰当。引证法的优越性在于：写作者所引用的材料，在其性质的正确性方面早已为人们所公认，只要用得恰当，是很具有说服力的。同时，这种材料具有简洁的特点，恰当地使用它，能够起到“以简驭繁”的效果。

（三）反证法

反证，就是不从正面直接证明自己的观点，而是从反面，即从否定某种与自己观点相对立观点的角度，来间接证明自己的观点。反证法所依据的主要是逻辑上的“排中律”，即在两个对立的判断中否定了一个，就等于同时肯定了另一个。正因为如此，运用反证法的一个基本前提，就是被否定的观点与被肯定的观点必须是处在同一逻辑层面上，并且必须是在根本性质上相互对立的两种观点。根据否定对立观点的手段不同，反证法在运用中通常有这样两种形式：

一种是直接否定，即经过分析，显示对立观点所依据的论据，所赖以成立的论证过程，以致其论点本身是虚假的，应当被否定。例如，毛泽东在《关心群众生活，注意工作方法》一文中，为论证“群众是真正的铜墙铁壁”的论点，即以国民党在进行反革命围剿时实行的所谓“堡垒政策”为反面论据进行反证，指出国民党“大筑其乌龟壳，以为这是他们的铜墙铁壁”，国民党以此为依据，是否可以证明他们的强大呢？毛泽东列举了历史上封建皇帝，特别是像“俄国皇帝”这样凶恶的统治者，尽管有着坚固的城池宫殿，而当人民革命一起来便一个个倒台的事例，揭示了国民党所凭借的根据的虚假性，同时也就否定了国民党是强大的这种论调。那么，与之相对的，“群众是真正的铜墙铁壁”，“真正强大的是人民群众”的论点，便自然得到确立。

一种是间接否定，就是在假设对立论点可以成立的前提下，将对立论点进行合乎逻辑的引申，从而得出一个明显荒谬的结论，以此来“不攻自破”地否定对立论点。这种方法在逻辑上称为“归谬”，它具有“以其人之道还治其人之身”的独特效果。例如，毛泽东在《评战犯求和》一文中，针对蒋介石在1949年“新年献词”中吹嘘他有超过共产党“几倍乃至几十倍”的力量，因此京沪决战有“决胜的把握”的说法进行“引申”：

> 哎呀呀，这么大的力量怎样会不叫人们吓得要死呢？姑且把政治、经济两方面的力量放在一边不去说它们，单就“军事力量”一方面来说，人民解放军现在有三百多万人，“超过”这个数目一倍就是六百多万人，十倍就是三千多万人，“几十倍”是多少呢？姑且算作二十倍吧，就有六千多万人，无怪乎蒋总统要说“有决胜的把握”了。为什么求和呢？完全不是不能打，拿六千多万人压下去，世界上还有什么共产党或者什么别的党可以侥幸存在呢，当然一概成了粉末。由此可见，求和决不是为了别的，完全是“为民请命”。

在人民解放军节节胜利、国民党兵败如山倒的当时，说蒋介石真的“有决胜的把握”，因此他提出“和谈”完全是“为民请命”，这种结论的滑稽和荒谬是显而易见的，当然也是不攻自破的。

五、抒情技法

（一）客观法

所谓客观法，是指写作者不在字面上显露抒情的痕迹，而是借助某种客观的叙述或描写，在“不动声色”之中将读者引领到某种特定的情感体验境域之中，自己去感受写作者曾经感受过的某种情感。这种方法的特点就在于它以不言情的方式而能产生强烈的抒情效果。我们试读流沙河的一首《哄小儿》：

> 爸爸变了棚中牛，

今日又变家中马。
笑跪床上四蹄爬，
乖乖儿，快来骑马马！

爸爸驮你打游击，
你说好耍不好耍？
小小屋中有自由，
门一关，就是家天下。

莫要跑到门外去，
去到门外有人骂。
只怪爸爸连累你，
乖乖儿，快用鞭子打！

诗人在描述“文革”中的这幅生活场景时，并未正面、直接地去表现内心复杂的感受，但只要是经历过那段历史的读者，一旦追随着诗人的笔触重新回到那“似曾相识”的生活场景中时，却又是会不可抑止地与作品产生强烈的情感共鸣。

（二）主客化合法

这种抒情方法的特点在于，写作者通过富有感情色彩的眼睛去看待世界，从而使他笔下的事物也就具有了情感化的特征。就如同“情人眼里出西施”一样，写作者是依据自己的主观感受来叙述和描写客观事物，从而使写作者的情感得到鲜明的表现。朱自清的散文在这方面表现得特别突出。

比如，他写月光下“曲曲折折的荷塘上面，弥望的是田田的叶子。叶子出水很高，像亭亭的舞女的裙。层层的叶子中间，零星地点缀着些白花，有袅娜地开着的，有羞涩地打着朵儿的；正如一粒粒的明珠，又如碧天里的星星，又如刚出浴的美人。微风过处，送来缕缕清香，仿佛远处高楼上渺茫的歌声似的。”

又如，他所感触到的春天充满了蓬勃的生机：“春天像刚落地的娃娃，从头到脚都是新的，它生长着。春天像小姑娘，花枝招展的，笑着，走着。春天像健壮的青年，有铁一般的胳膊和腰脚，他领着我们上前去。”

（三）主观法

所谓主观法，是指写作者力图通过语言形式的特殊处理，主要是运用某些修辞手法，来强化情感表现的力度，形成一种直接而强烈的抒情效果。

例如，写作者通过采取呼告和倾诉的方法，可以达到表现强烈情感的目的。这种方式多出现于以第二人称形式写作的作品中，在这类作品中，“你”既可以是阅读者，也可以是作品中的人物。前者如魏巍的《谁是最可爱的人》，后者如柯岩的《周总理，你在哪里?》。我们不妨读一读《谁是最可爱的人》的结尾，就不难感受到这种方法的独特魅力：

亲爱的朋友们，当你坐上早晨第一列电车走向工厂的时候，当你扛上犁耙走向田野的时候，当你喝完一杯豆浆，提着书包走向学校的时候，当你安安静静坐到办公桌前计划这一天工作的时候，朋友，你是否意识到你是在幸福之中呢？你也许很惊讶地看我：“这是很平常的呀!”可是，从朝鲜归来的人，会知道你正生活在幸福中。请你意识到这是一种幸福吧，因为只有你意识到这一点，你才能更深刻了解我们的战士在朝鲜奋不顾身的原因。朋友！你是这么爱我们的祖国，爱我们的领袖，你一定会深深地爱我们的战士，他们确实是我们最可爱的人！

再比如，写作者通过采取反复和重叠的方式，可以达到强调、突出某种情感的作用。被用来反复和重叠的语言形式，可以是某个语词，也可以是某个句子。例如在沈钧儒的诗作《读韬奋悼戈公振先生》中，就一连反复五次出现“我是中国人”的句子。诗是这样写的：

浙江古越国，勾践人中杰，
尝胆卧则薪，我是浙江籍。
苏州有胥门，炯炯有双睛，
怒视敌人入，我是苏州生。
哀哉韬奋作，壮哉戈先生，
死犹继续说，我是中国人。
我是中国人，我是中国人，
我是中国人，我是中国人。

这种有意的反复与重叠，表现了一种誓死抗日的爱国主义情怀。这即是对戈公振先生的赞誉，也是作者内心情怀的深刻表白，同样也会在阅读者心中引起强烈共鸣。

思考与练习

1. 什么是叙述？叙述的要素有哪些？应当怎样理解叙述的人称？

2. 什么是描写？描写包括哪些基本类型？

3. 什么是说明？说明包括哪些基本类型？说明的特点和要求是什么？

4. 什么是议论？议论的要素有哪些？议论包括哪些基本类型？

5. 什么是抒情？抒情的鲜明特征是什么？抒情包括哪些基本类型？

6. 从五种表达方式中各确定一种表现技法，如叙述中的倒叙法，议论中的反证法等等，然后从自己阅读过的文章中各选择一个能够展示这种表现技法的写作范例，对其在文本表达中的作用进行分析。

7. 从自己阅读过的文章中选择一篇综合运用了不同表达方式和表现技法的文章，对其在综合运用表达方式和表现技巧方面的特点进行分析，这有助于培养我们对表达方式和表现技法的综合运用能力。

第六章 言之有体（上）
——文体

内容提要

学习写作先要有一个“从具体到抽象”的过程，即从所有写作中概括出它们相通共有的基本因素和普遍遵循的基本规律，这就是我们以上讨论“言之有物”、“言之有序”、“言之有文”的意义所在。但停留于这个层面是不够的，因为世界上没有什么抽象、一般的写作，任何写作成果都是以特定文体的形态存在的，而任何文体都会对它所包含的“言之有物”、“言之有序”、“言之有文”提出相应的特殊要求，从而使它们之间形成一种相互融合的统一关系，这样才会有符合写作要求的写作文本产生。因此，我们在认识了写作应当“言之有物”、“言之有序”、“言之有文”之后，还需要上升到“从抽象到具体”的学习层面，从“言之有体”的高度来认识和把握文体对文本构成要素的统摄和整合作用。这样，我们对写作的认识和把握才是较为完整和深入的。本章首先通过对文体概念、文体与写作之间逻辑关系的辨析，帮助我们初步建立起写作者应当具有的文体意识；然后通过对“言之有物”、“言之有序”、“言之有文”中所存在的文体差异的分析，使我们对写作应当“言之有体”的认识变得具体而明确；最后通过有关文体分类知识的介绍，则使我们找到了把握纷繁复杂的文体现象的科学依据。

世界上没有也不可能会有单一、抽象的花草树木存在，花草树木总是以特定的植物种属形态而现实地存在着。植物学当然可以告诉我们构成所有的花草树木的那些相通共有的基本因素是什么，但当我们考察现实中真实地存在着的花草树木时，却不难发现那些共性的因素一旦被落实到特定植物种属的具体形态之中以后，就具有了某些与其种属要求相应的个性，而且正是因为这些相应个性的获得，才使得那些共性的因素在这个植物种属机体内能够生动而和谐地融为一体，共同真实地创造出一个具体的生命存在。

同样的道理，写作中没有而且也不可能会有单一、抽象的文本存在，因为写作总是表现为特定文体的写作，因而文本也总是以特定文体的形态存在的。当然，不论什么文体的写作，都包含一些相通共有的基本因素，都遵循一些普遍有效的基本规律，这正是我们以上讨论“言之有物”、“言之有序”、“言之有文”的意义所在。但是，当我们将这些基本因素和基本规律落实到具体的写作活动中去时，就会发现它们必须经过一种有效的整合才会具有相应的实践价值，并以文本的形态表现出来。这种能够对所有文本写作相通共有的基本因素发挥整合功能的因素，就是文体。换言之，如果脱离“言之有体”的整合和统摄功能来谈“言之有物”、“言之有序”、“言之有文”，就会失去它们应有的揭示写作基本规律的价值，因为写作总是表现为特定文体的写作，文本总是以相应的文体形态作为其生命存在的一种标志。请看这样一段文字：

举世瞩目
中国球迷挂心的
四十一届世界乒乓球锦标赛
团体赛
赛制有变

对于这段文字，我们除了可以将其视为一种文字游戏之外，很难有别的解释。尽管从文本分析的层面来看，它既是“言之有物”的，也是“言之有序”的，而且也可以说是“言之有文”（辞达）的，但显然我们无法认定它是一个文本，因为这些文本构成的相通共有的基本因素处于一种相互游离状态，没有被整合到一种特定的文体要求中去。也许从新闻写作的角度来看，这段文字符合新闻文体对“言之有物”、“言之有文”的要求，但其结构安排明显有悖于新闻文体对“言之有序”的要求，所以它不是一则新闻报道。而如果说这段文字在结构形态上具有诗歌写作的“言之有序”特征，那么它在“言之有物”、“言之有文”方面并不符合诗歌文体的特定要求，所以它也不是一首诗歌。

从这个例子中不难看出，所谓文体对写作的整合和统摄功能包含两层意思：一是文体意味着对被纳入其中的文本共性因素提出了相应的特殊要求，二是只有当这些共性因素都具有了相应的特殊性质，它们之间才会形成一种相互融合而不是相互游离的关系，这样才会有以特定文体形态而存在的写作文本的产生。总之，我们只有在一种文体的特定要求范围之内讨论“言之有物”、“言之有序”、“言之有文”的问题，才具有实际的和实践的意义。正因为如此，对有一定写作经验的作者来说，“言之有体”内在地构成了他们写作活动的出发点和落脚点。他们总是站在特定文体要求的整合层面来具体落实写作中的“言之有物”、“言之有序”、“言之有文”问题，并最终使自己的写作成果呈现为一种特定的文体形态。

关于文体，或者说“言之有体”对写作所具有的这种整合和统摄功能，中国古代写作理论早就有着鲜明的认识和充分的肯定。刘熙载《艺概》就曾提到：“老子曰：‘言有宗。’墨子曰：‘立辞而不明其类，则必困矣。’‘宗’、‘类’二字，于文之体用包括殆尽。”正是基于这种认识，刘勰在《文心雕龙·熔裁》中明确将“言之有体”的问题放在了写作中第一需要考虑的位置：“是以草创鸿笔，先标三准：履端于始，则设情以位体；举正于中，则酌事以取类；归余于终，则撮辞以举要。”周振甫用白话文解释这段话的意思是：“因此要写好文章，先定出三个准则：第一步，根据情理来决定体制（文体）；第二步，根据内容来选择事例；第三步，选择文辞来显出要义。”① 由此可见中国古代写作理论对“言之有体”在写作中重要地位的重视。

第一节　文体意识与写作

一、文体概念

所谓文体，一般包括体式或风格两种含义。《宋书·谢灵运传》：“自汉至

① 周振甫：《文心雕龙选译》，175 页，北京，中华书局，1980。

魏四百余年，辞人才子，文体三变。”这指的是体式。南朝梁钟嵘《诗品》：“宋徵士陶潜诗，其源出于应璩，又协左思风力，文体省静，殆无长语。”这显然是就风格而言。前人论述文体，有时对这一概念的双重含义不加区别，使立论陷入混乱。如南宋严羽《沧浪诗话》中论“诗体”时，其一曰：“《风》、《雅》、《颂》既亡，一变而为《离骚》，再变而为两汉五言，三变而为歌行杂体，四变而为沈、宋律诗。”其五曰：“又有古诗，有近体，有绝句，有杂言……”这是就体式而立论。而其二则言：“以时而论，则有建安体……齐梁体……盛唐体……江西宗派体……”其三则言：“以人而论，则有……陶体……太白体……东坡体……”其立论却又成了时代、流派、个人风格了。这种不从同一逻辑层面确立研究对象的做法，是不足为训的。

我们所说的文体，专指文本体式。它是写作活动中有效实现文本构成各要素之间有机融合的一种整合机制。应当注意的是，由于文体通常具有较为鲜明的结构和语言特征，所以很容易把它看作是对写作的一种单纯的形式规范；其实，确立文体的更重要的依据在于文本内容形态的独特性，以及由此所要求的表现形态的独特性。因此，严格说来文体既是对文本形式的一种特定要求，也是对文本内容的一种特定要求，并且是对它们之间最终实现有机融合的一种特定要求。任何一种文体，都是在人类写作实践的历史过程中逐步形成和完善的，有如语法规则一样，是“约定俗成”的结果。成熟的文体，无不代表着文本构成的各要素之间的一种相互作用、浑融一体的和谐关系。破坏了这种和谐，便失去了这种文体的“文体感”，给人以面目全非的感觉。诗歌之所以需要韵律和谐的语言结构形式，就是要与它言情的艺术表现内容相适应。当然，诗歌可以而且应当具有一定的理性内涵，能够寄寓深远哲理的诗歌作品往往成为诗中的精品。但诗中之理，应当化作“理趣”，而不可成为“理障”，必须经过“物化”、“情化”的艺术处理之后方可入诗。清人费锡璜《汉诗总说》说得好：“诗主言情，文主言道；诗一言道，则落腐烂。”标语口号之所以无论怎样韵律和谐也成不了诗歌，原因就在于它破坏了诗歌体式的内在和谐，不符合诗歌体式的审美规范。

中国古代写作理论对文体在写作活动中的意义和作用有十分全面的认识。如前面引述过的那样，刘勰提出：“是以草创鸿笔，先标三准：履端于始，则设情以位体；举正于中，则酌事以取类；归余于终，则撮辞以举要。”这不仅表现了中国古代写作理论对文体重要性的充分认识，同时也表现了中国古代写作理论对文体认识的深入和全面。其中有两点值得我们重视：一是他强调了写作过程中内容与形式的不可分离性，即体式的选择与思想内容的确立是紧密相连的。这就如同马克思所说的那样："如果形式不是内容的形式，那么它就没有任何价值了。"① 二是他指出了文体概念的动态性特征。在具体的写作实践过程中，文体并不仅仅只是一种静态的，等待文本内容与之适应的形式规范，而应当是贯穿整个写作过程的一种创造性因素，要由它来统摄和协调文本构成的各要素之间的相互关系。对此，刘勰还曾作过专门的论述。在《文心雕龙·附会》中他说："夫才童学文，宜正体制，必以情志为神明，事义为骨髓，辞采为肌肤，宫商为声气；然后品藻玄黄，摛振金玉，献可替否，以裁厥中，斯缀思之恒数也。"

刘勰对文体概念的上述认识，对现代的文体研究仍然具有十分重要的意义。有论者就曾在总结20世纪80年代新兴的小说文体研究的特点时认为：其一，这些小说文体研究者并不在内容与形式相割裂的意义上谈论形体因素，而是把形式的形成过程同时看作是内容展开的过程，始终是在二者相互融合、相互作用的意义上来认识和探索文体的生成与构成。其二，这种文体研究并不限于作品的既定形式，它还包括作品的生产方式，属于一个涵盖着从创作准备到创作结果的整体过程中的许多艺术创作问题的动态研究系列。② 比较之下，刘勰的论述与今人的研究之间，可资借鉴的因素是显而易见的。

二、文体意识

文体意识，指的是写作者和阅读者对文体现象及其本质特征的规律性认识与自觉运用。

"意识一开始就是社会的产物，而且只要人们还存在着，它就仍然是这种产物。"③ 文体意识当然也不例外，它的形成、完善和发展，都是以人类写作实践的历史为前提的。刘熙载提出的："老子曰：'言有宗。'墨子曰：'立辞而不明其类，则必困矣。''宗'、'类'二字，于文之体用包括殆尽。"就说明早在先秦时期，人们便已经开始意识到文体的重要作用，尽管这种认识还比较笼统、模糊。到三国时曹丕写《典论·论文》，人类写作实践经验的历史积

① 《马克思恩格斯全集》，第1卷，179页，北京，人民出版社，1956。
② 白烨：《小说文体研究概述（一）》，《文艺报》，1987－06－6。
③ 《马克思恩格斯选集》，第1卷，35页，北京，人民出版社，1972。

淀已相当丰厚，人们对文体现象的认识开始由经验性的把握上升到理性的全面分析和研究。曹丕提出了“文本同而末异”的观点，认为所有的文本写作都具有共同的基本规则，但又因文体不同而各具特点，并举例说明不同文体在表现手法上所具有的不同要求。这是中国古代文体研究的开山之作。值得特别提出的是，从曹丕《典论·论文》和《与吴质书》中可以看出，当时的“建安七子”等人，大多专攻某一文体，并能够形成个人独特的文体风格。这种“文体的自觉”，显然是文体意识强化的必然结果。曹丕之后，西晋陆机的《文赋》在文体辨析方面进行了更细密的研究。西晋挚虞的《文章流别论》，则将文体意识由辨析而深化为“寻根”。到南朝梁时刘勰的《文心雕龙》，集前人研究之大成，并经过他个人的天才创造，以二十篇的宏大篇幅，详尽探讨了当时的各种主要文体的写作规律，并将“位体”摆在了写作“三准”第一的位置。至此，在中国传统写作理论中“文章以体制为先”（宋代倪思语）的观念便牢牢地树立起来。

如果说文体意识的形成和发展主要来源于人类写作经验的历史积淀，那么它的强化则主要来自于人的主体意识的觉醒和加强。文体意识的强弱往往是写作者主体意识强弱与否的鲜明标志之一。

人的主体意识，主要指人类对自身在自然界、社会及历史发展过程中的地位与作用的自我认识。在自然界、社会及历史发展过程中，人类始终居于主导和支配的地位，其作用表现为能够征服和创造一切。正是在这种意义上，马克思提出人从本质上来说是自由的。他说：

> 诚然，动物也生产。它也为自己营造巢穴或住所，如蜜蜂、海狸、蚂蚁等。但是动物只生产它自己或它的幼仔所直接需要的东西；动物的生产是片面的，而人的生产是全面的；动物只是在直接的肉体需要的支配下生产，而人甚至不受肉体需要的支配也进行生产，并且只有不受这种需要的支配时才进行真正的生产；动物只生产自身，而人再生产整个自然界；动物的产品直接同它的肉体相联系，而人则自由地对待自己的产品。动物只是按照它所属的那个种的尺度和需要来建造，而人却懂得按照任何一个种的尺度来进行生产，并且懂得怎样处处都把内在的尺度运用到对象上去；因此，人也按照美的规律来建造。①

① 《马克思恩格斯全集》，第42卷，96~97页，北京，人民出版社，1979。

写作活动是人类精神生产活动的一项重要内容。一定的文体反映着人们对一定的精神生产活动对象的内在规律性的高度概括，这一点在文体结构方式上表现得尤为明显。文体作为一种形式规范，就意味着它是一种“尺度”，写作者正是根据精神生产活动对象的“种”的不同，来选择不同的“尺度”，并在整个写作过程中“处处都把内在的尺度运用到对象上去”，以此来规范文本诸要素之间的相互关系，以达到诸要素之间的和谐一致，从而“再生产整个的自然界”，即以观念形态出现并为写作者所主宰了的客观世界——文本。

恩格斯在《致斐·拉萨尔》中谈到人物性格描写时曾提出：“一个人物的性格不仅表现在他做什么，而且表现在他怎样做。”同样的道理，我们可以这样说，写作者创造才能的实现与否或实现的多少，不仅表现在他写什么，而且表现在他怎样写。怎样写的首要问题，如刘勰所说，当推文体。写作者是否能够自觉重视文体在写作中的重要作用，与写作者的主体意识是否增强密切相关。魏晋时期之所以能够出现一批文体写作的“专家”，原因即在于此。中国当代文学进入新时期以后，创作者与批评者都越来越重视文体研究，原因也在于此。

三、文体意识与写作

文体意识与写作之间，存在着以下三种基本联系：

一是通过培养和强化文体意识，可以更有效地指导写作实践，使写作者自觉地“处处都把内在的尺度运用到对象上去”，创作出高质量的成果来。这主要是就文学创作者及各类专业写作者而言。

二是通过培养和强化文体意识，可以更准确、恰当地品评、分析、研究写作成果。这主要是就批评家、理论家、写作研究者而言。在这方面，马克思和恩格斯分别对拉萨尔的历史剧《弗兰茨·冯·济金根》进行的批评，是一个光辉的范例。正由于马克思和恩格斯对悲剧文体有着深刻理解，其对作品所进行的分析和提出的批评，才显得那样中肯。然而，我们在一个相当长的时期内，恰恰是忘记了这一重要原因，不顾文体差别，简单地将马克思、恩格斯的论述套用于各种文学体裁。这种以单一的“尺度”去衡量不同的“种”的做法，自然违背了马克思、恩格斯的原意。

三是从接受美学的观点来看，文学写作活动的流程包括创作活动与接受活动两个基本环节，而作者、作品和读者是这一过程中不可缺少的三个基本要素。因此，加强读者的文体意识，可以更好地实现作者的创作意图和作品的潜在价值，完成文学创作这种特殊的“对话过程”。读者文体意识与文学创作之间的这种联系的基本精神，同样也适用于其他写作领域。

以上三个方面，在培养和强化文体意识这点上是一致的，区别在于文体意识与写作的联系是直接的还是间接的。现代的文体研究关心和探讨的中心问题，是上述第一方面的内容，即如何培养和强化写作者的文体意识，实现“文体的自觉”，从而使写作者能够“自由地对待自己的产品”。至于二、三两个方面的内容，所反映的文体意识与写作的联系是间接的，更多地分属于批评学、接受学范畴。

需要强调的是，文体意识的培养与强化，并不意味着墨守成规。随着社会、历史的发展变化，写作的对象和内容都会起相应的变化，因而必然要与传统的文体形式发生摩擦，打乱旧的和谐。这时，人们的文体意识会向两方面发展：要么是“改良”，完善传统；要么是“造反”，抛弃传统。完善传统，即以保持旧有体式为前提，重新调和文本各要素之间的关系。近代梁启超在《饮冰室诗话》中曾就此发表过如下见解：

> 过渡时代，必有革命。然革命者，当革其精神，非革其形式。吾党近好言诗界革命，虽然，若以堆积满纸新名词为革命，是又满州政府变法维新之类也。能以旧风格含新意境，斯可以举革命之实矣。苟能尔之，则虽间杂一二新名词，亦不为病。不尔，则徒示人以俭而已。侪辈中利用新名词者，麦孺博为最巧，其近作有句云：“圣军未决蔷薇战，党祸惊闻瓜蔓抄。”又云：“微闻黄祸锄非种，欲为苍生赋《大招》。”皆工绝语也。吾自题所著《新中国未来记》二诗，有云：“青年心死秋梧粹，老国魂归蜀道难。”亦颇平生得意之句。

梁启超的意见，就是在保留旧形式的基础上，经过调整，求得内容与形式的新统一。抛弃传统，就是改变旧有体式，以新的形式去适应新的内容。新文体的创制需要一个长时期的摸索，不可能朝令夕改。中国新诗的写作，自“五四”迄今尚未形成能够为人们普遍接受的审美规范，就是一例。

指出上述情况的目的，旨在说明文体意识应当具有开放性品格，它要随着写作对象——社会生活的发展变化而不断有所更新。在社会生活节奏不断加快的今天，尤其如此。所以，注意文体变化的新动向，把握文体发展的新趋势，不断调整文体意识与写作实践之间的关系，是文体研究中的一个重要课题。

第二节　文本构成要素中的文体差异

前面我们提出，文体对写作的整合和统摄功能包含两层意思：一是文体意味着对被纳入其中的文本共性因素提出了相应的特殊要求，二是只有当这些共性因素都具有了相应的特殊性质，它们之间才会形成一种相互融合而不是相互游离的关系，这样才会有以特定文体形态而存在的写作文本的产生。总之，我们只有在一种文体的特定要求范围之内来讨论“言之有物”、“言之有序”、“言之有文”的问题，才具有实际的和实践的意义。这说明，由于写作总是表现为特定文体的写作，因而文本也总是以特定文体的形态而存在，所以我们在实际的写作中处理那些文本构成的基本因素时，既要认识和把握它们所具有的对所有写作都普遍有效的那些基本规律，也要能够辨析和领会它们在特定文体写作中所具有的特殊性质和要求。这就是我们现在所要讨论的文本构成要素中的文体差异问题。

一、言之有物中的文体差异

言之有物之“物”，即通常所说的文本内容，包括文本材料和思想两方面因素，所以需要分开来谈。

（一）文本材料中的文体差异

所谓文本材料中的文体差异，即强调在写作中对材料的选用要注意不同文体的具体要求，只有这样，被写入文本中去了的那些材料才能真正作为文本构成因素之一，而与其他构成因素融合成一个有机整体。

在不同类型的文体写作中，对材料的选用和表现要求是不尽相同的。例如，在新闻写作中，除了特别强调材料的真实性之外，还特别强调材料的时效性，即一定要是新近发生的事情，否则就不成其为“新闻”了。当然，新闻写作中也需要采用一些过去发生的事情作为写作材料，但那一般是作为背景材料进行处理，并不构成新闻的主体。在理论文章的写作中，除了特别强调材料的真实性、典型性之外，还特别强调材料的真理性和权威性，这当然主要是指那些被用作论据的理论形态的材料，它们应当是经过人们的实践所证明是符合事物本质和规律的科学认识，否则便不具有论据的作用。另外，在理论文章的写作中，不论是事实形态的材料还是理论形态的材料，其表现方式都应当是简要概括式的，而不应当进行详细叙述或说明，否则会造成喧宾夺主的局面，丧失其作为论据的意义，影响以致湮没中心论点的表达。在实用写作中，材料的选用则要特别讲究实用性和针对性，能够为读者提供“立竿见影”的认识对象，其表现方式也应当力求重点突出，不搞面面俱到，否则会令读者不得要领或是无所适从。

这里需要单独说一说文学写作中的“材料”问题。

“材料”这个概念具有最大的包容性，可以适用于所有类型的文体写作和文本分析。但是，它所包含的广义概念和狭义概念在文学创作中又被区分为“素材”和“题材”两个概念。素材是指写作者创作前在生活中积累起来，尚未经过取舍加工提炼改造的原始材料。“素材”与广义的“材料”概念是可以通用的。题材是指在素材的基础上经过写作者的取舍加工提炼改造之后写入文学作品中去了的那部分材料。“题材”这个概念就不能与“材料”概念或是狭义的“材料”概念通用。这是因为，“题材”这个概念是作为文学创作的一个专门术语而被人使用的，有它自身的一些特殊性质，是一般文本写作中的“材料”概念所不具备的，因此，尽管“材料”概念可以在文学创作领域中使用，但“题材”概念却不应当被用于文学创作领域之外的其他写作领域。

“题材”概念所包含的特殊意义，即它与“材料”概念的区别首先在于：作为文学创作的直接表现内容的“题材”，可以是写作者在素材积累的基础之上经过取舍加工提炼改造之后审美想象和艺术虚构的产物，它需要以事实的真实为基础，但却不必是真实的事实；而一般文本写作中所使用的材料却是不允许存在任何想象和虚构成分的。不注意“题材”概念与“材料”概念之间的这种区别，容易产生一些负面影响。例如在一般文本的写作中也搀入写作者的想象和虚构，或是在进行文学创作时又局限于真人真事而放不开手脚。这种负面影响甚至可以延伸到阅读领域，例如阅读者用材料的真实性来要求题材的真实性，把文学作品中原本是出于虚构的人或事当作真人真事对待，从而引出许多不必要的麻烦。

除了上述的本质性区别之外，“题材”概念之所以不能与“材料”概念通用，原因还在于“题材”概念在使用过程中所具有的广狭两种含义，也是“材料”概念所不具备的。狭义地说，“题材”作为文学创作中作品直接表现内容的整体性概念，通常包括“人物”、“情节”、“环境”三个要素，本身具有不可分割的特点，而一般文本写作中的“材料”显然没有这种性质。我们可以说一篇议论文为了论证某个观点而使用了几个“材料”，却不能说一篇小说为了表现某种思想情感而使用了几个“题材”。广义地说，“题材”可以用来泛指文学作品所反映的社会生活、社会现象的某些方面，例如所谓“工业题材”、“农业题材”、“军事题材”、“教育题材”等等，而一般文本的写作则显然不具有这种性质。

“题材”概念的特殊性可以说是不同文体写作中材料具有文体差异性的鲜明反映。认识和把握题材的特点，我们在文学写作中就应当做到，一方面要注意正确理解对材料的真实性要求，在对真实的生活现象进行取舍加工提炼改造的过程中，力求能够反映出生活本质的真实；另一方面，在表现方式上要注意强化材料的感性特征，通过在审美想象和艺术虚构中创造文学形象的方式表现作者的思想情感，力戒抽象的说教。这些，不论是对叙事性作品的写作还是抒情性作品的写作，都是适用的。

（二）文本思想中的文体差异

我们之所以要把文本思想定义为“通过文本写作的主要内容所表达出来的某种总体性的、基本的意旨或倾向”这样一个宽泛的、不确定的，可以容纳多种理解的概念，就是由于在不同文体的写作中，文本思想具有鲜明的文体差异，呈现出不同的存在形态。有观念形态的，也有情感形态的；有直接形态的，也有间接形态的。认识和把握写作中文本思想的不同表现形态，不仅有利于我们全面理解文本思想的含义，而且也有利于我们深入认识文体对写作活动的整合和统摄功能，因为文本思想在写作中所呈现的不同形态，正是文体特性的鲜明体现。例如：

在新闻写作中，其文本思想主要是某种理性的认识，但却并不在文本中直接表现。文本所直接表现的内容是作者所报道的某个新闻事实，它要求绝对的客观真实，当然不允许把作者的见解搀和其间。但是，作者可以根据他对社会生活的认识而形成他所希望表达的某种思想意图，在这种意图的支配下从生活中选择报道的对象或者是报道的角度，以此来间接地体现和实现作者的写作意图。

在理论写作中，其文本思想也主要是某种理性的认识，它以论点的形式在文本中直接提出，并通过组织一定的论据进行严密的逻辑论证，而最终得以确立。因此可以说，在理论写作中，文本思想是以观念的形态和逻辑推论的方式直接得以表现的。

在文学写作中，其文本思想往往被称作主题。这本是一个音乐术语，指乐曲中最具特征并处于优越地位的那一旋律，即主旋律。它表现一个完整的音乐思想，是乐曲的核心。后来，这个术语被广泛地用于一切文学艺术作品的创作。文学写作中的主题是一个内涵比较复杂的概念，因为它既可以是包含深刻理性内容的，也可以是充满浓郁感情色彩的，当然还可以是理性与情感相互交织的。在文学写作中，主题所具有的理性内涵往往并不构成文本的直接表现内容，这与新闻有其相似之处，但不同之处却是本质性的：新闻是通过有选择地介绍客观事实来间接地表现作者的主观意图，文学则是通过作者的想象和虚构来创造一个“第二自然”，以此来象征、暗示或是寄寓作者对生活的感受、认识和评价。

在实用写作中，其文本思想一般也表现为某种理性的认识，并且也是由文本直接表现出来，这与理论写作是一致的。实用写作在表现文本思想方面与理论写作的文体差异之处在于，它的写作目的主要在于告知，而不是像理论写作那样在于论证，所以它主要不是靠逻辑推理的方式，而是采用陈述解说的方式来实现文本思想的直接表现的。

二、言之有序中的文体差异

写作中的言之有序，主要是文本的结构安排问题。不同文体对文本的结构安排都有各自的特殊要求，其中有些往往可以从文本的结构形态上直观地表现出来。结构安排只有适应这些文体特点，接受文体形式制约，才能写出合乎文体规范的文本。

例如新闻（消息）的结构就是由标题、导语、主体、背景（穿插安排）和结语几个部分组成。如果单纯从叙事的角度来看，这种结构安排明显带有叙事的重复性，这是一般记叙文写作所力求避免的，所以新闻虽然是以叙述为主要表达方式的一种文体，但其合乎文体要求的结构形态显然与一般记叙文的结构形态存在明显的文体差异。

再比如科技论文的结构通常是由绪论、材料与方法、观察与结果、讨论、总结、图片与说明、参考文献、外文摘要这样几个部分组成，前五项是正文内容，后三项为论文附件。这种结构形态与我们所熟悉的社会科学学术论文写作的结构形态显然也是大不相同的。

至于像同属于文学创作领域之中的不同文体的写作，同样也在结构安排上鲜明地呈现出不同文体的特点。例如诗歌要求分行分节，戏剧要求分幕分场，电影电视要求分镜头组接（蒙太奇）等等。当然，这些以结构形态呈现出来的文体差异或者说文体特点，并非单纯的形式要求，而首先是由其文体内容表现的独特性所决定的。因此，写作时只有因体制宜，使文本的结构安排符合相应的文体要求，才能够有效实现文本内容与形式的完美统一。

三、言之有文中的文体差异

中国传统写作理论对言之有文中的文体差异问题，向来是十分重视的，甚至将其视为文体划分的一种基本依据，特别强调文体与语体的统一，即不同文体应当具有相应的、不同的语言风格。例如曹丕的《典论·论文》中就提出："盖奏议宜雅，书论宜理，铭诔尚实，诗赋欲丽。"这一类的论述在曹丕之后不仅延绵不断，而且区分越来越细密，成为古代文体研究中的一个重要分支。对此，我们不再赘述。

我们需要强调的是，在注意到不同文体具有其相应的、不同的语言风格的同时，更应当注意区分对不同文体写作的语言运用所提出的一些共同要求中包含着的文体差异。

首先，对不论什么文体的写作，在语言使用上都会有一个共同要求，那就是语言的准确性。不过，只要稍作分析我们就不难发现，写作中的这种准确性要求的具体内涵是因体而异的。

例如，理论写作的特点是以抽象的、理性的逻辑推论的方式来使某种观念得以确立，而这种逻辑的运行是建立在有效的概念运用的基础之上的，因此理论写作中对语言的准确性要求在很大程度上指的是概念使用上的科学性。如果我们要写一篇论述新闻报道的客观真实性的论文，显然就不能使用"题材"这个概念而只能使用"材料"概念。

同样的道理，由于实用写作一般是建立在人类已有观念，亦即通常所谓"常识"的基础之上的，对实用写作中语言表述的准确性要求也是以概念使用上的科学性为基础的。但同时，由于实用写作的根本目的在于实现对某项具体内容的告知，所以对实用写作中语言表述的准确性要求还包括释义上的唯一性，即不得有多种解释，哪怕是科学所允许的。这种情况在经济和法律类文书制作中表现得最为明显。

至于文学写作，也同样特别强调语言运用的准确性。莫泊桑就曾回忆福楼拜在指导他写小说时是如何强调语言的准确性的：

他还告诉我这样的真理：全世界上，没有两粒沙，两个苍蝇，两只手或两只鼻子是绝对相同的，所以他一定要我用几句话就把一个人或一件事表现得特点分明，并和同种其他的人同类其他的事有所不同。

他说：当你走过一位坐在他门口的杂货商的面前，一位吸着烟斗的守门人的面前，一个马车站的面前的时候，请你给我画出这杂货商和这守门人的姿态，用形象化的手法描绘出他们的包藏着道德本性的身体外貌，要使得我不会把他们和其他杂货商其他守门人混同起来，还请你只用一句话就让我知道马车站有一匹马和它前前后后五十来匹是不一样的。

…………

不论一个作家所要描写的东西是什么，只有一个词可供他使用，用一个动词要使对象生动，一个形容词使对象的性质鲜明。因此就得去寻找，直到找到了这个词，这个动词和形容词，而决不要满足于“差不多”，决不要利用蒙混的手法，即使是高明的蒙混手法，不要利用语言上的诙谐来避免上述的困难。①

初看起来，福楼拜对文学语言准确性的要求，与理论写作、实用写作对语言准确性的要求没有什么区别，但仔细体会福楼拜的论述我们就会发现，在福楼拜对文学语言准确性的要求与理论写作、实用写作对语言准确性的要求之间，确实存在着由于思维内容、思维方式的不同而带来的本质性的文体差异。

我们可以从两方面来认识这种文体差异：一方面，对写作者而言，理论写作、实用写作对语言准确性的要求，主要针对的是写作者理性认识的明确和表达的到位；而福楼拜对文学语言准确性的要求，主要针对的是写作者对生活的感性把握的具体和表达的独特。因此，另一方面，对阅读者而言，理论写作、实用写作对语言准确性的要求，主要针对的是阅读者的理解能力，其效果是尽量具体地确定阅读者理解的可能性；而福楼拜对文学语言准确性的要求，主要针对的是阅读者的想象能力，其效果是通过尽量具体的感性形象的描写，唤起阅读者相应的审美想象，从而在阅读者自己的想象之中重新完成文学形象的创造。在这里，文学语言准确性的独特魅力就在于，它的描写既让人感觉到是那样的准确，甚至是唯一的，不可移易一字，但同时，由于它作用于阅读者的审美想象而不是抽象理解，所以这种准确就不是在用明确清晰的理性概念来尽量

① 北京大学中文系文艺理论教研室编：《文学理论学习资料》，548～549页，北京，北京大学出版社，1982。

具体地确定阅读者理解的可能性，而是要用它来撞开阅读者想象创造的大门，产生出“一千个读者就有一千个哈姆雷特”的审美效应。

其次，对不论什么文体的写作，在语言使用上都还会有一个共同要求，那就是语言的简洁性。当然，由于文体不同，写作中的这种简洁性要求的具体内涵也是存在差异的。

例如，对理论写作而言，语言的简洁在内容上表现为对问题认识深刻，论述问题不绕弯子，不兜圈子，能够单刀直入，直逼要害；在形式上则体现为揭示事理极富逻辑性，条理清晰，顺理成章，让人一目了然。对实用写作而言，语言的简洁在内容上表现为尽可能简明扼要，便于阅读者把握要领；在形式上，实用写作大量采用条款化的表达方式，尽量省略衔接、过渡性语言，这既便于阅读者把握要领，也便于其遵照执行。

至于文学写作，虽然也同样十分强调语言运用的简洁性，但由于思维内容、思维方式与理论写作、实用写作不同，所以其对语言简洁性要求的具体内涵就有了自身的鲜明特点。理论写作、实用写作都是直接诉诸阅读者的理解，所以其语言的简洁体现为能够运用尽可能少的文字直接把尽可能复杂的事情或道理说得清楚明白。文学写作则是直接诉诸阅读者的审美想象和情感体验，所以其语言的简洁体现为能够运用尽可能少的文字去调动阅读者的审美想象和情感体验。这当然不是说文学写作不能传达深刻的思想，而是说文学写作所意欲传达的深刻思想是包含在文学形象之中的，即所谓“立象以尽意”。正因为如此，文学写作在意义的传达上就具有了理论写作、实用写作所不可企及的优势，那就是它几乎可以语不涉“意”，而又能够让人在对文学形象的审美想象和情感体验中去感悟这“意”之所在。这正是文学写作对语言的简洁性要求的更深一层含义，中国传统写作理论将其概括为“状难写之景如在目前，含不尽之意见于言外”。

最后，语言要生动，通常也是不论什么文体的写作都会提出的一种对语言运用的要求。与对语言的准确性、简洁性要求一样，写作中对语言的生动性要求的具体内涵也是因体而异的。

例如，理论写作中的语言生动，就不是指语言的通俗化或形象化，因为“书论宜理”，在理论写作，尤其是学术文章的写作中追求市俗化，乃至插科打诨、耍贫嘴，那只会令读者倒胃口。理论写作中语言运用的生动性，从根本上来说，是由语言表述形式的严密而流畅，与其所表达的认识内容的深刻而透彻相互结合，共同形成的一种令人茅塞顿开、酣畅淋漓之感。对实用写作而言，其语言的基本特色在于平实，即所谓“铭诔尚实”。实用写作通常使用通俗但却简洁，朴实而又流畅的语言，将需要告知的内容准确、清晰地传达给接受者。然而，平实并不等于平淡，好的实用写作同样会令我们获得一种语言的生动感。这是因为，实用写作是一种最直接地与接受者现实日常生活相联系的文体类型，在它那种通俗但却简洁，朴实而又流畅的语言表达中，适时地传达着生活中正在发生的新颖变化，以及我们需要及时了解的新鲜知识，正是这种平实的语言与鲜活的信息相互结合，形成了实用写作所特有的语言的生动性。

至于文学写作，语言的生动性几乎就是它的“专利”，不是说“诗赋欲丽”吗？不过，这只是对文学写作语言生动性的一种表层理解。从根本上来说，文学语言作用的对象不是我们的抽象理解，而是审美想象，所以判定文学语言生动与否的关键，不在于书面语言本身是否“丽”，而在于它能否有效地充分调动阅读者的审美想象活动。不能有效调动阅读者审美想象的作品，即使华辞丽句堆砌满纸，也毫无生动性可言；能够有效调动阅读者审美想象的作品，即使字面平淡如“床前明月光”，也能令我们在审美想象中获得生动的美感。这正是文学写作所特有的语言生动性的真实含义所在。

第三节 文体分类

一、文体分类应当具有统一的科学依据

文体分类与文本（文章）分类是分属两个逻辑层面的概念。文本分类即确定文本的文体归属，如从许多文学作品中区分出小说、散文等等。文体分类则是较文本分类更高一个层面的概念，它是一项将具有某种相似性的不同文体集合起来的工作。例如现在通行的记叙文、议论文、说明文、应用文，或新闻类、文学类、理论类、应用类等文体划分方式，都属于文体分类。

社会生活的日趋繁复必然带来文体的日益增多。对此，如不进行必要的归纳分类，既不可能实现对文体现象的整体把握，也不利于深刻认识每一具体文体的性质和作用。以简驭繁，实现对文体现象的宏观把握，是文体分类的目的。曹丕将奏议、书论、铭诔、诗赋八体分作四科而论之，已经带有给文体分类的萌芽意识。刘勰提出文笔说，则是文体分类的最早实践。从南宋真德秀首

创以门系类方法，直至清末曾国藩分十一类于三门，反映出前人对文体分类重要性的充分认识。“五四”以后写作学论著中所涉及的分类方式，则基本上都属于文体分类性质。

如何实现科学的文体分类，是现代写作学研究中的一项重要课题。通过对以往文体分类经验教训的总结与反思，我们认为进行文体分类必须具备下述两个前提条件：

（一）文体分类必须建立在对各类文体最深刻本质特征的把握基础之上

国学大师黄侃在《文心雕龙札记·颂赞第九》中论到古代文体时曾说：“详夫文体多名，难可拘滞，有沿古以为号，有随宜以立称，有因旧名而质与古异，有创新号而实与古同，此唯推迹其本原，诊求其旨趣，然后不为名实玄纽所惑，而收以简驭繁之功。”这些情况在古代文体中确实非常普遍。例如序体，最初的含义是指那些评价文本内容的文字，像《毛诗序》等。但到了晋代，开始出现一种赠序，如傅玄《赠扶风马钧序》、潘尼《赠二李郎序》等。到唐代这种新文体经过人们大量采用，尤其是经过几位大家如李白、韩愈、柳宗元等人的运用，变得成熟并十分盛行。韩愈的《送李愿归盘古序》，甚至被苏轼誉为“唐代第一篇文章”，因此人们往往以韩愈为这种文体的创立者。清人姚鼐编《古文辞类纂》时，曾特立赠序一类，而后来曾国藩编《经史百家杂钞》时，却又将其并入序跋类中。将这种临别赠言性质的文体与序跋文列为一类，就显得不伦不类。现代文体现象较之古代更复杂得多，更需要“推迹其本原，诊求其旨趣”的深入辨析，以求准确把握文体的实质，而不为表面现象所迷惑。文体分类的依据就在于找到不同文体实质中存在着的某种共同性。因此，对文体实质的深刻准确把握，实际上是为保证文体分类的科学性奠定基础。

（二）文体分类应当具有统一的科学依据

叶圣陶很早就在《作文论》中提出：“分类的事情有三端必须注意的：一要包举；二要对等；三要正确。包举是要所分各类能包含该事物的全部分，没有丝毫遗漏；对等是要所分各类性质上彼此平等，绝不能以此涵彼；正确是要所分各类有互排性，决不能彼此含混。”当然，绝对满足这三条要求的精确的文体分类事实上是不可能实现的，因为精确总是与模糊相对而言，绝对的精确并不存在。现代文体特征的多重性，决定了文体之间集合方式的多样性，这必然给分类带来困难。但是，如同精确是相对于模糊而言的一样，模糊也只能是相对于精确而言才有意义。在追求对事物特征精确把握过程中出现某些模糊现象，这种模糊由于其本身已被纳入人的意识领域，对人来说才有了认识价值；而脱离精确的模糊则永远只能是模糊而已，因为其本身并未进入人的意识领域，对人来说当然也就不具有任何意义。这正如马克思、恩格斯所说的："意识在任何时候都只能是被意识到了的存在。"① 因此，绝对精确尽管不可能实现，却又应当成为人们认识活动所追求的目标。从这个意义上来说，叶圣陶所提出的三条要求，应当引起我们的充分重视。这三条要求的核心，就是分类依据应当统一。

二、文体分类的科学依据应当是人的意识功能

古人有将文体分为辞命、议论、叙事、诗赋四门者（真德秀），有将文体分为著述、告语、记载三门者（曾国藩），这些分类方式显然缺乏统一的分类标准，因而带有很大随意性，无规律可寻。现代人常常"根据表达方式的不同，把文章分为记叙文、议论文、说明文三大类。这样，有些文章，如日常应用的有固定格式的文章，在三大类之外，于是又另立实用文一类，与上面三类平列而为四类"②。这当然也谈不上标准的统一，虽是目前较为普遍使用的一种方法，但明显带有"不得已而为之"的意味。

寻求统一的分类标准，是人们长期探索的一个重要课题。较早的做法是试图以表达方式来做分类标准，但这已如上述，很难涵盖全部文体。目前较为流行的另一种分类方法，是将全部文体划分为新闻、理论、文学、应用四大类。这是从文体形态和社会作用相统一的角度来进行分类的，标准统一，也基本上能涵盖全部文体。但这种分类方式存在着一个不可否认的弱点（也是其他分类方式的一种通病），那就是忽视了科学归纳的终极目的。科学之所以需要采用归纳的方法，目的在于通过归纳发现或是证明现象中潜藏的深刻本质。上述分类方式从根本上来说，还只是一种经验的集合，并未真正达到理性认识应有的深度，因为它还不能鲜明揭示文体存在的价值。

我们认为，科学的文体分类的依据，应当是人的意识功能。这是因为：

首先，从"文章是客观事物的反映"这一角度来看，写作的客观基础是人的社会生活，但从文本是人类脑力劳动的产物这一特点而言，写作的客

① 《马克思恩格斯选集》，第1卷，30页，北京，人民出版社，1972。
② 《文章学概论》，66页，济南，山东教育出版社，1983。

观前提则是人的意识功能。写作从本质上来说是人类意识活动的表现形态之一。忽视社会生活固然不对，因为它违背了唯物论的反映论原则，但生活又并不等于文本，从生活到文本之间有一个“反映”过程，而恰恰是这样一个关键环节往往为我们所忽视。现代思维科学的研究之所以引起人们普遍的关注，其重要原因之一，就在于“思维科学的建立将使科学体系结构更加合理。从科学体系的结构看，马克思主义哲学是关于自然、社会和思维的一般规律的科学。过去，自然科学、社会科学的研究都为哲学的发展作出过贡献。但由于思维科学没有形成，科学体系的整体结构中就缺少一个重要部分，推动哲学发展的科学基础也缺少了一个重要来源”。① 这就是导致以往对唯物论的反映论作出简单、机械解释的一个重要原因。现代思维科学的发展，使我们有可能真正将写作及文体现象作为一种精神现象，而不是当作一般社会现象来对待。

其次，在从生活形态转变为文本、文体形态的整个写作过程中，人的意识功能担负着统摄双方的重要作用。作为高度完善、高度有组织的特殊物质——人脑的机能，意识是人所特有的对客观现实的反映。当然，相对于社会存在而言，意识是第二性的，“不是人们的意识决定人们的存在，相反，是人们的社会存在决定人们的意识”②。但人的意识除了具有上述的社会制约性这一特点之外，还同时具有另外两个基本特征：自觉性和能动性。人在日常生活、学习和工作实践中反映客观现实时，表现出极大的自觉性和能动性，这是区别人的意识与动物心理的一个根本标志。不论是接触社会生活，还是进行写作，人始终处于主体的主动、自觉的地位；与此紧密相联，人的意识活动具有极大的能动性。它不仅能够透过现象把握本质，深刻地反映现实，而且能够通过人的实践活动来改造客观现实，创造新的“现实”。正如列宁所说：“人的意识不仅反映客观世界，并且创造客观世界。”③ 这种创造性的表现方式——物化形态是多种多样的，文本、文体现象便是其中之一。人们通过其意识功能自觉地把握纷繁复杂的社会生活，也通过意识功能自由地创造出纷繁复杂的文本、文体现象。这就是意识功能的统摄作用。只有从这个角度出发，我们才有可能真正把握住文体现象的“总纲”，“纲举目

① 杨国璋等：《当代新学科手册》，49 页，上海，上海人民出版社，1985。
② 《马克思恩格斯选集》，第 2 卷，82 页，北京，人民出版社，1972。
③ 《列宁全集》，第 38 卷，228 页，北京，人民出版社，1959。

张”，从而实现对文体的科学分类。

三、意识功能的三种基本方式与文体的三大类别

“整体，当它在头脑中作为被思维的整体而出现时，是思维着的头脑的产物，这个头脑用它所特有的方式掌握世界，而这种方式是不同于对世界的艺术的、宗教的、实践—精神的掌握的。”① 这是马克思在谈及“政治经济学的方法”问题时说过的一段话。在此之前，马克思详细论述了政治经济学研究中的“从抽象上升到具体的方法”。马克思所说的“这个头脑用它所特有的方式掌握世界”，指的就是这种方法。这既是政治经济学用以掌握世界的方式，我们也可以理解为理论的（科学的）掌握世界的方式。马克思将它与艺术的、宗教的、实践—精神的方式相提并论，共同构成人类掌握世界的四种基本方式。其中，宗教的方式作为一种特例，我们姑且不予讨论。其他三种方式，正是人的意识功能得以实现的三种基本途径。

人之所以需要写作，是为了表现他对世界的认识和看法。这种认识和看法的具体内容会因他所使用的掌握世界的方式的不同而不同。一定的内容总是与一定的形式相依存才有可能得到恰当的表现。因此，以人的意识功能得以实现的三种基本途径——人掌握世界的三种基本方式为依据进行文体分类，既能实现分类依据的统一，又能直接、鲜明地体现文本价值，揭示出纷繁复杂的文体现象之间的内在联系。同时，这样的分类也有助于写作者从思维规律的角度把握文体特征，加强文体意识，提高文体使用的自觉性。在这一思想指导下，我们将全部文体现象概括为实用（认知）性文体、析理性文体、审美性文体三大类别。

（一）实用（认知）性文体

认知，指人们感知、认识世界，获得知识，解决问题等一系列认识过程中的心理活动。马克思所说的人对世界的实践—精神的掌握方式，强调的是人的意识对客观世界反映的直接性，也即人对世界的认知。它不同于理论通过思辨的方式来掌握世界，也不同于艺术通过审美的方式来掌握世界，它通过人与客观世界的有目的的接触（实践，例如记者进行采访），使客观世界与人的意识

① 《马克思恩格斯选集》，第2卷，104页，北京，人民出版社，1972。

储备（精神，主要指实践主体已有的知识积累、知识结构、思维方式等）之间形成直接联系，在主体感知、掌握客观世界发展变化情况的同时，直接作出相应的情感评价和价值判断，实现人对世界的认知。

人们通过这种意识活动方式将所获取的思想内容写成的文本，就构成了认知性文本。它包括通常所说的新闻、说明、应用等方面的文本。这类文本，虽分属于众多的具体文体，表现形式多种多样，但却有一个共同特征将它们连接在一起，那就是告知作用。作者写作的目的在于将自己对客观世界的了解和判断及时告诉读者，使读者能以间接的方式来实现对世界的实践—精神的掌握。因此，这类文本是人们获取各种信息的重要来源，具有很强的实用性质，所以我们将其称之为实用性文本（文体）。

（二）析理性文体

析理，即分析事理，其目的在于把握事物的内在规律，以理论的方式实现人对世界的掌握。如果说认知主要是一种判断，是一种把握知识的能力的话，析理就主要是一种推论，是一种发现原理的能力。它通过各种抽象思维方法，寻找构成事物整体性的种种内在联系，以及这些联系的发展规律，使人们从内在本质上掌握这个世界。

人们将析理活动获得的结果——理论，通过一定的书面形式表述出来，这就构成了析理性文体。它包括通常所说的评论、学术论文等等。这类文体的共同特点在于直接运用概念、判断、推理的逻辑方式进行写作，具有思辨色彩。“思辨，借助概念进行思维（理论思维）。这个术语有两个意义：一般的思维方法（抽象思维、概念思维）和哲学推论方法。”① 这里主要指推论方法。思辨对于析理性文体具有两方面意义：其一，只有经过思辨过程，才能使阅读者理解写作者所给出的结论。那种只讲结论不进行推论，或是不能进行真正具有逻辑性的推论的文本，算不上真正的析理性文体。所谓“以理服人”，严格地讲，就是以析理——推理服人。其二，理论的独特价值往往并不表现在结论本身，而表现在独特的思维途径、方法。因此，析理性文体中的思辨过程，往往最能体现出写作者的创造才能和鲜明个性。

（三）审美性文体

审美，即人对美的对象的欣赏。对马克思所说的艺术地掌握世界的方式，可以有两种理解：从广义而言，凡是通过一定的实践活动，使人的本质力量能

---

① 布劳别尔格、潘东主编：《新编简明哲学辞典》，225页，长春，吉林人民出版社，1983。

够通过活动对象体现出来，或是得到对象的确证，这就意味着人对世界的艺术掌握，他从精神上占有了活动对象。“我在我的生产中物化了我的个性和我的个性的特点，因此我既在活动时享受了个人的生命表现，又在对产品的直观中由于认识到我的个性是物质的、可以直观地感知的因而是毫无疑问的权力而感受到个人的乐趣。”① 从狭义而言，艺术地掌握世界的方式，专指人们通过艺术作品的创造或欣赏活动来实现自身本质力量的对象化。就艺术家来说，他的创作应当成为个人独特精神世界的物化过程，如同普希金的诗句所说的那样：“为自己建立一座非人工所能建立的纪念碑。”就欣赏者而言，他的享受来自于欣赏“对象只能是我的一种本质力量的确证，也就是说，它只能像我的本质力量作为一种主体能力自为地存在着那样对我存在，因为任何一个对象对我的意义（它只是对那个与它相适应的感觉说来才有意义）都以我的感觉所及的程度为限”。②

审美意识的核心是审美感受。它指的是人们在欣赏美的自然、艺术品和其他人类产品时，所产生出的一种愉快的心理体验。这种心理体验是人的内在心理生活与审美对象之间交流或互相作用的结果。审美感受的获得与人的审美趣味、审美能力、审美观念、审美理想等密切相关。艺术家不仅具有很强的审美感受能力，而且还具有相应的审美表现能力。运用一定的文本形式将自己的审美感受表现出来，就构成审美性文体。审美性文体作为人类运用艺术方式掌握世界的结晶，有它不同于其他文体类别的鲜明特征，例如超功利性特征、感性（形象）特征、情感化特征等等。这些我们将在谈到审美性文体写作的思维与表达特征时，再作具体介绍。

思考与练习

1. 选择几篇不同文体的文本进行比较分析，说明“言之有体”对“言之有物”、“言之有序”、“言之有文”的统摄和整合作用。

2. 什么是文体？什么是文体意识？文体意识与写作之间有哪些联系？

3. 为什么说“题材”概念是文学创作的一个专门术语，不能简单地与“材料”概念通用？

---

① 《马克思恩格斯全集》，第42卷，37页，北京，人民出版社，1979。

② 《马克思恩格斯全集》，第42卷，125页，北京，人民出版社，1979。

4. 举例说明在不同文体类型的文本写作中，文本思想具有不同的表现形态。

5. 举例说明实用性文体、析理性文体、审美性文体在对语言的准确性、简洁性、生动性要求中存在着的文体差异。

6. 为什么需要进行文体分类？以人的意识功能作为文体分类依据的原因何在？

第七章 言之有体(下)——三种基本文体类型

内容提要

在上一章说明了“言之有体”在写作中的重要作用并提出文体分类构想的基础上，本章进一步对三种基本文体类型的写作特征及各自所包含的一些主要文体的写作特点作具体的介绍。这既使我们对“言之有体”的丰富内涵有了更全面的认识和把握，也使我们这门课程的学习形成了一个相对完整的知识体系。实用（认知）性文体的基本特征表现在，它的写作内容是写作者依据已有知识对客观事实的一种确认，而它的写作目的在于以告知的方式与接受者交流信息。实用（认知）性文体是一个庞大的家族，本章选择了几种适用性较强的文体，即消息与通讯、说明书与解说词、调查报告与总结，进行具体介绍。析理性文体的基本特征表现在，它的写作内容是写作者依据已有理论对客观事实的一种推论，而它的结构方式则直接体现了理性思维的逻辑特征。评论和学术论文是析理性文体的两种基本类型，本章对它们的写作特点分别进行了介绍。审美性文体作为人类以艺术方式掌握世界的结晶，一方面具有与其他艺术相通的独特审美心理特征，另一方面又具有作为语言艺术而与其他艺术相区别的独特审美表现特征。散文、诗歌、小说是审美性文体写作的几种基本样式，也是日常文学阅读的主要对象，对它们写作特点的认识和把握，不仅是学习写作的需要，而且也有助于提高我们的文学鉴赏能力。

第一节　实用（认知）性文体

一、实用（认知）性文体的基本特征

在三种基本文体类型之中，实用（认知）性文体所拥有的“成员”最多。这是与这种文体类型所具有的人的意识活动的基础性，以及其社会功能的实用性密切相关的。它包括通常所说的新闻类文体，如消息、通讯等；说明类文体，如说明书、解说词、广告、科普说明文等；文书类文体，其中又有日常应用文书、行政事务文书、经济事务文书、司法事务文书等多种类别，每一类别中都分别包含多种文体。我们之所以把这些包容广泛的众多文体统归于一个大的文体类型，是因为它们在具有各自独立的文体特征的同时，也表现出同属一种基本文体类型而应当具有的共同属性。这主要表现在这一类文体的写作与阅读对写作者与阅读者的意识活动有着相同的作用与意义。以下，我们从两个方面谈谈这个问题。

（一）实用（认知）性文体的写作内容是写作者依据已有知识对客观事实的一种确认

人的意识功能首先表现为它能够认知事物。当然，人对事物的认知不可能是无前提无条件的。任何一个具有正常认知能力的人在进行认知活动时，都需要依据在其社会化过程中所积累的阅历修养、学识修养、思想修养等因素综合而成的文化心理结构，以此来确认在认知活动中所感知到的某种客观事实的意义与价值所在。作为认知对象的客观事实既可以是具体的事物和事件，也可以是抽象的事理和情感。由于主体所依据的认知结构必然具有个性差异，故而主体对事物或事件价值的认定，对事理或情感意义的领悟，都会有认知角度上的宽窄不同和认知水平上的高低之别。因此，当某个对象作为一种客观事实而进入主体认知视野时，它对主体所具有的意义与价值只能经过主体认知结构的确认来实现。例如，“少年不识愁滋味”的人与“而今识尽愁滋味”的人，对“愁”这种情感精神内涵的把握就不会一样。同样的，在一般人的意识中“数”这个概念所拥有的意义，也无法与它在数学家的意识中所能获得的诠释相提并论。至于在现实生活中，由于人们认知结构的个性差异而导致对同一事物表现出不同甚至相反的价值认定的情况，更可以说是司空见惯的。

所谓实用（认知）性文体，就是以写作方式表现的写作者依据自身认知结构对客观事实的一种确认。在这一类文体的写作中，写作主体已有的认知结构如何，将最直接、最鲜明地通过写作内容体现出来。因此，拥有尽可能全面的和高水平的认知结构，是实用（认知）性文体写作的根本前提，因为，只有当写作主体拥有尽可能全面的和高水平的认知结构时，他所确认的东西即写作内容，才会是客观事实中真正有意义有价值的部分，由此才能充分发挥这类文体对读者所具有的作用。例如在新闻写作中，一个记者每天所接触和感知的客观事实无疑是很多的，它们不可能都具有被报道的价值和意义。选择哪些事实予以报道，或者对同一事实选择什么角度和选取什么部分予以重点报道，这直接关系到公众所获得的新闻信息是否是社会生活的客观事实中真正有意义有价值的部分。毫无疑问，决定新闻价值有效性与否的根本前提，正是写作主体的认知结构。归根结底，新闻报道是写作主体依据自身认知结构对客观事实所作出的一种确认。同样的道理，写作主体已有的认知结构，对说明类文体和文书类文体的写作都是最直接地发挥意识功能作用的前提性因素。无法想象一个自身尚对某一学科知识缺乏深入了解的人，可以在解说需要涉及该学科知识的事物或事理时，能够真正为阅读者提供有价值有意义的认知成果；也无法想象一个缺乏经验积累，或是相关的学识修养、思想修养的人，在进行文书写作，诸如工作总结、合同书等的写作时，能够对客观事实的关键部分给予确认，从而对今后工作的开展真正具有其应有的指导意义。

（二）实用（认知）性文体的写作目的在于以告知的方式交流信息

写作者之所以要将依据自身认知结构而对客观事实所作出的某种确认以写作的方式表现出来，其目的就在于将自己的认知成果告知给阅读者。所谓告知，就是通过陈述和解释，使人知道。新闻通过对新闻事件的陈述使阅读者知道世界上发生了什么有意义的事情；产品说明书通过对产品性能、用法的解释使阅读者知道该产品的有关知识；各种公文也都是对工作、意见、要求等的陈述与解释，使受文者知道有关情况，起到在各级公务部门之间交流信息、调整关系、协同行动的作用。因此，告知既是实用（认知）性文体写作的根本表达手段，也是实用（认知）性文体阅读的根本接受途径。实用（认知）性文体正是通过告知的方式来实现写作者与阅读者之间的信息交流的。

要将写作者依据自身认知结构对客观事实所作出的某种确认告知给阅读者，需要运用一些具体的写作手段。概括而言，可以将它们归纳为两种，即报告和解说。正是由于实用（认知）性文体写作目的的告知性必然要求写作者采用这样两种写作手段作为实用（认知）性文体写作的基本表达方式，故而报告和解说也就成为体现实用（认知）性文体写作特色的重要标志。

1. 报告

所谓报告，是指写作者采用陈述性语言，直接、客观地将自己所确认的事实告诉阅读者，使其从中获得有关信息。直接性、客观性和陈述性是报告的三个基本特性。直接性是指报告的内容直接来源于写作者认知活动的对象本身，既不同于析理性文体的写作内容来源于写作者的理性思辨，也不同于审美性文体的写作内容来源于写作者的审美想象。客观性有两层含义：一是指由报告内容的直接性所决定的报告内容的客观属性；二是指写作者在陈述报告内容时所采取的客观态度。陈述性则是由上述报告的直接性、客观性所必然决定的语言表达特性，即用平实的语言如实地向阅读者讲述和介绍有关情况。关于报告的这三个基本特性，我们都不难从对实用（认知）性文体的阅读中获得印证。不论是新闻报道、科普说明，还是各类文书，莫不如此。可以说，实用（认知）性文体的写作者正是通过具有直接性、客观性和陈述性特征的报告方式，将自己对客观事实所作出的某种确认告知给阅读者的。

2. 解说

当写作者依据自身认知结构对客观事实作出某种确认并要将其告知给阅读者时，不仅需要以报告的方式来陈述自己的认知成果，而且需要对认知内容进行相应的解说，使阅读者不但能够感知，并且可以理解和接受写作者所希望表达的文本思想。这种解说具有两个基本特性，即知识性和客观性。所谓知识性，是指解说的依据在于人类已有的各种知识。写作主体是通过运用人类已有的某种知识来解说写作者所确认的某种客观事实，从而使阅读者能够真正理解和接受写作者所告知的认知内容。所谓客观性，是指解说的目的不同于论说的目的，它不是为了证明写作者的某种思想观点，而只是为了使阅读者理解和接受写作者对客观事实所作出的某种确认。例如，傅连璋在《说梦》一文中，从他所具有的医学知识出发，确认“梦境本来是虚幻荒诞的，没有什么实在意义”。但并不是每个人都能对做梦这种客观事实作出这种确认，“从前由于受着宗教迷信渲染的影响，常常有人把梦境看成是生活中的一种预兆”。要消除人们对做梦现象的这种错误认知，就需要运用一定的知识来对作者所确认的客观事实进行解说，使读者通过掌握这些知识而达到对客观事实的正确认知。为此，作者写道：

由于现代生理科学的发展，人们对于梦有了更多的了解。梦是睡眠时产生的，熟睡却不会做梦，所以梦是睡眠还较浅时的产物。按照巴甫洛夫学说的理论，睡眠是大脑皮层甚至某些低位部分的一种全面性的抑制。这种抑制过程如果很深很透，人的思维活动就停止了，外在一般强度的声、色刺激也不能感知，这就是熟睡，这时候不会做梦。如果睡眠还较浅，大脑里的抑制过程还不够全面彻底，剩下了某些兴奋点继续活动，梦境就要产生了。引起这些兴奋点活动的因素，大多与从前感知过的刺激的痕迹作用有关，因而梦境是与日常生活有关联的，不是神秘的。又由于大脑皮层大部分处于抑制状态，而这些孤立的兴奋点缺乏有逻辑性的联系，这就构成了梦境的荒诞性。巴甫洛夫说过："梦就是过去各种刺激的痕迹，它们现在以最料想不到的方式组合起来。"

读了这段解说文字，我们再来对做梦进行认知时，显然也会确认"梦境本来是虚幻荒诞的，没有什么实在意义"。

二、几种实用（认知）性文体简介

（一）消息与通讯

1. 消息

消息是对国内外新近发生的具有一定社会意义的事件简要而及时的报道。它是使用得最为广泛的一种新闻体裁。狭义的新闻就是指的消息，所以早期的报纸曾被称为新闻纸、新闻报。用事实说话、讲求时效、行文简练是消息的三个基本特点。

常见的消息一般分为四类，即动态消息、综合消息、经验消息、述评消息。动态消息是对新近或正在发生的具体事实的及时报道。它是消息中最基本、运用得最多的一种形式，具有随时将社会生活中的新情况、新变化告知给新闻受众的特点。一般来说，它只作报道，不加解说，并且是一事一报，迅捷及时，故而有人称它为纯新闻。综合消息是将不在一地发生但性质相近相同的事件予以汇总性报道的一种消息。它反映了某种带有全局性的情况、动向、成就、问题等，具有报道面宽、概括性强、把握全面的特点。经验消息又称典型报道，是就某一地区、部门或单位在某项工作中所取得的具有普遍指导意义和推广价值的成功经验所作的报道。它具有较强的针对性和指导性，有时为了更加突出其针对性和指导性，还会配发评论。述评消息是一种介于报道与评论之间的，夹叙夹议、边述边评的消息。它在向新闻受众报道新闻事实的同时，也对新闻事实中所包含的意义与价值进行精辟的评论。新闻事实是评论的依据，评论又是新闻事实的核心。二者相得益彰，融为一体。

消息的结构一般由标题、导语、主体、背景、结尾五个部分组成。消息的标题是消息的“眼睛”，贵在能传达消息内容之神韵，富于引人入胜的魅力。导语是消息的开头部分，通常是消息的第一句话或第一段话。它要求以极其简练的语言写出消息中最重要、最基本的事实。它是消息的精华。主体是导语之后新闻事实的展开部分，它紧承导语，扣住中心，用足够的、典型的、有说服力的材料，具体陈述导语中所概述的新闻事实。它是对导语内容的具体化，是对导语的解释和补充。背景又称背景材料，是消息的从属部分，作用在于交代新闻事件的历史背景、客观条件及其与新闻事件的相互联系等。巧妙地使用背景材料，可以丰富新闻内容，衬托文本思想，增强文本的知识性、趣味性。但并非所有消息都需要背景材料，它也不是一个独立的组成部分，没有固定的“背景段落”，可以融化在全篇之中，可放在导语之后，也可穿插在主体之中或放在结尾。结尾一般是消息的最后一句话或最后一段话，但也有许多消息在主体部分已经把内容说完，便不必再写结尾。有些需要结尾的，也应当力求简洁，并能与导语相呼应，在收束全文的同时，加强文本的整体感，强化文本思想的表达效果。

2. 通讯

通讯是由消息演化而来的，比消息更详细的一种新闻体裁。它以叙述、描写为主要表达方式，及时而具体、生动地报道和反映具有新闻价值的人物、事物和情况。新闻性、生动性和评论性是通讯的三个基本特点。

常见的通讯一般分为四类，即人物通讯、事件通讯、工作通讯、概貌通讯。人物通讯是一种以记人为主的通讯，通常以先进人物作为报道对象。它既可以写先进个人，也可以写先进集体；既可以写人物一生，也可以写人物的某个侧面或是生活中的二三事。事件通讯是一种以记事为主的通讯，专门报道社会生活中所发生的具有新闻意义的典型事件。通过对所报道事件的发生、发展和结果的记叙，反映某种社会风尚和时代精神。工作通讯又称经验通讯，它通过报道先进工作经验或工作成就，指导并推动面上的工作。概貌通讯是介绍某个部门、单位或某个地区、某项工程发展变化的新面貌、新气象的通讯。它往往既能使读者强烈感受到社会发展的飞速变化，也能开拓读者视野，增长读者见识。

通讯的写作虽不像消息的写作那样有固定的格式，但也有一些基本的规律应当遵循。首先，写好通讯的关键在于能够从新闻事实中提炼出具有新闻价值的思想，从而使通讯能够及时地反映或满足新闻受众的精神要求。其二，写好通讯的根本在于写人叙事生动具体，能够充分发挥通讯写作表达方式灵活自由的特点，写出人物或事件的典型特征来。其三，写好通讯的一个有效途径在于能够结合叙述、描写内容的展开，恰到好处地生发议论，恰如其分地安排抒情，通过精辟的议论和精彩的抒情，既增强文本的哲理性，也增强文本的感染力。这是许多优秀的通讯作品所共同具有的一个写作特色。

（二）说明书与解说词

1. 说明书

说明书是向使用者或消费者介绍工农业产品或是影视剧作品及图书资料的有关情况的一种实用说明类文体，其目的在于使阅读者对说明对象的有关内容有所了解，以便正确掌握、使用或阅读、欣赏说明对象。随着商品经济的发展，说明书的应用范围越来越广泛，社会作用也越来越显得重要。常见的说明书有产品说明书、使用说明书、安装说明书、剧情简介、图书内容提要、出版说明等。

虽然说明书的内容和形式一般都并不复杂，但由于它的写作直接关系到对物质产品或精神产品的正确使用和消费，所以稍有不慎，都会带来程度不同的负面影响，因而其写作要求特别严格。对说明书的写作要求是与对说明书的写作特点的认识联系在一起的，主要表现在这样三个方面：其一是准确性。即要求写作内容能够实事求是地、科学地反映说明对象的有关情况，既不夸大，也不缩小，使阅读者真正准确认识和掌握说明对象的有关情况，这样才能保证正确、有效地使用它。市场上有些保健药品的说明书虽然写得天花乱坠，却不能吸引消费者，原因就在于它缺乏实事求是的科学态度，因而也就失去了阅读者的信任。其二是实用性。说明书的写作目的在于帮助阅读者客观地了解说明对象，从而能够正确而有效地使用它。出于这种实用性目的，写作者必须对写作内容要有所选择，切实针对阅读者的心理需要来安排内容重点，做到有的放矢。例如药品说明书，就应当特别明确地说明其适用对象，以及可能出现的副作用和应当采取的相应措施，使病人心中有数。其三是通俗性。这主要是指说明书的语言特色。一般来说，说明书的阅读者包含各种职业的人，文化程度也不尽相同，因此在写作中应当特别注意语言要通俗易懂，尽量少用难以为一般人所理解的专业术语。有时，为了帮助理解，也可以采用图文结合的方式来写作。

说明书一般都篇幅短小，其写作形式主要有两种，即条款式和短文式。条款式说明书具有醒目、突出、条理清晰的特点，但其内容的表述由于受到形式的限制而不够连贯，因此应当特别注意各条款之间的内在逻辑联系。短文式说明书具有连贯、完整的特点，但在突出说明内容的条理性方面不及条款式说明书醒目，因此应当特别注意内容表述过程的条理性安排。

2. 解说词

解说词是配合某种实物或音像制品，对所介绍的事物或人物进行解说的一种实用说明类文体。常用于对陈列、展销、导游、纪录性或风光性影视片、专题性广播电视节目等的解说，目的在于使接受者更清晰、更全面、更深入地了解说明对象，并在获得有关知识的同时，受到教育和感染。

解说词的写作特点主要表现在这样三个方面：其一是配合性。解说词是为了配合有关实物或音像制品内容的讲解而写作的，因此必须强调两者之间的密切配合。尽管解说词可以在说明内容上有所增补和扩充，但其主体必须与解说对象相一致，这样才能真正起到帮助接受者有效地了解解说对象的作用。同时，还应配合不同的对象而采用不同的解说方法。对科技成果、展销产品等作解说，主要用说明方式作客观平实的介绍；对建设成就、人物事迹、社会活动等新闻性内容作解说，适宜用评述性文字作介绍；对山河风光、文物古迹、艺术作品等文化对象作解说，则多用描写抒情的方式作介绍。其二是指要性。解说词虽然要配合具体实物或音像制品进行有关内容的解说，但也不要面面俱到，而应当有所侧重，突出其要点或重点。在解说中需要突出的要点或重点可以是解说对象本身的本质特征所规定的，也可以是根据接受者的心理要求所决定的，还可以是根据某种宣传意图所决定的。具体选择哪个角度来突出解说的要点或重点，要依据写作的具体情况来安排。其三是可读性。这里所说的可读性，不是指内容的生动性、曲折性，而是指语言琅琅上口。解说词不论是供接受者阅读的，还是供解说者（播音员）讲解的，都应读起来上口，听起来顺耳，给人一种亲切流畅的感觉。但是，不应当把解说词语言的可读性简单地等同于口语化。解说词的可读性主要是通过适当调整语言的节奏和音韵来实现的，同时还要注意语言的通俗性，尽量避免过多使用专业术语或模糊性词语所造成的阅读障碍。

（三）调查报告与总结

1. 调查报告

调查报告，顾名思义，其一是调查，其二是报告。调查是报告的基础和依据，报告则是对调查的反映和综合。总之，调查报告是写作者对某个对象进行调查之后，根据调查研究的结果而撰写的反映现实情况和写作者态度、意见的通用型事务性文书。由于调查报告是针对现实情况而写的，故而其中时效性特别强的部分具有特殊的新闻价值，时常在报刊上发表，成为一种新闻体裁；又由于调查报告直接体现了写作者对现实问题进行理论分析和研究的能力，故而其中理论性特别强的部分具有特殊的学术价值，成为学术研究活动中常见的一种写作样式，被称为“中级学术论文”。

调查报告的特点主要表现在这样三个方面：其一是针对性。写作者总是带着明确的写作目的开展调查的，因而对事物的认识、分析有的放矢，具有很强的现实针对性。其二是真实性。调查报告是写作者亲身调查的产物，思想观点源于充分、真实、准确的调查材料，一般少用第二手材料，故而其内容客观、真实，具有很强的说服力。其三是典型性。调查报告所反映的问题一般是现实工作中迫切需要解决的重大问题，或是群众广为关注的具有代表性的社会问题。写作者通过调查研究获得对问题的某种认识，或是提出解决问题的某些措施，这对指导工作和帮助群众正确认识某些社会现象，都会具有一定的典型意义。

调查报告的作用是多方面的。它可以根据调查研究的成果，宣传党和国家的方针、政策；可以通过调查研究，总结带有典型性的经验，供人们交流、学习；可以回答现实工作中人们普遍关注，或是迫切要求解决的问题；可以为决策机关拟定方针、政策提供参考资料；可以通过探索，认识以往工作的某些规律，为今后的工作提供依据；可以用以指导同类工作，或是为即将开展的同类工作提供经验教训；可以及时地向公众反映科学研究的新成果，等等。由于调查报告反映现实情况的侧重面不同，调查报告可以划分为多种类型。常见的调查报告种类有典型经验的调查报告、新生事物的调查报告、社会情况的调查报告、揭露问题的调查报告等。

调查报告的写法可以是灵活多样的，篇幅也没有一定限制。但在初学时，应当遵循内容精练、条理清晰、语言简洁的原则，把握好开头—正文—结尾的基本结构模式。开头部分要能简要交代调查研究的主要课题，调查的时间、地点、对象，调查方式、调查目的等。正文部分要能条理清晰地介绍调查成果。这部分一般有两种写法：一种是纵式的写法，即按照调查对象形成发展的历史过程，或是写作者调查采访的时间先后，或是将二者交叉安排，介绍调查结果。一种是横式的写法，即将调查结果依据一定的逻辑分类标准分门别类地进行介绍。结尾部分要能针对调查结果，进行分析总结，并提出自己的看法和意见。调查报告的写作要坚持用事实说话，有时还应充分运用统计数据说明问题，以增强内容的科学性和说服力。同时，要学会运用夹叙夹议、叙议结合的表现手法，以增强内容的理论性和穿透力。

2. 总结

总结是对个人或单位一定时期内工作、学习等情况进行回顾、分析研究，并作出客观评价和指导性结论的一种通用型事务性文书。总结的目的在于检查以往工作、学习情况，积累经验，修正错误，认识和掌握事物发展规律，促进今后的工作、学习等顺利进行。总结的种类很多，如按内容分，有工作总结、学习总结、思想总结等；如按范围分，有个人总结、班组总结、单位总结等；如按时间分，有月份总结、季度总结、年度总结等。综合来看，各种总结又可以统归为两大类，即全面总结和专题总结。

总结的结构安排大体上包括这样几个部分：总结的开头部分一般用来概述情况。例如说明开展某项工作的时间、地点、背景，以及在什么基础上进行的，取得了什么效果等。也有的开头部分用来介绍写作目的，提示主体部分的中心内容。总结的主体部分一般用来总结经验。它通常包括具体介绍所取得的成绩、主要做法和具有典型意义的经验、体会等项内容，但写作时不是面面俱到，平分秋色。有的总结把成绩、做法作为重点部分来写，着重说明成绩表现在哪些方面，是如何取得的；也有的总结，只写经验或体会，而把成绩和做法融合其中。总结的结尾部分一般用来指出存在的问题及今后的打算。要注意的是，如果存在的问题表现得十分突出，性质也很严重，就应当单独作为一项内容放入主体部分，与经验的总结并列安排，以便引起人们的充分重视。

第二节 析理性文体

一、析理性文体的基本特征

析理性文体是写作者直接运用概念、判断、推理的逻辑形式，对客观事物或事理进行分析、评论或理论探讨的一种基本文体类型。它包含的文体范围十分广泛，但大体上可以归纳为两大类：一类是针对社会生活中某些现象及时发表议论的，通称为“评论”；一类是针对科学领域中某个问题深入地进行探讨和研究，阐述和交流学术见解的，通称为“论文”。这两大类中各自包含若干种文体样式。总之，析理性文体是直接反映人们对客观事物和事理的理性思维成果和思维方式的书面表现形式的总合。从人的意识功能的角度来看，这类文体在体现人类掌握世界的理论方式上所具有的作用与意义主要表现在以下两个方面：

（一）析理性文体的写作内容是写作者依据已有理论对客观事实的一种推论

在与现实世界的交往中，人不仅可以依据已有知识对客观事实进行某种确认，以此实现对世界的认识与掌握，而且可以在此基础上依据已有理论对客观事实进行某种推论，以抽象的方式把握有关对象的内在结构，形成对有关对象的内在本质与规律的理论见解，从而以理论的方式实现人对世界的掌握。所谓析理性文体，正是以书面的表现形式来反映写作者依据已有理论对客观事实进行某种推论而形成的某种理论见解。

理论固然也是一种知识，但它绝不是一般的知识，而是知识的“解释者”。理论与一般知识的区别在于：我们通过运用一般知识对客观事实作出某种确认，可以知道它“是什么”；我们通过运用理论对客观事实进行某种推论则可以知道它“为什么”。一般来说，以理论的方式掌握世界具有这样两个方面的特性：其一是抽象性和本原性。理论作为一种系统化了的理性认识，其特点就在于能够深入事物内部把握事物的本质和规律。正因为如此，理论才能从根本上回答有关事物生成、存在、发展、变化的原因问题。人类之所以需要以理论的方式来掌握世界，其根源就在于此。其二是逻辑性和推论性。任何一种理论都是由一定的概念、范畴、原理，依据特定的逻辑关系构成的思维体系。正因为如此，以理论的方式掌握世界也就意味着要依循理论所特有的逻辑性质逐层深入到事物内部，最终实现对事物内在本质与规律的认识与把握。这一认识过程类似于数学的解题过程。获得正确的答案固然是解题的目的所在，但要达到这个目的，必须经过有效的解题步骤来实现。依据错误的理论来认识和把握对象犹如解题步骤出现错误一样，不可能获得问题的正确答案；只有依据正确的理论所提供的思维逻辑途径，我们才能够实现对事物内在本质与规律的认识和把握；同时，犹如有效的解题途径不会只有一条一样，能够最终使我们获得对事物内在本质与规律的认识与把握的理论途径也不止一条。析理性文体写作中的这种依循理论所特有的逻辑性质逐层深入到事物内部，最终实现对事物内在本质与规律的认识与把握的过程，就是推论。

正是因为析理性文体的写作内容是写作者依据已有理论对客观事实的一种推论，由此决定了析理性文体与实用（认知）性文体在表现形式上的一个显著区别，即实用（认知）性文体重在陈述，而析理性文体重在证明。原因很简单：实用（认知）性文体的写作内容既然是对客观事实的一种确认，因而其本身也就直接具有客观性，只需通过陈述即可为阅读者普遍理解和接受；与之相反，析理性文体的写作内容既然是对客观事实的一种推论，其性质已经不再是实用（认知）性文体的那种主观见之于客观的东西，而是客观见之于主观的东西，因此必须通过论证的方式来表现才能使属于写作者个性的主观认识为阅读者普遍理解和接受。

（二）析理性文体的结构方式直接体现了理性思维的逻辑特征

正是因为析理性文体所要反映的写作内容必须经过论证的方式来表现才能为阅读者普遍理解和接受，因此论证便成为所有析理性文体的结构安排所共同具有的一种基本性质和功能。所谓论证，就是揭示论点与论据之间的逻辑联系，并通过如何组织论据证明论点来体现这种联系。正是从这种意义上，我们说析理性文体的结构方式直接体现了理性思维的逻辑特征。

析理性文体的具体结构方式固然是多种多样、各具特色的，但从理性思维所普遍遵循的逻辑要求的角度来看，却是有规律可循的。一般来说，写作者依据一定的理论对客观事实进行某种推论，并进而通过一定的结构方式来表现这种推论的过程和结果时，都会分别地或综合地体现出理性思维的三种逻辑特征，即演绎、归纳和类比。

演绎是从一般原理中推论出个别事理的一种论证结构方式。例如，当我们把握了现代解释学理论的一个基本原理，即人在从事任何实际的认识活动之前已经具有保证认识活动有效进行的认识的先结构，因而任何一种认识活动都具有鲜明的主体性和个性化特征之后，再来认识作为人类认识活动的特殊领域——文学阅读的本质与规律，就能由前者合乎逻辑地推论出后者也具有认识活动普遍具有的主体性和个性化特征，由此确立阅读者在文学接受活动中的主导地位。事实上，上述这种演绎的论证结构方式，正是接受美学得以形成的基本思维和表现方法之一。

归纳和演绎的逻辑指向正好相反，它是从个别事理中推论出一般原理的一种论证结构方式。正是因为归纳与演绎具有逻辑指向上的反向性特征，因此两者之间也就同时具有了互补性关系。两者之间的互补关系有两种基本类型：一种是归纳为演绎提供一般原理，以此作为立论前提；演绎则反过来证明归纳结论的有效性，由此使论点得以确立。另一种是先由演绎获得对某些个别事理的认识，以此作为立论基础；然后从这些个别事理中归纳出新的一般原理。

类比是写作者从某个已经被认识和把握的个别事理出发来推论另一个具有某种类同性和可比性的，尚未被写作者认识和把握的个别事理。类比的目的，既可以是找出个别与个别之间的相同相通之处，也可以是找出个别与个别之间的相异相斥之处，当然也可以两者兼备。例如，认识和把握发生在20世纪和21世纪之交的当代中国的改革开放，是为学术界所瞩目的一项重要课题。许多学者运用历史唯物主义的观点，分别从众多的类比逻辑途径来推论对这一课题的某种解答。其中最引人注目者，是从分析和论述发生在19世纪和20世纪之交的中国近代化运动的种种功过成败中，去发掘历史给予当代中国人的启示意义。应当说明的是，类比逻辑的运用并非是孤立的。要进行有效的类比，需要接受某种特定的基本原理的指导，因此类比实际上是演绎的具体展开；类比中所获得的结论，既然是出于对同类个体的某种比较，无疑也同时具有了归纳的性质。

二、几种析理性文体简介

（一）评　论

评论是直接针对某一事物或现象发表议论，进行评价的一种析理性文体。它包含一些具体样式，常见的有政治评论、思想评论、文艺评论等。

1. 政治评论

政治评论是一种针对国际国内重大政治事件及其发展动态，党和国家的重要政治措施，以及人们日常普遍关心的社会政治问题，社会发展过程中出现的新的政治倾向等，及时进行分析和评论的文章。政治评论的作用，主要是帮助人们树立正确的政治观点，区分敌我，深入理解党的各项方针政策，自觉维护国家和民族的根本利益。政治评论的具体写作形式是多种多样的。主要有政治专论、报刊社论、评论员文章、时事评论、政治短评、政治讲演、政治声明等。

政治评论的写作特点突出表现在这样两个方面：其一是坚持明确的政治方向，体现鲜明的党性原则。政治评论是以及时分析、解决社会政治问题为己任的，它总是从属于一定的阶级、政党，为一定的阶级、政党服务。因此，政治评论在大是大非面前，必须旗帜鲜明、态度坚决，不允许躲躲闪闪，含糊其辞。只有这样，才能对社会生活起到积极的指导作用，使人们在明确现实生活中种种重要政治事件意义的同时，也明确自己应取的态度和努力的方向。其二是注重论辩性和鼓动性，充分发挥其战胜敌人和宣传群众的作用。政治评论要起到指导社会的作用，它所阐述的思想，就必须是符合社会发展客观规律的真理性认识。而真理又必然是在与谬误的斗争中才能得到确立并有所发展的。这就要求政治评论具有强烈的论辩性，真正做到以理服人。同时，政治评论要起到指导社会的作用，就必须能够宣传群众，号召群众，真正激发群众的政治热情。要做到这一点，不仅要晓之以理，也要动之以情。因此，政治评论的语言表达，常常具有措辞激烈尖锐、鼓动性强的特点。在政治评论中，写作者的情感倾向往往溢于言表，并与透彻的说理相结合，产生一种打动人心的力量。

2. 思想评论

思想评论是针对社会上具有普遍性或代表性的，人们在思想认识、思想方法、思想作风等方面的突出表现和存在的问题及时进行分析评论的文章。思想评论的作用主要是帮助人们明辨是非，提高思想觉悟，清除思想障碍，引导人民同心同德搞好工作。要达到这样的目的，思想评论的写作就要善于掌握和分析现实生活中的各种思想动态，歌颂、支持先进思想，揭露、批评落后思想，为人们树立正确的是非标准。思想评论的具体写作形式也是多种多样的。主要有思想专论、思想杂谈、思想短评等。

思想评论的写作特点突出表现在这样两个方面：其一是注重说理性，充分体现“用细致的讲理的方法”去解决思想问题的原则。解决思想问题，不能像解决政治问题那样只要旗帜鲜明、论辩性强就能达到目的。它要求更深入透彻地解决思想难题，把话真正说到人们心中去。所以，思想评论更多地需要细致的说理，而且特别需要列举丰富的事实材料，充分让事实说话，这样才能真正令人心服、口服。其二是注意掌握分寸，严格遵循解决人民内部矛盾的原则，以达到团结人民、教育人民的目的。思想评论主要是针对人民内部存在的思想认识问题进行评论的，因此，在分析问题时，特别是在揭露、批评错误思想时，要十分注意必须严格掌握政策，掌握分寸，既不搞无限上纲，也不搞一团和气。掌握分寸的基础在于实事求是。不论是对错误思想的批评还是对先进思想的歌颂，都应当如此。特别是对先进思想的赞扬，绝不能够夸大事实、凭空拔高。真理再向前跨过一步就可能变成谬误，这是写作者应当特别注意的。

3. 文艺评论

文艺评论是针对各种文艺现象进行分析评论的文章。文艺评论的作用，主要是根据马克思主义文艺理论和党的文艺方针、政策，分析评论文艺创作、文艺理论、文艺欣赏等领域中取得的成绩和存在的问题。文艺评论一方面要及时对文艺活动中取得的经验进行总结，对错误倾向和不健康作品进行批评（包括自我批评），以推动社会主义文艺事业不断繁荣发展；另一方面，要及时介绍和评论文艺成果，帮助接受者深入理解作品思想内容及艺术形式，提高全社会的艺术鉴赏水平，从而使文艺的社会作用获得有效的和充分的发挥。文艺评论的写作形式同文艺创作本身一样，多姿多彩、不拘一格。有专论、短论、杂谈、通信、随笔、序跋、评点、札记、观（读）感等，不胜枚举。如按评论对象划分，则有文学评论、戏剧评论、影视评论、美术评论、音乐评论等。

文艺评论写作中特别应当注意的问题，主要有这样两个方面：

其一是要明确文艺评论的性质和作用。文艺评论是介于创作与理论之间的一种独特的把握人类审美活动的思维方式。一方面，评论者对创作活动及其规律要有深刻的理解，甚至能达到“感同身受”的程度；另一方面，评论又要高于一般鉴赏，能够对作品的成败得失作出理性的评判，因而要求评论者具有丰厚的理论修养，能从更高层次上来观照评论对象。评论者只有从创作和理论两个方面不断丰富自己的修养，并通过评论实践使之很好地结合起来，才能逐步形成一种介于创作与理论之间的独特思维方式。按照一般认识程序来归纳，我们可以这样来认识文艺评论的具体作用：一是它具有美的鉴赏与再创造的作用，并通过将自己的独特审美感受表现出来，而成为沟通艺术美与审美者之间的桥梁。二是它具有解释、说明的作用，力求真实地传达作品所包含的思想意图，帮助接受者理解美的意义。三是它具有分析评判的作用，即根据一定的理论和方法，从作品对美的创造，以及创造出来的美所包含的意义这样两个方面，经过分析，判断其正确与否，以帮助接受者认识美的价值。

其二是要能灵活运用文艺评论方法，同时还要注意不同文艺体裁和样式自身的特殊形式和要求，在评论中充分体现各种文艺形式的艺术特点。评论的具体方法多种多样，难以胜数。一般来说，一种方法总是以某一学科的基本理论作为其观察、分析、评判事物的立足点。因此，文艺评论的方法总是同那些与文艺相关联的学科联系在一起的，如哲学的方法、历史的方法、社会学的方法、心理学的方法、传播学的方法、语言学的方法、民俗学的方法等。掌握这些方法，实际上是要求评论者对人文社会科学（还包括一定的自然科学知识）有广泛的了解，这样才能全方位、多角度地分析、评论作品，真正揭示出作品的丰富内蕴。同时，由于各种艺术都有其独特的艺术形式和表现手法，因此文艺评论还应当能够从不同文艺体裁和样式的具体特点出发去评论作品，这样才能真正有效地起到推动创作和指导鉴赏的作用。

（二）学术论文

学术论文是针对社会科学和自然科学领域中某些现象或问题进行科学的分析和理论上的探讨，以阐述学术见解、交流研究成果的一种析理性文体。理论的系统性和严密性是学术论文的显著标志。学术论文是对科学研究成果进行高度理论化的概括和总结。这一方面要有对某一学科领域基本理论的系统了解，并能运用自如；另一方面还要通过严密的理论表述，使文本的表达无懈可击。只有这样，写作者所提出的新颖的理论见解，才有可能建立在稳固扎实的基础上，经得起理论的推敲和实践的检验。

学术论文的分类方法主要有两种：一种是根据研究领域的不同，分为社会科学论文和自然科学论文；一种是根据表达研究成果的书面形式的不同，分为科学论文和研究报告。学术论文还可以根据写作者的身份不同加以划分。各种报纸、杂志、学术刊物上发表的论文，通常是各类专业人员撰写的；而像学年论文、毕业论文、学位论文，则是由大专院校学生、研究生在导师指导下撰写的。

要写好学术论文，就要把握好学术论文写作的三个步骤。

第一步是恰当的选题。学术论文的选题一般需要遵循这样三个原则：一是选题要与写作者的实际水平和研究兴趣联系起来，充分发挥写作者的优势与特长。我们并不排斥在研究工作中有“服从需要”的一面，但那必须以实际的可行性为前提。二是选题要真正具有理论上或实践上的学术价值。这需要对本学科理论发展的现状有清醒的认识，对社会发展向本学科提出的现实要求有充分的了解，这样才能正确判断选题的学术价值。选题应当既重视基础理论的研究，防止急功近利的实用主义倾向；又要密切关注和充分重视社会主义建设的实际需要，防止为学术而学术的脱离实际的倾向。三是选题还要注意恰当地选择角度。有些选题虽然研究对象大体相同，但研究的角度不同，其成果也会各具特色。要善于灵活把握选题角度，为自己确定最佳的研究范围。一般来说，应当提倡“小题大作”，即选题角度相对窄一点，但力求写得深一些，内涵丰富一些。题目大而无当，会导致内容贫乏、空泛，解决不了任何问题。

恰当的选题除了要掌握上述原则之外，也要注意方法问题。一般来说，选题的具体方法无外乎这样三条途径：一是注意开发前人尚未接触，或虽有接触但建树较少的领域，从中选择有价值有分量的课题予以研究，以求获得开创性成果。二是选择前人虽已有定论但还有值得探讨的新问题的课题进行再研究，争取从发现前人定论的错误中去确立新说，推动科学的发展。三是选择科学史上长期悬而未决的疑难课题进行研究，或“择善而从”支持前人多种观点中的正确意见并使其得以确立，或力排众议另辟蹊径创立新说。

第二步是充分的准备。选题明确后，主要的准备工作就是搜集材料，并对材料进行分析、研究，从中提炼概括出新颖、正确的论题。围绕选题搜集材料主要有两条途径：一是广泛阅读与选题有关的文献资料，阅读中注意做好材料的摘抄工作，以备查考和引用。二是进行一系列与选题要求相应的社会调查、实地考察、科学实验等，这时，要注意分阶段或分专题写出研究报告，为论文写作提供科学依据。论文写作对材料的要求主要有两点：一是材料要力求丰富；二是材料必须翔实。论文写作应当尽可能使用第一手材料；摘引材料时不允许断章取义；对材料要进行复核，保证其准确无误。

材料准备充分和论题形成之后，即可围绕论题拟定提纲。拟定提纲的作用不外乎两点：一是将思路固定下来，并简要写出每一部分的大致内容；二是完成对材料的取舍，所选用的材料要力求精当。

第三步是起草、定稿、答辩。学术论文的写作，是一项严肃的科学工作，来不得半点马虎。在进入起草成文阶段后，尤其要做到这一点。一般学术论文在结构上大体可分为“绪论”、“本论”、“结论”三个部分。有些内容较复杂的论文，如硕士、博士研究生的学位论文，需要在题目下面列出“目录”和“摘要”两项，然后才是正文的写作。正文之后，还应附有“参考文献”、“附录”等项目。论文初稿完成后，应尽可能广泛地征求意见；同时，要对文稿反复推敲、磨练和修改，直到确信无漏洞为止。有些学术论文的写作，如学位论文，完稿之后还要准备答辩。答辩是学位审定机关组织有关专家对论文进行审查的一种形式。答辩时，审查者可针对论文中存在的问题，或论文中所涉及的问题进行提问。这就要求写作者手中掌握有未曾写进论文中去，但却随时可以用以支持论文观点的其他有关见解和材料。同时，写作者对论文所涉及的学科领域，要有扎实的基础知识；对选题所从属的学科领域，则应当有相当的理论造诣。有了这些条件，就能较顺利地通过答辩。

第三节 审美性文体

一、审美性文体的基本特征

所谓审美性文体，即通常所说的文学创作中的几种文体，包括散文、诗歌、小说等。之所以采用审美性文体这个概念，意在突出它们作为人类运用艺术方式掌握世界的结晶而不同于其他文体类型的鲜明心理特征。在此基础上，文学由于使用语言作为自己的表现媒介，又具有与其他艺术相区别的审美表现特征。以下，我们就从这样两个层面来认识和把握审美性文体的基本特征。

（一）文学作为艺术的审美心理特征

1. 审美的超功利性特征

丹麦文学批评家勃兰兑斯曾经提出：“我们观察一切事物，有三种方式——实际的、理论的和审美的。一个人若从实际的观点来看一座森林，他就要问这森林是否有益于这地区人们的健康，或是森林主人怎样计算薪材的价值；一个植物学者从理论的观点来看，便要进行有关植物生命的科学研究；一个人若是除了森林的外观没有别的思想，从审美的或艺术的观点来看，就要问它作为风景的一部分其效果如何。”① 勃兰兑斯提到的“我们观察一切事物”的这三种方式，与马克思所提出的，被我们用作文体分类依据的人类掌握世界的三种方式，有其相通之处。从心理特征—意识功能的角度来看，人们在观察事物时用“实际的”或“理论的”的眼光，当然是有区别的，但有一点是相同的，那就是都会带有直接的功利性。正是在这一点上，“审美的”眼光与它们有了明显的区别，因为它是不带有直接功利性的。

这里所说的功利性，是指人在通过意识活动把握对象（世界）时所带有的某种直接目的性。由于存在这种目的性，主体与对象之间便有了一种直接的利害关系，主体的意识活动就会受到这种利害关系的有形或无形的制约而难以进入一种一无拘束的自由境界。与此相对，所谓超功利性，则是指主体与对象之间不存在任何直接的目的性，主体当然也就不受任何现实的或潜在的利害关系的羁绊，从而能够真正进入一种独立自为的精神的自由创造境界。正因为如

---

① 勃兰兑斯：《十九世纪文学主流》，第1卷，161页，北京，人民文学出版社，1958。

此，康德才特别强调："那规定鉴赏判断的快感是没有任何利害关系的"，"一个关于美的判断，只要夹杂着极少的利害感在里面，就会有偏爱而不是纯粹的欣赏判断了"。① 的确，审美活动一旦采用了"实际的"或"理论的"方式，就会因某种直接目的性的介入而导致审美快感的丧失。

例如，晚唐杜牧的《江南春绝句》有云："千里莺啼绿映红，水村山郭酒旗风。"此联境界阔大，有点有面，有虚有实，深得"尺幅千里"之妙，充满了丰富的艺术想象力，历来为人称道。但也有人不满意，明代杨慎在《升庵诗话》中就抱怨："千里莺啼，谁人听得？千里绿映红，谁人见得？若作十里，则莺啼绿红之景，村郭、楼台、僧寺、酒旗皆在其中矣。"清代何文焕编《历代诗话》时，不同意杨慎的批评并反驳说："即作十里，亦未必尽听得着，看得见。题云《江南春》，江南方广千里，千里之中莺啼而绿映焉，水村山郭无处无酒旗，四百八十寺楼台多在烟雨中也。此诗之意既广，不得专指一处，故总而命曰《江南春》，诗家善立题者也。"（《历代诗话考索》）何文焕不同意杨慎的批评，这是对的；但何文焕的反驳并未切中要害，因为他其实用了与杨慎相同的观点来看问题，这就是勃兰兑斯所说的"实际的观点"。用这种观点看问题，诗歌描写就成为一种目的明确的认知活动，生活经验则成为检验认知的依据，而审美活动所需要的那种一无羁绊的艺术想象，显然是不复存在了。

再如，杜甫《古柏行》有云："霜皮溜雨四十围，黛色参天二千尺。"此联不论是从描写、从寓意的角度来说，都很不错，没想也会引起一场争论，原因仍在于看问题的眼光、方式和立场。宋代大科学家沈括用科学的眼光来读这首诗就发现了问题。他在《梦溪笔谈》中指出："四十围乃径七尺，无乃太细长乎？"另外一位宋代人黄朝英采用相同的"理论观点"来反驳沈括的批评，想为杜甫讨回公道。他经过认真计算，发现精通九章算术的沈括竟然计算有误："古制以围三径一，四十围即百二十尺。围有百二十尺，即径四十尺矣，安得云七尺也？若以人两手大拇指合为一围，则是一小尺，即径一丈三尺三寸，又安得云七尺也。武侯庙古柏，当从古制为定。则径四十尺，其长二千尺宜矣，岂得以细长讥之乎？老杜号为诗史，何肯妄为云云也。"（胡仔：《苕溪渔隐丛话》前集卷八引）这两人都很认真，但那是一种科学的、理论的认真，其结果是用理性的分析消解了审美所需要的感性的体验与想象，审美的快感当

① 康德：《判断力批判》，上卷，40~41页，北京，商务印书馆，1964。

然也就荡然无存了。

当我们强调“审美的”眼光应当不带有直接的功利性时所必须同样强调的是，审美在其间接性上又是有其功利性的。这两者的关系或许可以这样表述：当不带直接功利性的审美得以实现时，也就意味着其所内含的间接功利性也得以实现。这种内含的间接功利性有两层意思：

一是就审美活动本身而言。审美所要求的无功利（无目的）性，是要排除主体心理上一切利害关系的遮蔽，让心灵获得充分自由，以发挥主体的审美想象力，实现艺术作品的创造或再创造。而一旦这种审美创造得以实现，也就意味着作为人的本质而内在于人的审美需要得以满足，审美目的得以实现。此即所谓审美的“无目的的合目的性”。

二是就审美活动在主体的社会存在过程中的地位和作用而言。一个简单的事实是，人不可能只为审美而存在，或者说是只存在于审美之中。人除了需要审美，还需要或者说更需要从事其他各种工作、生活和学习活动，审美其实只是人的社会存在过程中的一座精神驿站。当人在紧张的工作、生活和学习之余而能通过超功利的审美活动以满足自身作为人的审美需要时，就意味着他获得了一种精神情感的净化、心灵境界的升华，他会以一种更加积极的态度应对社会，更好地从事各种其他活动，从而更有效地实现自己的人生价值。这显然是内含于审美的一种更为间接，也更为重要的功利性的体现。

总之，从心理特征—意识功能的角度来看，超功利性是艺术地掌握世界的方式所具有的一种鲜明特点。但我们在理解这种特点时不要把它绝对化，因为审美的超功利性是就其直接性而言的，而在间接性上审美其实是内含着非常深刻的功利性的。

2. 审美的感性（形象性）特征

艺术总是以形象的方式诉诸我们的感性把握，这是我们在审美实践中都会体验到的艺术作为人类掌握世界的一种独特方式所具有的又一个心理特点。马克思曾指出：“人不仅通过思维，而且以全部感觉在对象世界中肯定自己。”①这种“以全部感觉在对象世界中肯定自己”的方式，正是艺术活动所具有的审美感性特征。现在通用的从日语“引进”的“美学”一词，其西语原义即是“感性学”。

需要说明的是，当艺术以形象的方式诉诸我们的感性把握时，从心理特

---

① 《马克思恩格斯全集》，第42卷，125页，北京，人民出版社，1979。

征—意识功能的角度来看，这种艺术的“感性形象”或称“审美形象”，与一般认识活动中的感性形象在性质和作用上都不相同。首先，一般认识活动中的感性形象只是人的感性认识对外在客观现象的直接反映，是上升到理性认识之前的初级阶段。艺术中的感性形象则是艺术家在对生活有了深刻的体验和认识之后，运用审美想象和艺术虚构创造出来的一种“第二自然”，不仅不再是客观现象的直接摹写，而且已经融入了艺术家对生活的体验和认识，是主客观融合之后的审美创造。用黑格尔的话说就是：“在艺术里，感性的东西是经过心灵化了，而心灵的东西也借感性而显现出来了。”① 其次，一般认识活动中的感性形象在被上升到理性认识之后，就被概括、抽象为确定的概念，感性形象的认识价值也因此而完结。艺术中的感性形象则与此不同：它作为艺术家心灵创造的产物，其内含的丰富意蕴与其感性形象的存在是融为一体不可分离的。我们只能在对审美形象的感性把握中去真切地体验和感悟某种心灵的东西，而不能像一般认识活动那样采用从感性上升到理性的抽象方式去提取审美形象中的意义所在。也就是说，艺术作为人类把握世界的一种独特方式，其感性形象之中当然蕴涵着丰富的乃至深刻的理性认识，但这种理性认识的获得却又始终是与对形象的感性把握融为一体的。这就像别林斯基所说的：“在真正诗的作品里，思想不是以教条方式表现出来的抽象概念，而是构成充溢在作品里的作品灵魂，像光充溢在水晶体里一般。”② 从这种意义上来说，艺术的感性形象既是艺术意义的载体，也是艺术意义的本体，我们不可能脱离艺术的感性形象来讨论所谓艺术的意义问题。

正是由于上述艺术形象特点的存在，“以全部感觉在对象世界中肯定自己”就成为艺术地把握世界的鲜明特征之一，理性似乎在审美中“退场”了。这很自然地造成人们对审美的感性特征的片面理解，即在审美中感性与理性是相对立的，而且应当尽量将理性从审美中排除出去。其实，正如现代脑科学所揭示的那样，人脑两半球在功能上具有高度的专门化，左半球司抽象思维，右半球司形象思维。但这种专门化又不是绝对的，即左右两半球的分工是协同互补的关系，因为有一条“胼胝体”将它们连接起来，所以正常人脑的两个球总是以整体结构发挥其功能作用的。因此，尽管我们在思维和写作时可以根据需要而采用抽象思维或是形象思维，但不论是偏重于哪一半球的工作，实际上

① 黑格尔：《美学》，第1卷，49页，北京，商务印书馆，1979。
② 别林斯基：《别林斯基论文学》，51页，上海，新文艺出版社，1958。

都不可能割断与另一半球的信息交流，而只能是在这种信息交流基础之上偏重于发挥某一半球的优势而已。所以说，要真正认识审美的感性特征，不仅不应当（也不可能）排除理性的积极参与，而且只有在充分肯定审美感性中所包含的丰富而深刻的理性内涵及其积极作用时，艺术作为人类把握世界独特方式的真正魅力才能显示出来。具体来说，与艺术的审美感性特征融合在一起的理性因素与作用主要表现在这么两个方面：

一方面，艺术形象的创造包含着理性的积极参与。这可以从两个层面看：一层意思就是我们通常所说的伟大的艺术家必定也是伟大的思想家，因为他们创造的作品总是深刻揭示了社会生活的本质，而这当然是他们将自己对生活的深刻思考融入作品的结果。这就像黑格尔说的："（在创作中）艺术家一方面要求助于常醒的理解力，另一方面也要求助于深厚的心胸和灌注生气的情感。所以只有缺乏鉴赏力的人才会认为像荷马所写的诗是诗人在睡梦中可以得到的。没有思考与分辨，艺术家就无法驾驭他所要表现的内容。认为真正的艺术家不知道自己在做什么，这是一个错误的想法。"① 再一层意思是就具体写作过程而言，在艺术家的构思和表达阶段，同样充满了各种具体的理性思考，例如结构的安排、情节的调度，乃至具体表达中某个字句的推敲，都离不开逻辑上的考虑。

另一方面，艺术形象所产生的审美效果往往是在一种感性的方式中将人的精神提升到一种单凭逻辑思辨也难以达到的至高的理性境界，那往往是对万物之源，道之所在的一种洞察与感悟，是只可意会而难以言诠的。在这方面，王维的《鸟鸣涧》可以说是一个范例：

人闲桂花落，夜静春山空。
月出惊山鸟，时鸣春涧中。

此诗向来被视为写"静"的名篇，但当我们被带入到这"静"的境界中时，我们的体验和感悟却绝不是一个简单的"静"字所能解释的。对此，海德格尔的一段话说得极好："静是什么？它绝不只是无声，在无声状态中，只是声调活动的空缺……以召唤世界与万物的方式发出命令，便是静的声音。"② 我们在读王维这首诗时，的确能感受到这种"静"的召唤。它让我们在想象中体验一种聆听簌簌花落之声的静谧世界的同时，精神在无形中上升到从万物之

① 黑格尔：《美学》，第1卷，359页，北京，商务印书馆，1979。
② 海德格尔：《海德格尔诗学文集》，186～187页，武汉，华中师范大学出版社，1992。

和谐的现实生命感受中追寻万物之同根的至高理性境界。这种境界就是《老子》所说的："夫物芸芸，各复其根，归根曰静。"亦即《庄子》所谓："夫虚静恬淡，寂寞无为者，万物之本也。"的确，我们在聆听簌簌花落的一片静谧之中，似乎那样真切地"触摸"到了世间万物背后的那个"本体"所在，但当我们试图采用逻辑思辨去揭示它的"真相"时，它却又已没了踪影。艺术以其特有的审美感性的方式把握世界的魅力正在于此。

总之，从心理特征—意识功能的角度来看，审美感性无疑是艺术地掌握世界的方式所具有的又一种鲜明特点。但应当强调的是，由人脑功能的整体性所决定，艺术的审美感性不仅不可能排除理性的积极参与，而且只有当它包含着丰富而深刻的理性内涵时，艺术作为人类把握世界独特方式的真正魅力才能显示出来。

3. 审美的情感特征

从某种意义上来说，人之有情是人之为人的一种本质特征。在人类的精神世界中，情感生活无疑占据其半壁江山。但是，在人类把握世界的三种方式之中，其他两者显然都将情感排除在外，只有艺术不仅不排除情感的参与，而且将情感作为实现自身的途径和目的所在。所以托尔斯泰要这样来给艺术下定义："作者所体验过的感情感染了观众或听众，这就是艺术。""艺术是这样的一项人类的活动：一个人用某种外在的标志有意识地把自己体验过的感情传达给别人，而别人为这些感情所感染，也体验到这些感情。"① 艺术的这种不仅将情感作为实现自身的途径，而且作为实现自身的目的所在的特征，就是艺术的审美情感特征。

说到艺术的审美情感特征，就必须要将审美情感与日常情感区别开来。当然，审美情感作为一种人类情感不可能脱离人的生存实践，而必然是以人的日常情感为基础的。但是，当审美情感作为艺术实现自身的途径和目的之所在时，它就具有了超越日常情感的独特内涵和作用。首先，由人的存在的社会性质所决定，写作带有社会性。因此，艺术的审美情感其实是一种超越了个人利害得失的具有人类普遍性的情感，它与前述审美的超功利性是统一的。苏珊·朗格称其为"人类情感"。荣格则提出："（在艺术中）我们已不再是个人，而是全体，整个人类的声音在我们心中回响。"② 其次，苏珊·朗格还曾经针对

① 托尔斯泰：《艺术论》，47 页，北京，人民文学出版社，1958。

② 叶舒宪选编：《神话——原型批评》，101 页，西安，陕西师范大学出版社，1987。

科林伍德所说的艺术即表现即情感的直接宣泄而予以反驳，说如果那样的话小孩子的哇哇大哭就是最好的艺术。可见审美情感超越日常情感之处还在于它需要经过艺术形式的整合，使其成为情感的形式或形式的情感。卡西尔在谈到贝多芬第九交响曲时就强调过这种审美情感作用于我们时的独特魅力："我们所听到的是人类情感从最低的音调到最高的音调的全音阶：它是我们整个生命的运动和颤动……"① 最后，正是由于审美情感是一种经过了艺术形式化的情感，因此它与构成艺术本体存在的感性特征也就合二为一不容分离了。那种把艺术中的情感视为作者可以随意加减的"作料"的看法，就是把情感视为与形象相游离而不是"融化"于形象之中的一种艺术因素，应当说这种情感尚未达到审美情感的高度。指出审美情感与日常情感上述区别的目的是要说明，在艺术作为人类掌握世界的独特方式所具有的审美超功利性、审美感性、审美情感这三大心理特点之间，存在着一种不可分割的一体化关系，它们在审美的心理世界中是融为一体的，我们之所以分而论之实在是语言线性表达限制的结果。

在认识艺术的审美情感特征时需要特别注意的一个问题，就是情感与理智的关系。不论是在艺术实践中还是在理论上，人们都容易将情感与理智对立起来，认为理智有碍于情感的表现，应当排除在艺术的情感表现之外。如果就情感与理智的直接联系而言，这种看法有其合理的一面。要是杜甫当年一心考究"四十围"与"两千尺"是否相宜，他内心的情感恐怕难以得到酣畅淋漓的表达。所以就直接性而言，艺术中的情感表现是不受理智束缚的。但如果就情感与理智的间接联系而言，这种看法又是不对的。因为，所谓情感并非无源之水、无本之木，从心理根源上讲它是建立在人对事物认识的理智基础之上的。杜甫之所以要用夸张的笔法去描写武侯祠的那株古柏，目的在于表达一种景仰之情，而究其景仰之情的来源，只能是他对诸葛亮一生功绩的认识和推崇。所以就间接性而言，在看似无拘无束的艺术情感表达之中，往往隐含着丰富的乃至深刻的理性认识，缺乏深厚理智内涵的情感是不可能成为一种审美情感的。

明代汤显祖的《牡丹亭》可以说是最能体现艺术中情感与理智辩证关系的一个范例。杜丽娘为情而死又为情而生，这似乎不可理喻，但"《牡丹亭梦》一出，家传户诵，几令《两厢》减价"（明·沈德符：《顾曲杂言》），究其原因又正在其包含着深刻的社会意义。所以，从心理特征—意识功能的角度

① 卡西尔：《人论》，191页，上海，上海译文出版社，1985。

来看，审美情感无疑是艺术地掌握世界的方式所具有的一种突出特征，但必须说明的是，不要把情感和理智对立起来，审美情感之中应当包含着深厚的理智内涵。

（二）文学作为语言艺术的审美表现特征

以上所论及的审美超功利性、审美感性和审美情感等三大特点，是包括文学写作和阅读在内的所有艺术创作和鉴赏活动都会具有的。我们知道，艺术包括许多种类，每种艺术类型在具有上述艺术的共性特点的同时，还具有自身的个性特点。因此，要真正认识和把握一种艺术类型，就需要在把握艺术的共性特点的基础上进一步深入认识它的个性特点。认识一种艺术类型的个性特点可以有不同的切入角度，其中被较多采用的一种切入角度，同时也是被较普遍地采用为划分艺术类型依据的，是艺术形象创作所使用的媒介。从某种意义上来讲，不同艺术类型所具有的个性特点往往是由其所使用的不同媒介的特性所决定的。

应当明确的是，我们不是简单地在一种传达工具的层面上使用“媒介”这个概念，而且任何一种艺术媒介都不可能只具有单纯的传达工具的意义和作用。在艺术创作活动中，所谓“媒介”不仅是艺术表现的工具，而且首先是艺术思维的工具。艺术家通过它来进行艺术思维和艺术表现，因此它的特性也就决定了一种艺术类型的个性特点，它也就成为艺术类型划分的一种依据。对于“媒介”在艺术创作活动中所具有的这种重要意义和作用，英国美学家鲍桑葵在其《美学三讲》中给予了特别强调：“对在媒介里能够做出什么样合适的东西，或者在别的媒介里做不好的东西，诸如此类的感觉，以及这样做时所感到的情趣——这些，我认为是探讨美学基本问题的真正线索。”他认为：“任何艺人都对自己的媒介感到特殊的愉快，而且赏识自己媒介的特殊能力。这种愉快和能力感当然并不仅仅在他实际进行操作时才有的。他的受魅惑的想象就生活在他的媒介的能力里，他靠媒介来思索、来感受；媒介是他的审美想象的特殊身体，而他的审美想象则是媒介的唯一特殊灵魂。”① 可见，艺术媒介对艺术创造有着多么重要的支配与制约作用。要真正把握一种艺术类型的审美特质，其“真正线索”只能是充分认识这种艺术类型所赖以生成的特定艺术媒介的审美功能。

文学被称为语言艺术，也就是说语言是文学写作的媒介，因此文学写作区

---

① 转引自朱狄：《当代西方美学》，368页，北京，人民出版社，1984。

别于其他艺术创造的个性特点，在很大程度上是由语言的特性所决定的。以下，我们具体谈谈文学作为语言艺术的审美表现特征。

1. 塑造艺术形象的间接性

如前所述，艺术地掌握世界方式的一个鲜明特征，就是它所具有的审美感性。艺术总是通过形象塑造来反映社会生活，表现艺术家对世界的体验和感悟，因此艺术总是以诉诸我们的感官把握的方式为我们所接受。但要说明的是，所谓艺术总是以诉诸我们的感官把握的方式为我们所接受，有两种形态。一种是直接形态或称外感形态的，即艺术形象直接以外在于我们的客体方式作用于我们的各种感官而为我们所接受。例如绘画直接作用于我们的视觉，音乐直接作用于我们的听觉。这种以其外在于我们的具体感性特征直接诉诸我们感官而为我们所接受的艺术形象，称之为具有直接性的艺术形象，或称形象的直接性。再一种就是间接形态或称内感形态的，即作品本身并不提供外在于我们的以客体方式而存在的艺术形象，它的艺术形象是通过艺术媒介作用于我们的审美想象之后，在我们想象的内在心理世界中为我们的各种内在感官所“真切”地感知和体验。这种本身不具有外在于我们的形象直接性，而是需要通过作用于我们的想象来“还原”其感性形态的艺术形象，称之为具有间接性的艺术形象，或称形象的间接性。显而易见，这种形象的间接性，正是文学形象的鲜明特点。我们在接受文学作品时，直接为我们感知的，只能是“白纸上的黑色符号”。但当作为艺术媒介的语言作用于我们的审美想象之后，我们就能在自己的心理世界中“真切”地感知和体验一种文学形象的存在。文学作为语言艺术所具有的独特的审美魅力，在很大程度上是由于它采用语言作为艺术媒介从而具有了艺术形象的间接性所决定的。

2. 反映社会生活的灵活性

不论艺术表现的具体内容如何，从根本上说，都是对社会生活的一种反映。所谓反映，就意味着它是为艺术家的心灵所能感知、体验，乃至以此为基础而在想象中创造出的生活世界。其他艺术类型由于所采用的艺术媒介的种种限制，在反映社会生活时也就难免会有种种局限。文学采用语言作为艺术媒介，而“语言是思想的直接现实”，这就意味着只要是为艺术家的心灵所能感知、体验，乃至以此为基础而在想象中创造出的生活世界，几乎是可以不受任何限制地得以表现。

文学由于采用语言作为艺术媒介而具有的这种反映社会生活的灵活性特点，在与采用线条和色彩作为艺术媒介的绘画相比较时，表现得尤为直观和突出。绘画所使用的线条和色彩，原本是从空间物体中概括、抽象出来的，与空间物体本来就有着根本联系，因此绘画在反映社会生活时可以直接地再现外部世界的物体形象，这正是绘画艺术的特点所在。然而绘画在反映社会生活时带有时空的局限性，这当然不是说它完全不能表现事物变化的时空属性，但它在表现这种属性时只能将其处理为莱辛所说的“富有包孕性的瞬间”。与此相比，文学由于使用语言作为艺术媒介，固然不具有形象的直接性，但那可以通过唤起我们审美想象的方式而得以间接实现。然而正是因为文学形象是间接的和想象的，因此它几乎是可以不受时空限制地灵活描绘无限丰富和广阔的社会生活。对此只需回味一下我们的阅读经验便不难理解。

3. 揭示心灵世界的具体性

当我们说“语言是思想的直接现实”时，除了意味着由于文学采用语言作为艺术媒介，因而几乎可以是不受限制地将人的意识（甚至潜意识）所能反映的社会生活予以灵活反映之外，还意味着它同样几乎可以是不受限制地将不具有外在客观性的人的内心世界具体地展现出来。比陆地更广阔的是大海，比大海更广阔的是天空，比天空更广阔的是人的心灵。一方面，人的心灵世界由于其丰富性和深刻性而成为一切艺术样式争相表现的对象，但另一方面，很多艺术样式由于其所采用的艺术媒介特性的限制，在揭示人的心灵世界时总是间接的或抽象的，只有文学可以通过语言这个“心灵的窗口”而将隐秘的心灵世界直接而具体地展现出来。

文学由于采用语言作为艺术媒介而具有的这种揭示心灵世界的具体性特点，在与采用乐音和节奏作为艺术媒介的音乐相比较时，表现得尤为直观和突出。音乐最初是由原始人劳动时的呼号发展、演变而来，这决定了它与人的心灵的表现欲望具有直接联系。正如黑格尔所说：“音乐所特有的因素是单纯的内心方面的因素，即本身无形的情感，这种情感不能用一般实际的外在事物来表现，而是要用一旦出现马上就要消逝的亦即自己否定自己的外在事物。因此，形成音乐内容意义的是处在它的直接的主体的统一中的精神主体性，即人的心灵，亦即单纯的情感。”① 然而，正是因为音乐在表现人的心灵世界时使用的是一种物质性的“外在事物”（指声音），因此它在揭示人的心灵世界时难免带有相当程度的抽象性，不可能十分具体、明确。这就是黑格尔所说的：“音乐只是在相对的或有限的程度上才能表现丰富多彩的精神性观念和观照以

① 黑格尔：《美学》，第3卷，上册，19页，北京，商务印书馆，1979。

及广阔的意识生活领域，而且就表达方式来说，不免停留在它所采为内容的那种对象的抽象普遍性上，只表达出模糊隐约的内在心情。”① 与此相比，文学由于使用的是“思想的直接现实”——语言，因而具有着把心灵直接表现给心灵的充分自由，从而能够在所有艺术样式中拥有直接揭示人的心灵世界具体性的独特权力。

我们不妨来看一个例子。《红楼梦》第三十二回写史湘云去看宝玉，正巧贾政派人唤宝玉去会客（贾雨村），宝玉不愿去，湘云便劝他：“还是这个情性不改。如今大了，你就不愿读书去考举人进士的，也该常常的会会这些为官做宰的人们，谈谈讲讲些仕途经济的学问，也好将来应酬世务，日后也有个朋友。没见你成年家只在我们队里搅些什么！”宝玉听了很不高兴，认为只有黛玉才是他的知己，不会劝他去做这些“仕途经济的学问”：“林姑娘从来说过这些混帐话不曾？若他也说过这些混帐话，我早和他生分了。”这话恰巧被刚刚走到屋外的林黛玉听见，自然引起内心的一番复杂活动。曹雪芹是这样描写的：

> 黛玉听了这话，不觉又喜又惊，又悲又叹。所喜者：果然自己眼力不错，素日认他是个知己，果然是个知己；所惊者：他在人前一片私心称扬于我，其亲热厚密，竟不避嫌疑；所叹者：你既为我的知己，自然我也为你的知己，既你我为知己，又何必有“金玉”之论呢……所悲者：父母早逝，虽有铭心刻骨之言，无人为我主张……想到此间，不禁泪又下来。

像这样复杂的心灵世界的活动，音乐由于其所采用的物质性的“外在事物”——乐音和节奏作为媒介的限制，所能表现者只能是黑格尔所说的“单纯的情感”，如喜、惊、悲、叹，“不免停留在它所采为内容的那种对象的抽象普遍性上，只表达出模糊隐约的内在心情”；至于像所喜、所惊、所悲、所叹者为何，就只能通过作为“思想的直接现实”的语言来具体展现了。总之，语言作为“心灵的窗口”而能将隐秘、浩瀚、深邃的心灵世界直接而具体地展现出来，这正是文学作为语言艺术所具有的迷人的审美表现特征之一。

① 黑格尔：《美学》，第3卷，下册，7页，北京，商务印书馆，1981。

二、几种审美性文体简介

（一）散 文

散文概念有广义和狭义的区别。广义的散文与韵文和骈文相对，泛指各种采用散行语言形式写作的文体。狭义的散文则是指与诗歌、小说、戏剧文学并列的一种文学体裁。在中国，这种狭义的散文概念是在“五四”新文学运动之后逐步确立的，其具体含义随着现代文学和当代文学的发展又表现出新的广义和狭义的区别。这种新的广义的散文概念包括除诗歌、小说、戏剧文学之外的几乎所有具有文学性的写作形式，如报告文学、杂文、传记文学等。随着文学的发展，诸如报告文学、传记文学、杂文等写作形式逐步形成了自己的独特文体风格，不宜再滞留于散文领域，于是便出现了新的狭义散文概念。它是指那些或记人叙事，或写景记游，或咏物言志的文笔优美、手法灵活、篇幅短小的文学作品。我们以下所要介绍的散文，就是指的这种狭义的散文。它包括叙事散文和抒情散文两种基本样式。

散文的主要特点是：

第一，选材自由，题材广阔。散文的一个明显特征就在于它的题材相当广阔，内容极其丰富。正如周立波在《1959—1961 年散文特写选序》中所指出的：“举凡国际国内的大事、社会家庭的细故，掀天之浪、一物之微，自己的一段经历、一丝感触、一撮悲欢、一星冥想，往日的悽惶、今朝的欢快，都可以移于纸上，贡献读者。”散文题材的广阔性与这种文体自由灵活、对写作很少限制的特点是联系在一起的。鲁迅即曾在《三闲集·怎么写》中说过：“散文的体裁，其实是大可以随便的。”“题材应听其十分自由选择，风景静物，虫鱼，即一花一叶均可。”

第二，手法灵活，形式多变。在充分调动和灵活运用各种表达方式来为作品内容表达服务方面，其他文学体裁往往因其文体自身的一些限制而表现出明显的局限性，只有散文能真正做到这一点。散文既不像诗歌那样专注于主观情感的抒发，对社会生活只是点到而已；也不像小说那样专注于客观画卷的再现，将思想情感隐入字里行间；又不像戏剧文学那样主要由人物对话来表现内容；散文综合了众家之长，熔叙述、描写、抒情、议论、说明于一炉，给人一种舒展灵活、浑然天成的独特美感。

第三，结构独特，形散神聚。“散”是散文的明显特征。这除了表现在它的题材广阔、手法灵活等方面，还表现在它的结构安排上。散文无论是叙事还是抒情，都不把自己限定在某个特定对象上，而是往往由特定对象中生发出丰富的联想，从而信手拈来，信笔挥洒，给人以无拘无束的“散漫”之感。但是，就在这种“散漫”流淌的思绪之中，始终贯穿着一条稳定的精神线索，从而将作者“散漫”的思绪片断串连成一个艺术整体，使人能够感受到集中而鲜明的主题。散文结构安排上所具有的这种材料的散漫与中心线索的稳定、集中的辩证统一，就是所谓的“形散神聚”。

第四，文笔优美，个性鲜明。散文素有“美文”之称。好的散文，饱含着浓郁、真挚的激情，具有动人心弦的艺术力量。它以清新、凝练、优美的语言，创造出诗情画意般的艺术境界，以强烈的艺术魅力吸引着读者，带给人美的享受。人们常把散文所特有的语言美称为“散文笔调”。柯灵曾在《散文——文学的轻骑兵》中谈到，所谓“散文笔调”，“好像好演员的台词，不但能精确地表达含义，而且富有表情”。这说明散文语言的显著特色在于它的抒情性，故而也有人将散文语言的基本特点概括为情韵美。郁达夫就曾在《中国新文学大系·散文二集导言》中指出过：“在散文里似以情韵或情调两字来说，较为妥当。这一种要素，尤其是写抒情或写景的散文时，包含得特别的多。”所谓情韵，是指作者在记人叙事、写景状物过程中透露出来的对生活的深切、独特的主观感受，它能够使读者在识物、明理的同时，情绪上也受到深深感染。正是因为散文语言美的基础在于它的情韵美，而人的情感体验又是最富于个性色彩的，这就使得散文语言成为最能体现作者独特个性的一种文学语言。对此，只要是对散文有一定阅读经验的人，都是不难体会到的。

（二）诗 歌

诗歌是运用精练和富有音乐性的语言，通过描写丰富的想象和优美的意境，来抒发作者对生活的感受、理想和愿望的一种文学体裁。诗歌的种类很多。根据表现内容的侧重面的不同，可以分为抒情诗和叙事诗；根据语言形式的不同要求，可以分为格律诗、自由诗和民歌。

诗歌的主要特点是：

第一，诗的本质专在抒情。郭沫若在《论诗三扎》中说过：“诗的本质专在抒情，抒情的文字便不采诗形，也不失其为诗。”可见，抒情是诗歌的基本特征。为了更有效地说明这个问题，我们不妨从两个侧面来分析一下。一是诗歌的抗述性。当我们读过一篇好的散文、小说或是剧本，总可以在一定程度上将其内容转述给别人听，并使听者从中受到一定的感染。但是，当我们读的是一首好的诗歌时，就无法把它的内容转述给别人，更不可能让听者从这种转述中受到感染。造成这种诗歌抗述性现象的原因就在于诗的本质专在抒情。正像别林斯基所说的那样："尽管内容极为丰富，抒情作品仿佛是没有内容的，——有如以优美的感觉颤动我们生命的乐曲，它的内容完全含蓄不露，因为这种内容是难以用人的语言传达的……是的，你不能转述它，也无法解脱它，你只能让人去感觉它，而且还不能通过其他方式，除非让人去读诗人笔下所产生的那篇东西……"① 二是诗歌的抗译性。其他样式的文学作品经过翻译后，对原意并无多大损伤，但是诗歌却很难在转译成散文或其他语种之后而不受到致命的伤害。造成这种诗歌抗译性现象的原因仍在于诗的本质专在抒情。别林斯基曾以莎士比亚诗剧转译成散文形式为例说道："抒情到这种地步，以致非用诗体写不可，翻译成散文之后，就丧失掉抒情的香味，变成夸张的散文，译成散文的莎士比亚戏剧的优秀章节就是证明。"② 雪莱也表示过将诗歌从一种语言转译成另一种语言是"徒劳无功"的看法："要把一个诗人的创作从一种语言译作另一种语言，其为不智，无异于把一朵紫罗兰投入熔炉中，以为就可以发现它的色和香的构造原理。植物必须从它的种子上再度生长，否则它就不会开花。"③

第二，诗以意象作为抒情的载体。从写作的角度而言，与诗的本质专在抒情联系在一起的一个问题是诗的情感内容是怎样得以表现的。一般来说，诗中的情感表现可以有两种途径，即直抒胸臆和融情于景。但不论是直抒胸臆还是融情于景，诗人情感的表现都需要借助适当的感性载体——中国传统诗学称之为"象"或"景"，西方诗学称之为"客观关联物"——来唤起读者的联想和想象，从而使读者通过自己的审美体验去获得。我们把诗歌写作中的这种承担着情感表现功能的感性载体，称之为诗的意象。这里的"意"，指诗人在对生活的体验中产生的某种包含着对生活的深刻感悟的情感；这里的"象"，就是使诗人的这种内在情感表现出来的那种感性载体，包括人、事、景、物等不同形态，它将"意"融于自身，就像镜花水月一般不可分离。正因为诗歌意

① 北京大学中文系文艺理论教研室编：《文学理论学习资料》下册，11页，北京，北京大学出版社，1981。

② 北京大学中文系文艺理论教研室编：《文学理论学习资料》下册，11页，北京，北京大学出版社，1981。

③ 北京大学中文系文艺理论教研室编：《文学理论学习资料》下册，11页，北京，北京大学出版社，1981。

象具有非客观性，所以我们读李白的“黄河之水天上来，奔流到海不复回”，读杜甫的“霜皮溜雨四十围，黛色参天二千尺”，读杜牧的“千里莺啼绿映红，水村山郭酒旗风”，一般都不会用客观的尺度去要求它，而是用一种审美的态度去接受它，并在由此所引发的联想和想象的精神空间中体验它所内含的情感意蕴。从这种意义上来说，意象的创造其实是诗的抒情本质得以实现的一种标志。中国传统诗学对意象创造的重要性早就有了明确的认识。唐代司空图《诗品》即曾提出：“意象欲出，造化已奇。”明代胡应麟《诗薮》也特别强调：“古诗之妙，专求意象。”诗歌意象的创造一般有以意入象和因意生象两种类型。

第三，诗的语言形式具有鲜明的节奏与和谐的韵律。人们常说诗歌的语言具有音乐性，这是指诗歌在语言形式上具有与音乐相同或相似的艺术特质。诗歌与音乐一样，都是以抒情作为其本质特征。与这种本质要求相适应，两者在表现形式上都具有直接诉诸接受者的听觉以美感的特点。别林斯基曾就此说过：“你读莱蒙托夫所写的任何一行诗时，都仿佛听到音乐的谐声，并且会用眼睛去寻索那以不见的手把它弹奏出来的颤动的琴弦。”① 具体来看，诗歌语言形式所具有的音乐性主要是由节奏和押韵两个基本因素造成的。古典格律诗对这两个方面都有严格的要求，现代自由体新诗也仍然需要具备这两个基本因素。鲁迅在《致窦隐夫》中就曾指出：“我以为内容且不说，新诗先要有节调，押大致相近的韵，给大家容易记，又顺口，唱得出来。但白话要押韵而又自然，是颇不容易的，我自己实在不会做，只好发议论。”应当说，这正是新诗迄今尚未在语言形式上取得广泛认可的一个重要原因，也是新诗作者们需要继续努力的一个重要方面。

（三）小　说

小说是以叙述、描写为主要表现方式，通过讲述完整的故事情节，描绘具体的环境，塑造人物形象来反映作者对社会生活的认识、体验和感受的一种文学体裁。按照作品内容容量和篇幅的大小，小说可分为长篇小说、中篇小说、短篇小说、微型小说等。

小说的主要特点是：

第一，小说具有完整、生动的故事情节。所谓情节，是指作品中讲述的，由一个或一组人物的活动所构成的一个或一组事件。故事情节是小说内容的基

① 别林斯基：《别林斯基论文学》，226页，上海，新文艺出版社，1958。

本结构框架，是小说作为叙事性文学的基本特征所在。在小说创作中，情节的重要作用主要体现在这样两个方面：一方面，小说是对社会生活画卷的一种真实描绘，而能够使小说所描绘的社会生活画卷得以逐渐展示，能够将阅读者吸引并带入到作品所描绘的社会生活画卷中去的根本因素，就是情节的发展。另一方面，小说应当塑造出令人难忘的人物形象，而能够使小说所塑造的人物性格鲜明地进入阅读者心灵世界的根本因素，仍然是情节的发展。因为正是在情节的发展之中，阅读者才逐渐熟悉、认识了人物。一般来说，对小说故事情节安排的基本要求有两个：一是完整，二是生动。

第二，小说描绘了具体、真实的环境。巴尔扎克曾经把小说称之为“庄严的谎话”。这一方面表明小说只是一种虚构，但另一方面也说明这种虚构应当有它严肃的目的。既然这样，如何使小说所虚构的情节有它发生发展的必然性，就成为这种虚构能否为阅读者所接受，从而使隐含于虚构之中的严肃目的得以实现的一个重要条件。能够为小说情节的发生发展提供其必然性要求的，正是小说中的环境描写。同时，环境描写也是小说人物刻画的必然要求。这正像黑格尔所作过的一个比喻那样：“人要有现实客观存在，就必须有一个周围的世界，正如神像不能没有一座庙宇来安顿一样。”① 小说中的环境主要由两方面因素构成：一种是作品中人物活动的具体生活环境，如《红楼梦》中的大观园；一种是作品中人物生存、情节发展的整体社会背景，如《子夜》中描写的1930年前后上海所发生的帝国主义列强排挤、摧毁中国民族资本主义工商业的种种情况。

第三，小说塑造了富于个性的人物形象。阅读经验告诉我们，小说迷人的魅力之一，或者说是它成功的根本标志所在，就是塑造了富于个性的人物形象。金圣叹《读第五才子书法》中说：“别一部书，看过一篇即休，独有《水浒传》，只是看不厌，无非为他把一百八人性格都写出来。”传统小说如此，现代西方意识流小说的开创者，美国作家亨利·詹姆斯也认为：“小说可以存在的唯一理由，就是它确实在企图再现人生。”② 意识流小说的著名理论家，英国女作家伍尔芙说得更干脆：“好小说的基础不是别的，就是人物的创造……如果人物是活的，小说就有希望，反之，小说就注定被人遗忘……”那么，小说塑造人物的目的和作用是什么呢？伍尔芙认为作者是将自己对生活的理解和

① 黑格尔：《美学》，第1卷，312页，北京，商务印书馆，1979。
② 伍蠡甫等编：《西方文论选》，下卷，511页，上海，上海译文出版社，1979。

评价通过塑造人物的方式来表现，因此，塑造一个人物对读者而言，就是提供了一种观照生活的独特视角：“假如你回想一下你认为是伟大的那些小说——《战争与和平》、《名利场》、《特利斯川·项狄》、《包法利夫人》、《傲慢与偏见》、《卡斯特桥市长》、《维也特》——你想到这些书你立刻就会想到某个人物，他对于你是那么具有现实性（我的意思不是说跟生活一样），他足以使你不但想起他本身而且还通过他的眼睛去认识各种各样的事情——宗教、爱情、战争、和平、家庭生活、省城的舞会、日落、月亮的升起、灵魂的不灭。我看，人类经验中没有一点不是包括在《战争与和平》里。在这些作品中，伟大的作家都是使我们通过某人物去看他所要我们看到的事物。不这样他算不得作家而成了诗人、史学家或宣传鼓动家。”①

思考与练习

1. 实用（认知）性文体的基本特征表现在哪些方面？实用（认知）性文体写作实现告知目的的基本手段是什么？

2. 结合教材对几种实用（认知）性文体的介绍，进行相应的写作训练。

3. 析理性文体的基本特征表现在哪些方面？析理性文体写作体现了理性思维的哪些逻辑特征？

4. 结合教材对几种评论文体的介绍，进行相应的写作训练。

5. 应当怎样理解审美的超功利性特征、感性特征和情感特征？

6. 文学作为语言艺术具有哪些不同于其他艺术的审美表现特征？

7. 结合教材对几种审美性文体的介绍，进行相应的写作训练。

---

① 伍蠡甫主编：《现代西方文论选》，104页，上海，上海译文出版社，1983。

后　记

2005年6月中旬，经武汉大学文学院刘会胜副院长的热心推荐，中央广播电视大学文法部主任徐长威副教授约请我担任中央广播电视大学基础写作课程教材的编写工作。接受任务后，我便全力投入到这项工作之中。7月20日，中央广播电视大学在武汉大学召开了基础写作课程教学大纲审定会。中央广播电视大学文法部主任徐长威副教授主持会议，中央广播电视大学出版社来继文副编审、湖北电大杨小菊副教授、武汉电大李萍副教授等参加了会议。中央广播电视大学邀请华中师范大学文学院江少川教授、普丽华教授、武汉大学文学院刘礼堂教授为评审专家，江少川教授任组长，对我编写的教学大纲进行了认真评审。各位专家和参加会议的同志，在对大纲给予肯定的同时，也提出了许多宝贵的修改意见。在吸取大家意见的基础上，我对教材编写内容进行了适当调整，并于9月中旬完成教材编写任务。9月26日，中央广播电视大学在武汉大学召开了《基础写作》教材及教材一体化方案审定会。中央广播电视大学文法部主任徐长威副教授主持会议，中央广播电视大学出版社来继文副编审、武汉电大万国邦副教授等参加了会议。中央广播电视大学邀请华中师范大学文学院江少川教授、武汉大学文学院於可训教授、刘礼堂教授为评审专家，江少川教授任组长，对我编写的《基础写作》教材进行了认真评审。与会的各位专家对教材给予了充分肯定，同时也提出了一些宝贵的修改意见。根据大家的意见，我对教材内容进行了最后的调整和修改。在此，我谨向参加两次审定会的各位专家和同志，致以诚挚的谢意。

通过这次教材编写，我有幸结识了徐长威主任和来继文女士。徐长威主任学力深厚、经验丰富、工作细致、待人诚恳，此次教材编写工作之所以进行得如此顺利，是与徐长威主任的精心指导和周密安排分不开的。来继文女士学识丰富、工作干练、待人热诚，自始至终参与了书稿审定和编辑出版的各项工作，为本书的顺利出版付出了大量的心血。同时，本书责任编辑马浩楠女士为本书的顺利出版做了大量细致而艰苦的工作。另外，中央广播电视大学文法部贺巍老师多次为我提供热心帮助。在此，我谨向他们表示衷心的感谢。

张　杰

2005 年 11 月 19 日于武汉大学

基础写作课程组

课程组长　徐长威
编写成员　张　杰
主持教师　任　鹰

基础写作

形成性考核册

文法教学部　编

考核册为附赠资源，适用于本课程采用纸质形考的学生。

若采用**网上形考**或有其他疑问请咨询课程教师。

学校名称：________________

学生姓名：________________

学生学号：________________

班　　级：________________

形成性考核是学习测量和评价的重要组成部分。在教学过程中，对学生的学习行为和成果进行考核是教与学测评改革的重要举措。

《形成性考核册》是根据课程教学大纲和考核说明的要求，结合学生的学习进度而设计的测评任务与要求的汇集。

为了便于学生使用，现将《形成性考核册》作为主教材的附赠资源提供给学生，采用纸质形考的学生可将各次作业按需撕下，完成后自行装订交给老师。若采用**网上形考**或有其他疑问请咨询课程教师。

基础写作作业 1

姓　　名：________

学　　号：________

得　　分：________

教师签名：________

1. 作为写作的一般属性，写作活动的主体性特征表现在主体精神活动的个体性、实践性、创造性等若干层面。请结合教材的相关论述和自身的写作实践，谈谈你对写作实践性特征的理解和认识。

2. 写作的根本目的，在于以书面性的形式将写作主体的感受或认识表达出来，并通过读者的阅读来实现写作者与阅读者之间的精神交流。结合自身的写作、阅读实践，谈谈你对写作交流性特征的认识。

← 每次作业做完后，由此剪下，请自行装订。

3. 教材中谈到写作要“言之有物”，此中之“物”，包括哪两个部分内容？请结合教材予以具体论述。

4. 有人说“材料重在选择，思想重在提炼”，结合自己的写作或阅读经验，谈谈你对此所持看法。

5. 阅读散文《谢天》，谈谈典型材料的选用对文本思想的表达所具有的重要作用。

谢　天

陈之藩

常到外国朋友家吃饭。当蜡烛燃起，菜肴布好，客主就位，总是主人家的小男孩或小女孩举起小手，低头感谢上天的赐予，并欢迎客人的到来。

我刚一到美时，常闹得尴尬。因为在国内养成的习惯，还没有坐好，就开动了。我一直认为这只是一种不同的风俗。前年我又到一家去吃饭。这次却是由主人家的祖母谢饭。她雪白的头发，颤抖的声音，在摇曳的烛光下，使我想起儿时的祖母。那天晚上，我忽然觉得我平静如水的情感翻起滔天巨浪来。

在小时候，每当冬夜，我们一大家人围着个大圆桌吃饭。我总是坐在祖母身旁，祖母总是摸着我的头说："老天爷赏我们家饱饭吃，记住，饭碗里一粒米都不许剩，要是糟蹋粮食，老天爷就不给咱们饭了。"

刚上小学的我，正念打倒偶像，破除迷信，我的学校就是从前的关帝庙，我的书桌就是供桌。我曾给周仓画上眼镜，给关平戴上胡子。祖母的话，所谓老天爷，我觉得是既多余，又落伍的。

不过，我却很尊敬我的祖父母，因为这饭确实是他们挣的，这家确实是他们立的。我感谢面前的祖父母，不必感谢渺茫的老天爷。

这种想法并未因年纪长大而有任何改变。而我在这个外国家庭晚饭后，由这位外国老太太想起我的儿时；由我的儿时，又想起一连串很奇怪的现象。

祖父每年在"风里雨里的咬牙"，祖母每年在"茶里饭里的自苦"，他们明明知道要滴下眉毛上的汗珠，才能捡起田中的麦穗，而为什么要谢天？一个小孩子，成天混吃混玩，却为什么不感谢老天爷？

前年我在普林斯顿，浏览爱因斯坦的《我所看见的世界》，又有新的发现。这是一本非科学性的文集，专载些爱因斯坦在纪念会上啦、在欢迎会上啦、在朋友葬礼中，所发表的谈话。我在读这本书时忽然发现爱因斯坦想尽量给听众一个印象：即他的贡献不是源于甲，就是由于乙，而与他本人似乎不太相干。就连那篇亘古以来独创的狭义相对论，并无参考可引，却在最后飞来一笔："感谢同事朋友贝索的时相对论。"其他文章，比如奋斗苦思了十几年的广义相对论，数学部分则推给了昔年好友的合作。这种谦抑，是科学史中少见的。爱因斯坦刚到普林斯顿时，主任与他商量报酬问题，他说五千。主任说："给你五千，如何给一个大学毕业生呢？还是算一万五千元罢！"

介之推不言禄，禄亦弗及。这是我们中国人的一个最完美的人格所构成的一个最完美的故事。介之推之所以不言禄，因为他觉得贪天之功以为己力，是君子所不屑为，也是君子所不应为的。

为什么介之推与爱因斯坦专干这类傻事？因为他们懂得：无论什么事，得之于人者太多，出之于己者太少。因为需要感谢的人太多了，就感谢天罢。无论什么事，不是需要先人的遗爱与遗产，就是需要众人的支持与合作，还要等候机会的到来。于是很自然地产生一种感谢众人、感谢上天的感觉。

有一个人问一位文学家，我记得是雨果罢，“如果世界上的书全都要烧掉，只许留一本，应留什么?”雨果毫不犹豫地说：“《约伯记》”。约伯是《圣经》里面的介之推，富亦谢天，贫亦谢天，病亦谢天，苦亦谢天。

回头想一想，五六十年来的中国比我七八岁时的思想能强几何呢？无论哪一行、哪一界，如果多是自吹自擂、自欺自骗，没有做太多真正的事，没有建太多真正的功，自然不会有谢天的感觉，觉悟也自然是狂妄而幼稚、无法与无天。我们的思想界，需要约伯的精神，需要介之推的觉悟。这个觉悟是：一粥一饭，半丝半缕，都是多少年、多少人的血汗结晶。感谢之情，无由表达，还是谢天罢。

一九六一年除夕于曼城

基础写作作业 2

姓　　名:＿＿＿＿＿＿
学　　号:＿＿＿＿＿＿
得　　分:＿＿＿＿＿＿
教师签名:＿＿＿＿＿＿

1. 教材中谈到写作要“言之有序”，这一命题中的“序”主要是指什么？请结合教材予以具体论述。

2. 文本的结构安排能否达到一定的审美要求，从而产生一定的审美效果，对于能否有效地实现写作者与阅读者之间的精神交流具有不容忽视的制约作用。请结合自己的阅读或写作实践，谈谈你对“结构安排要具有一定的审美效果”的理解。

3. 文本结构的安排涉及诸多环节，对此需要从多方面进行考虑，请结合自己的写作实践，就其中的某一方面予以具体阐述。

4. 层次和段落是结构安排的核心问题，层次安排好了，文本的结构框架就确定了。阅读小说《大年初一没下雪》，谈谈小说围绕情感变化安排层次的艺术特征。

大年初一没下雪

山鬼

加班加到腊月二十九，只好订了一张年三十晚上返杭州的火车票。

年三十傍晚，广州火车站的广场突然安静了下来。满满的纸屑、塑料瓶、水果皮、白色的泡沫饭盒……几个清扫工没精打采地挥舞着扫把。

车厢里没人，我选了一个靠窗的位置坐下。看着书，不久就开车了。

不知到了哪个小站，上来一个农民模样的人，牵着一个小女孩，手拿车票仔细对看座号，辨认清楚了，他们才坐下。整个车厢其实没几个人，你想坐哪都行。一看就知，他们是不常坐车的。

那个男人四五十岁的样子，很像个农民，灰黄的脸，很深的皱纹，只是他的手不是又粗又大，他有一双纤细的手。那个女孩的脸也是灰黄的，土头土脸的样子，谈不上好看，只是那双黑眼睛就像灰烬里的火星，一闪一闪的。

他们坐在我对面。男人坐下去时，半哈着腰，发出一声短促的笑声，好像说：“打搅了！”

这一路肯定无聊透了，你别想着找一个“志同道合”的同伴在火车上玩牌了，我继续看我的报纸。

晚上，餐车送了一次面条，黏糊糊的，看着都没胃口。

我拿出上车前买的江南酱鸭，还有一包面包，要了一瓶啤酒，准备凑合着吃一顿年夜饭。

我请对面的一起吃，男人忙摆着手说：“不吃，不吃。”

我看见那个女孩看着面包，咽了一下口水。

我递过去一块面包，又撕了一只鸭翅，笑着说：“吃吧，都过年了，客气啥!”

我又拿出花生米、凤爪几样下酒菜，索性大家喝个痛快。

我边吃边问：“你们回家过年?”

“嗯……不，小孩子没坐过火车，带她坐火车。”

“哦。”我嘴里应着，心里想中国还有这么浪漫的农民。

没怎么说话，饭很快吃完了，酒也喝光了。男人收拾桌上碎骨。小女孩突然问我：“叔叔，你看见过雪吗?”

“见过，白的，有的人说像糖，有的人说像盐……”

“您给我说说吧，说说吧。”

话说着。我想去洗手间。

路过洗手间旁的过道，我看见那个男人抱着头，蹲在地上。

哭泣。我听到压抑的哭泣声。

（在男人断断续续的哭泣中，我听到那女孩的故事。她的母亲在她4岁时去世了，9岁时她得了白血病，到今天已经拖了4年，医生说今年可能是她的最后一个春节了。爸爸问她想要啥，她说只想看看雪。生长在广东偏僻的山区，她从来没见过雪。她生病前读的最后一篇课文是《济南的冬天》，在她脑海中不断地想象着真正的冬天的模样。她想翻过家乡的这座大山，看看北方下雪是什么模样。）

这个一贫如洗的父亲在大年三十晚上和她一起坐火车准备看雪。坐着这趟车去，坐着当晚回程的车回，再没有多余的钱去住旅店，在车上吃饭了。临走前，他收听了天气预报，说杭州今夜有一场大雪。

我无法想象在这样一张灰黄的脸庞下有这样一颗细腻的心。

我走到座位旁，给小女孩耐心地讲起下雪时的种种趣事。

到站了，杭州很冷，风很大，却没有雪。

我拿了300块钱给他，他死活不要。我留了一堆食品给他们。

他们送我上了杭州回新安江的中巴，在车旁拼命摇着手。

在回乡的时候，最怕碰上风雪天，而我希望今天赶快下雪，下得越大越好。

一天无雪。

一夜无雪。

初三晚上，一家人坐在火炉旁吃火锅。

我突然说了声："下雪了。"

家人愣了一下："你怎么知道，是下雪了吗?"

我没做声，径直走向窗边，拉开窗帘——

雪像细小的雨丝一样轻轻地落下，细细的、轻微的，像很薄的玻璃破碎时发出极小的声音……

渐渐地，变成大片大片地雪花，顷刻间给大地掩了一层被子，被子下熟睡着一个个善良而又苦难的灵魂，那些雪花轻手轻脚的样子，就像怕惊醒这人世间的一切……

答 题 纸

5. 阅读19世纪德国作家克莱斯特的短篇小说《智利地震》，谈谈你对小说结构艺术手法的感受和思考。

1647年，在智利王国的首都圣地亚歌发生了一次强烈地震。这次地震使成千上万的人死于非命。就在发生地震的这一瞬间，一个说是犯了罪受到控告的名叫赫罗尼莫·鲁赫拉的西班牙青年，正好站在囚禁他的监狱的柱子旁边，想要悬梁自尽。

唐恩里克·阿斯特隆是这个城市最富裕的贵族，曾聘请赫罗尼莫任家庭教师，大约在一年以前把他辞退了；因为他同阿斯特隆唯一的女儿唐娜·何塞法关系亲昵。老贵族阿斯特隆已经非常明确地告诉过女儿，不准她再同赫罗尼莫·鲁赫拉有任何来往；但是，阿斯特隆的骄傲的儿子不怀好意，暗中窥伺，向父亲告发了这对情侣的一次秘密约会，这使阿斯特隆大为震怒，一气之下便把女儿送进了圣母山上的卡美尔派修道院。赫罗尼莫利用侥幸的机会在这里同何塞法重新建立了联系，并且在一个幽静隐秘的夜晚把修道院的花园变成了享受极度幸福的乐园。

耶稣圣体节那天，修女们的游行队伍刚刚向前走动，新近进修道院的姑娘们跟在后面，就在教堂钟响的时候，不幸的何塞法感觉阵痛，晕倒在大教堂的石阶上。这一意外事件引起了极大的轰动，人们立刻把这个年轻的罪女送进监狱，根本不管她产后虚弱，她刚刚满月离开产褥，就根据大主教的命令对她进行最严厉的审判。在这个城市里，人们非常愤怒地谈论这件丑闻，并且以尖刻的言词攻击发生这件丑行的修道院。修道院院长嬷嬷过去由于这个年轻姑娘举止端庄无可指责，曾经对她十分疼爱，但是现在无论是阿斯特隆家庭出面求情，还是院长嬷嬷存心搭救，都无法减轻按照修道院的法规对姑娘进行的严厉惩罚。唯一可能的办到的事情，便是通过总督的命令对原判的火刑改为斩首，即使这样，圣地亚哥的太太小姐们对此还表示了极大的愤慨。

在行刑队伍将要经过的街道两旁所有的窗口都被人租赁，屋顶也被拆除。这个城市虔诚的女儿们纷纷邀请自己的女伴，情同手足地欢聚在一起，共同观赏这出为天主报仇的好戏。在这期间，赫罗尼莫也已身陷囹圄。当他得知事态发生突变，几乎失去知觉。他企图越狱，但无法成功：不管他怎样想尽各式各样大胆的方法，到处都撞着门闩和墙壁，他设法锉断窗上的铁栏，可惜被人发现，结果对他的监禁更加严厉。他跪倒在圣母像前，以无限的热诚祈求她——现在她是唯一能拯救他的人了。可是那可怕的日子已经来临，他心中确信自己的处境已经完全无望。伴送何塞法前往刑场的钟声敲响了，绝望占据了他的心灵。他憎恨生活，决定用一根偶然留下来的绳子悬梁自尽。正如上面已经说过的那样，他刚巧站在墙边的柱子旁，把绳子系在嵌入柱子接缝中的铁扣上，这条绳子将要使他脱离这个充满苦难的世界。就在这时，突然一声巨响，仿佛天崩地裂，这个城市的绝大部分顿时应声倾圮，一切有生命的东西全都埋葬在废墟之下。

赫罗尼莫·鲁赫拉惊骇得目瞪口呆；同时，他的整个知觉仿佛已被击得粉碎，他当时立刻抱住他本来想用以自尽的柱子，免得跌倒在地上。大地在他的脚下摇动，监狱的所有墙壁全都裂开，整座房屋已经倾斜，正朝街道倒去，只因为倒得缓慢，与对面倒过来的房屋碰到一起，偶然构成了一个拱形，才阻住了监狱房屋的全部倒塌。赫罗尼莫毛发悚然，浑身颤抖，双膝象要折断一样，他滑过已经倾斜的地板，爬出由于两座房屋倒下时相撞，在监狱的前壁打开的豁口。他刚好逃到屋外，就发生第二次地震，整条街道原来已经受到剧烈震动，这时完完全全崩塌。他失魂落魄，不知道如何才能逃出这次巨大的浩劫，他匆匆走过瓦砾和断梁，向最近的一个城市奔去，这时死神从四面八方向他袭来。这儿有一座房屋正在倒塌，砖石远远地飞到四处，把他赶到旁边的一条街上；那儿火焰熊熊，从一切屋脊中涌出一股股浓烟，十分可怕，又将他赶到第三条街上。这儿躺着一堆被砸死的人，那儿瓦砾底下还有人在呻吟；这儿燃烧着的房屋顶上有人在向下呼救，那儿人们和牲畜在波浪里挣扎；这儿勇敢的援救者正在努力救助别人，那儿有一个人脸色死白，默默地举起颤抖的双手伸向天空。等到赫罗尼莫赶到城门口，爬上城外的一座小山，他便失去知觉，晕倒在山坡上。

在最严重的丧失知觉的状态中，他大概昏迷了一刻钟，后来他清醒过来，背向城市站起来。他摸摸自己的前额和胸口，对于自己的境遇，不知怎么办好；从海上吹来一阵西风，吹醒了他复苏的生命，他极目远眺，看到了圣地亚哥周围繁花似锦的郊区，感到一种不可言状的喜悦。只是到处可以看见惊惶失措的人群，使他心中非常苦闷；他不明白，究竟是什么事情把他和他们引到这里来的. 一直等到转过身子，看见了身后已经倾覆的城市，他才想起自己经历过的可怕的瞬间。

他深深地伏下身去，把前额贴在地上，感谢天主神奇地拯救了他；同时仿佛这刻印在他心头的可怕的印象，把他过去所有的印象统统从心中排除出去，他因自己还能享受这充满着五光十色的诗般景象的可爱生活，而喜极泪下。

接着，他看到手上的戒指，忽然想起了何塞法，想起了与她的事有关的他坐过的监狱，在那里听到的钟响，以及监狱没有倒塌前一瞬间的情形。他胸中又充满了无限的忧郁；他悔恨刚才做过的祈祷，而且觉得这位统治万物的神明非常可怕。到处都是携带救出的财物从城门里涌出来的人群，他混入这些人中间，鼓足勇气怯生生地打听阿斯特隆女儿的下落，不知她是否已经处死；但是没有人给他详细的答复。有一个妇女背着沉重的行李，压得她的脖颈几乎弯到地上，怀里还系着两个孩子。这个妇女从旁边走过时说，她好象亲眼看见阿斯特隆的女儿已经斩首处死。赫罗尼莫转回身来；他计算了一下时间，对执行死刑的事不能再产生怀疑，便在一片孤寂的树林里坐下，沉浸在极度悲伤之中。他希望，自然的破坏力最好重新降临到他的头上。他不明白，为什么他竟然逃脱了他凄苦万状的心灵寻求的死神，而且恰好是在那样的瞬间，当时死神正从各个方面自动出现在他的面前来拯救他。他下定决心，即使现在这片橡树被连根拔起，树梢向他身上倒下，他也决不再动一动了。

等他痛痛快快地哭过一场之后，在热泪之中又升起一线希望，他站起身来，走遍郊野的四面八方。他找遍了人们聚集的每一个山颠；他寻遍了还有逃难的人群正在行走的每一条道路；只要哪个地方有妇女的衣衫在风中飘动，他的颤抖的双脚就迈向那里；但是都没有找到阿斯特隆的可爱的女儿。落日即将西沉，他的希望也随之快要幻灭。这时他走到一座山崖的边缘，望到一个宽阔的，只有很少人来到的峡谷。他穿过一队一队的人群，犹豫不决，不知该干什么，他正要转身走去，忽然看见流灌这片山谷的泉水边有一个青年妇女，正在泉水里给一个孩子洗濯。看见这番景象，他的心快要跳出来了；他满怀预兆地跃过岩石，向下走去，喊着："噢，神圣的圣母呵！"那少妇听到声音，胆怯地回头张望，这时他认出了她是何赛法。这两个不幸的人由于上天的奇迹得到了拯救，他们互相拥抱，感到何等的欢乐啊！

原来何赛法在押赴刑场的路上，忽然间房屋轰隆隆倒塌下来，整个行刑队伍顿时四下逃散。当时离刑场已经很近。她起初非常惊惶，就向着最近的城门奔去；但是不久她又恢复了神志，便转过身来，向修道院奔去，那里有她幼小的，孤苦伶仃的孩子。她发现整个修道院已处于熊熊烈火之中，修道院院长嬷嬷在何赛法生命的最后时刻曾经答应过她，要替她照料好这个婴儿，此时正站在门前，呼喊人们救出这个孩子。何赛法勇敢地冲过向她扑来的阵阵浓烟，闯进四壁已在坍塌的房屋，仿佛所有的天使都在冥冥中庇护着她，她很快就带着孩子走出门来。丝毫未受损伤。院长嬷嬷在她头上合拢双手向她祝福。她正要投入院长嬷嬷的怀中，这时房屋的一部分山墙倒塌下来，把院长嬷嬷和几乎所有的修女都统统砸死，情形极其凄惨。何赛法看到这番可怕的景象，吓得倒退几步；她匆匆地合上了女院长的眼睛，惊恐万状地带着上天又一次赐给她的，从毁灭中抢救出来的亲爱的孩子，逃离了这个地方。她走了没有几步路，就碰到大主教的尸首，有人刚才把这具粉身碎骨的尸首从大教堂的瓦砾堆里拖了出来。总督的宫殿也已倒塌，曾经审判过她的法院正在燃烧，她父亲的住宅所在的地方变成了一个湖泊，沸腾着红色的蒸汽。

何赛法集中她所有的力量，镇静下来。她抑制住心中的悲伤，抱着她劫后余生的孩子，勇敢地从这条街走到那条街；当她走近城门口时，看见赫罗尼莫曾在里面悲叹过的监狱，也已变成一片废墟。她一见这个景象几乎站不住了，神情恍惚，就要在街角上晕倒下来；可是在这一瞬间，一座由于剧烈的震动已经完全散了架的房屋在她后面倒塌下来，驱使她赶紧逃命，这一吓反而使她有了力气；她亲吻了一下孩子，擦掉眼里的泪水，不再去注意周围的惨象，来到城门口。

等她到了郊外很快就断定原来住在崩坍的房屋里的人，未必个个都被砸死。在下一个叉道口上，她停住脚步翘首张望，看看除了小菲利普外她在世界上另一个最亲爱的人是否还会在她面前出现。因为没有这样的人过来，而来的却是纷纷嚷嚷的一批批人群，她又继续前行，然而又一再回头，一再等待；她流下了无数的眼泪，最后悄悄地来到松树荫遮掩的幽暗的山谷，想为她以为已经去世了的爱人的灵魂祈祷祝福，不料在这山谷里看到了他——最亲爱的人，真是幸福极了，仿佛这山谷就是伊甸乐园。现在她无限感慨地把所有一切经过都讲给赫罗尼莫听，讲完了以后，把孩子递给他，让他亲吻。

赫罗尼莫把孩子抱过来，爱抚着他，感到一种不可名状的父亲的欢乐，孩子看到陌生人的面孔哭了起来，他就非常亲热地在他的小嘴上吻个不停。这时，美丽无比的夜幕低垂，充满着温和而馥郁的芳香，银光熠熠，异常宁静，这样的景象只有诗人的梦幻才能想象出来。沿着山谷的泉水边，在皎洁的月光下，人们到处用苔藓和树叶做成柔软的卧床，在经历了这么痛苦的一天之后，想躺下来休息，可怜的人们都还在悲叹：有的损失了房屋，有的失去了妻儿，有的丧失了所有的一切，所以赫罗尼莫和何赛法便悄悄地走进一片更为稠密的丛林，免得他们心灵上隐秘的喜悦妨碍别人。他们找到了一棵亭亭华盖似的石榴树，它结满飘着清香果实的枝杈向四周远远地伸展，树梢上有一只夜莺在欢乐地歌唱。就在这里赫罗尼莫靠着树干坐下，何赛法拥在他的怀里，菲利普放在她的膝间，他们盖着赫罗尼莫的大衣安静地休息了。他们还没有入梦之前，月光下的树影已经从他们身上移去，月亮失去光辉，晨曦已经来临。因为他们谈了无数的事情，谈到了修道院的花园，谈到了两人囚居的监狱，谈到了他们彼此为对方所受的各种痛苦，但是当他们想到，有多少苦难降临到世界上来，他们才有今天的幸福，他们是多么的激动啊！他们决定，等到地震一停，他们就动身到康塞普西翁去，何赛法有个非常知已的女友在那里，她希望从这位女友处借到一些钱，然后从那里乘船去西班牙，赫罗尼莫在西班牙有母亲方面的亲戚，到了那儿他们就可以过上幸福的生活了。办法决定之后，他们一再热烈地亲吻，然后才入睡。

他们一觉醒来，太阳已经高高升起，他们看到临近的许多人家都已经升了火准备早餐。赫罗尼莫也正在想着，怎样才能为他的家属找到食物，这时有一个衣冠楚楚的青年男子抱着一个婴儿向何塞法走来，谦逊地问她："她是否愿意让这个可怜的孩子暂时在她这里吃一口奶，因为孩子的母亲受了伤，躺在那边树下。"何塞法一眼看出他是个熟人，不免有些慌乱；对方却误解了，又继续说到："只要吃一会儿工夫就够了。唐娜·何塞法，这个孩子自从我们大家遭遇不幸的那个时候起，还没吃过一口奶呢。"她便回答说："刚才我沉默不语，——是因为别的原因，唐·费尔南多；在这样可怕的时候，谁也不会拒绝把自己所有的东西和别人分享的。"说着便接过这个陌生的孩子，抱在怀里给他喂奶，而把自己的孩子交给赫罗尼莫，唐·费尔南多对于这样的善心好意非常感激，问他们是否愿意同他一起参加到那群人当中去，那里现在正在火旁准备早餐。何塞法回答说，她很乐意接受这个提议，因为赫罗尼莫对此也不反对，她就跟着费尔南多来到他的家属所在的地方。在那里她受到唐·费尔南多的两个小姨子最热忱和最亲切的接待，她认识这两位年轻的，值得尊敬的太太。唐·费尔南多的夫人唐娜·埃尔维莱由于脚部受了重伤躺在地上，她看见自己饿极了的孩子躺在何赛法的怀里吃奶，非常亲切地把她拽到自己身边坐下。费尔南多的岳父唐·佩德罗肩膀受了伤，他也慈爱地向她点头致意。

在赫罗尼莫和何赛法心中产生了一些奇妙的感想。他们看到人家以这样的信任和好意招待他们，他们真是不知道，对于过去的事情，对于刑场，对于监狱，对于钟声，应该怎么想法，他们是否是在做一场梦呢。人们的心自从被那可怕的打击震撼以后，仿佛统统都已互相和解。人们对于地震以前的事，什么都回忆不起来了。只有唐娜·伊莉莎白，昨天早晨一个女朋友曾经请她一起去看行刑的场面，可是她谢绝了邀请，她现在有时以一种梦幻的目光看着何赛法；但是人们一谈到新的悲惨的事件时，才将她几乎脱离当前世界的灵魂又重新招引回来。有人谈到，城市在第一次大地震以后，立刻看到街上挤满妇女，当着男人的面生下了孩子；僧侣们手里拿着耶稣钉在十字架上的圣像四处乱跑，并且叫喊着：世界末日来临了；有一个卫兵按照总督的命令要一座教堂的人撤离，但有人回答说：智利已经没有总督了；总督在这最可怕的时刻，不得不下令竖起绞架，以制止盗窃横行；有一个无辜的人从一座燃烧着的房屋的后门逃了出来，被房屋的主人随便轻率地抓住，立刻也被送上了绞架。

何赛法热心地替唐娜·埃尔维莱护理创伤，埃尔维莱趁大家谈得热闹的时候，利用机会问何赛法：在这可怕的日子里她是怎样度过的。何赛法心情沉重地向她扼要地谈了一些经过情况，她看到泪水从这位夫人的眼眶中涌出，心里说不出的高兴；唐娜·埃尔维莱抓住她的手，紧紧地握着，并示意要她别说下去了。何赛法觉得自己真是幸福无比。一种她不能自制的感觉告诉她，已经过去的昨天不论它给世界带来多大的苦难，却也是上天从没有赐与这个世界的一件大恩惠。的确，正是在这悲惨的瞬间，人类的所有物质财产遭到毁灭，整个自然界险些儿全部沉沦，而人类的博爱精神却象一朵美丽的鲜花，开放出来。在目力所及的原野上，各个阶层的人们混杂躺在一起，有王侯和乞丐，有贵妇人和农家女，有官吏和雇工，有修士和修女，他们互相同情，互相帮助，他们从地震中抢救出来赖以活命的东西，都高高兴兴地分给别人，仿佛这场普遍的灾难，将所有死里逃生的人，都结成了一个大家庭。

现在人们所谈的，并不是茶余饭后聊天助兴的那些毫无意义的闲话，而是关于伟大行为的事例：平时聚会时不大为人重视的一些人，这时却表现得象罗马英雄一样的伟大；勇敢无畏的行为，藐视危险欣然赴难的举动，自我克制勇于牺牲的精神不胜枚举比比皆是。他们仿佛把自己的生命看得毫无价值，可以随便抛掉，又可以一抬脚步重新找回来似的。确实，没有一个人在这一天不碰到某种动人的事情，或者自己没有做出某种侠义的行为，所以，在每个人的痛苦的心胸里混杂了这么多甜蜜的喜悦，以致于就象何赛法认为的那样，人们普遍幸福的总和，是否一方面所减少的数目，就是另一方面所增加的数目，这话根本讲不清楚。赫罗尼莫和何赛法两人把观察到的这些事情在心里默默地仔细思考之后，他便挽着她的手臂，以一种难以用言语形容的欢畅心情，带着她在浓荫覆盖的石榴树林中走来走去。他对她说，人们的心情既然处于这样的情绪之中，周围环境也有了天翻地覆的变化，他便想放弃原来的决定，不再乘船前往欧洲；总督在他的事情上面总是表现得乐于帮忙，倘若总督还活在世上，他将跪在总督面前求情，他希望（这时他吻了她一下）同她一起留在智利。何赛法回答，她也有同样的想法，倘若她的父亲还在人间，她也不再怀疑会和父亲言归于好；可是她劝赫罗尼莫与其跪在总督面前求情，倒不如先去康塞普西翁，从那儿给总督写一封请求宽赦的信件为好，因为那里好歹离港口很近，如果好，请求宽赦之得到预期的结果，那么再返回圣地亚哥也很容易。赫罗尼莫稍微考虑了一下之后，对这一聪明谨慎的计划表示赞同。他又带着她在林间小路漫步了一会儿，对光明幸福的未来充满着憧憬，然后同她一起回到那些朋友身边。

这时已是下午，地震逐渐减弱，分散成一堆一堆的逃难者的情绪也稍稍平静下来，这时消息已经传开：在这次地震中唯一得到幸免的圣多米尼克教堂里，修道院的院长神父将亲自主持一次庄严隆重的弥撒，祈求上苍不要再降灾祸。人们已经从各处纷纷动身，匆匆忙忙地象潮水一样涌向城里。在唐·费尔南多这群人中也已提出了这个：他们是否也应该去参加这一隆重的仪式，是否也要加入到大家的队伍里面去。唐娜·伊莉莎白带着几分忧虑，提醒大家别忘了昨天在教堂里发生过多么不幸的事件；再说象这样一种感恩弥撒，日后一定还会多次举行，那时候再参加，人们的心情就会更加愉快更加平静，因为危险已经过去了。何赛法立刻兴奋地站起来说，她从来没有象现在这样迫切地想要匍匐在造物主的面前祈祷。因为天主这样奇妙地发挥了他那不可思议的神威。唐娜·埃尔维莱热烈地表示赞成何赛法的意见，她坚持主张，大家应该去听弥撒，并且要唐·费尔南多率领大家一同前去，于是所有的人，包括唐娜·伊莉莎白在内都从坐的地方站了起来。

但是，人们看见唐娜·伊莉莎白呼吸十分急促，出发的准备，做得迟迟疑疑，问她身体有什么不舒服，她回答说，她不知道怎么回事，心里总有一种不祥的预感。唐娜·埃尔维莱便安慰她，并且劝她，留在她和她有病的父亲身边。何赛法说："唐娜·伊莉莎白，那么请您替我带着这个小宝宝，您看，他又跑回到我的身边来了。""很好。"唐娜·伊莉莎白回答说，并准备把他接过来；可是孩子因为受到这种不公平的待遇，伤心地哭了起来，说什么也不肯让唐娜·伊莉莎白抱他，因此何赛法便微笑着说，那她就把他带在身边吧，接着亲热地吻他，又使他安静下来。唐·费尔南多看到何赛法的行为举止十分高贵娴雅，非常满意，便向她伸出胳臂；抱着小菲利普的赫罗尼莫，则领着唐娜·康斯坦彻，他们当中其他的一些人都跟在后面，队伍就是以这样的次序走向城里。

队伍一走，唐娜·伊莉莎白就悄悄地和唐娜·埃尔维莱谈话，语气十分激烈，队伍几乎还没有走出五十步远，人们就听到唐娜·伊莉莎白叫喊“唐·费尔南多！”的声音，并且看到她迈着忙乱的步伐追赶队伍。唐·费尔南多停住了，回过头等候着她，依然紧紧地挽着何赛法，这时唐娜·伊莉莎白走到相当的距离就站住了，仿佛等着他迎上前去，唐·费尔南多问她，有什么事。唐娜·伊莉莎白虽然露出不情愿的样子，却还是走近他的身旁，在他耳边悄说了几句话，但时没让何赛法听见。“是这样的吗？”唐·费尔南多问道，“那么由此会发生什么灾祸呢？”唐娜·伊莉莎白带着一副惊惶失措的面孔又在他耳边说了几句。唐·费尔南多的脸上由于愤慨泛起一阵红晕，他答道，那好吧，叫唐娜·埃尔维莱放心好了！说完带着何赛法走了。

他们来到圣多米尼克教堂时，已经可以听到管风琴奏出的悦耳动听的音乐，教堂里万头攒动，人山人海。拥挤不堪的人群一直站到大门外面的教堂广场上，孩子们攀在高墙上的画框架上，手里拿着帽子，眼里充满着期待的目光。所有的枝形吊灯都向下放射出光芒，大厅里的柱子在薄暮中投下神秘的影子，教堂最后面的巨大的，装有彩色玻璃的蔷薇形花窗，在夕阳的映照下，象晚霞一样发出五彩缤纷的光辉。现在管风琴停止演奏，整个会场一片静寂，仿佛谁都是哑巴，不会发出一点声响。还从来没有一座天主教的教堂，象今天圣地亚哥的圣多米尼克教堂一样，有这样热情的信仰火焰升向天上；也从来没有一个人的心灵，会比赫罗尼莫和何赛法的心灵，产生更加炽烈的信仰热诚！

庄严的典礼从讲道开始，年龄最大的唱诗班神甫当中的一个穿着节日的法衣，站在讲台上谆谆训诫。他举起颤抖的，被法衣裹着的双手，高高地伸向天空，对于人们还能在世界上这块变成废墟的地方向天主喃喃祈祷，表示对神明的颂扬，赞美和感恩。他描述了因全能的天主的示意所发生的事情：末日审判也不可能比它更加可怕；当他说到昨天的地震时，用手指着教堂的一道裂缝，说这仅仅是末日审判日的预兆，整个会场里的听众都产生一阵毛发悚然的感觉。他接着以神甫惯有的口才，口若悬河，滔滔不绝地谈到这个城市道德沦丧，伤风败俗；他攻击了一些即使在索多姆和戈莫拉也不会发生的严重罪行。他说这个城市所以没有从地面上完全消灭，只是由于天主无比宽厚，慈悲为怀。赫罗尼莫与何赛法这两个不幸的人，听了这些说教已觉心肝皆摧，神甫却接着详细地叙述了发生在卡美尔派修道院花园里的罪恶行为，这些话就象尖刀一样刺透他们已经碎裂的心窝。神甫继续说道，这样的罪行，居然在世上有人姑息，这简直是亵渎天主，他用尽了诅咒的言词，指出了犯罪者的名字，并要求把他们的灵魂交给狱里的魔王！

靠着赫罗尼莫手臂的唐娜·康斯坦彻浑身颤抖，叫道："唐·费尔南多！"可是费尔南多尽可能地用着重的口吻悄声的语气回答，在这两者并行不悖的情况下："您别吭气，唐娜，您连眼珠也不要转动，假装您已经晕过去失去了知觉，接着我们就离开教堂。"然而不等唐娜·康斯坦彻采取这个巧妙的脱离危险的计策，便有一个声音打断了神甫的说教，大声喊道："圣地亚哥的公民们，你快身远点，亵渎上帝的人就站在这里！"惊讶的人群立刻在他们身边围了一大圈，这时另一个声音惊慌地问道："在哪里？"——第三个人回答道："在这里！"说着便怀着满腔神圣的义愤，凶残地抓着何赛法的头发要把她拖倒，如果没有唐·费尔南多扶住她，她一定抱着费尔南多的儿子一起摔倒在地。

"你们发疯了吗？"这个年轻的绅士喊叫起来，一面用手臂抱住何赛法说："我是唐·费尔南多·奥尔梅斯，你们大家都认识的本城城防司令的儿子。""你是唐·费尔南多·奥尔梅斯？"一个补鞋匠站到他的面前叫道，这个补鞋匠曾经为何赛法补过鞋，对她本人的认识程度，至少同对她纤细的双脚一样清楚。"谁是这个孩子的父亲？"他以种厚颜无耻的傲慢神情转向阿斯特隆的女儿问道。唐·费尔南多听他这么一问，脸色变得苍白。他一会儿怯生生地看看赫罗尼莫，一会儿扫视一下周围的人群，看是否有人认识他。何赛法为这可怕的形势所迫，嚷道："这不是我的孩子，佩德里约师傅，你别误会"，说这话的时候，她的心中感到非常恐惧，看着唐·费尔南多。她又说："这位年轻的先生是唐·费尔南多·奥尔梅斯，本城城防司令的儿子，你们大家都认识城防司令！"鞋匠问道："你们这些公民中有谁认识这个年轻人？"周围站着的好几个人反复地喊道："谁认识赫罗尼莫·鲁赫拉？请站出来！"恰巧在这时候，小胡安因被吵嚷声所惊，从何赛法胸前扑向唐·费尔南多的怀中。于是一个声音叫喊道："他是父亲！"另外一个声音说："他就是赫罗尼莫·鲁赫拉！"第三个声音说："他们就是亵渎上帝的罪人！"所有聚集在教堂里的天主教徒们都高喊："拿石头砸死他们！拿石头砸死他们！"这时赫罗尼莫说话了："住手！你们这些没有人性的家伙！如果你们要找赫罗尼莫·鲁赫拉，那他就在这里！放开那个人，他是无辜的！"

狂怒的人群听了赫罗尼莫的话心里糊涂，都愣住了，好几双手放开了唐·费尔南多。也就在这时，一个官阶相当高的海军军官赶了过来，他挤开骚乱的人群，问道："唐·费尔南多·奥尔梅斯！您这儿出了什么事了？"费尔南多现在完全自由了，他以一种真正富有英雄气概的沉着镇静回答说："啊，您看，唐·阿隆索，这伙杀人的魔鬼！倘若不是这位可敬的人自称是赫罗尼莫·鲁赫拉来平息这些发狂的群众，我早就没命了。可否请您把他和这位年轻的太太保护性地拘留起来；至于这个卑鄙的家伙，”说着他一把抓住佩德约师傅，“也请您逮捕，整个骚乱都是他煽动起来的！”

鞋匠叫喊起来：“唐·阿隆索·奥诺莱哈，我问问您的良心，这个姑娘是不是何赛法·阿斯特隆？”唐·阿隆索是非常熟悉何赛法的，现在迟迟不作回答，因而有些人的怒火又重新燃起，他们喊道：“就是何赛法，她就是何赛法！杀死她！”于是何赛法把赫罗尼莫一直抱着的小菲利普连同小胡安一起交给唐·费尔南多的怀里，说：“您走吧，唐·费尔南多，把您的两个孩子救出去，让我们听天由命好了！”唐·费尔南多接过两个孩子说，他宁可不活，也不能听任他的同伴受害。他向海军军官借了他的宝剑，便挽着何赛法的手臂，并叫后面的一对人——赫罗尼莫和唐娜·康斯坦彻——跟着他。人们看见他们作了这些准备以后，倒起了敬畏之心，为他们让开了路，他们果真走出了教堂，以为已经脱险。

当他们刚走到同样也挤满了人群的教堂门前的广场上，跟在他们后面的发狂的人群中有一个声音便叫喊起来：“公民们，这个是赫罗尼莫·鲁赫拉，因为我是他的生身父亲！”说着举起大头棒，把唐娜·康斯坦彻旁边的赫罗莫用力一击，打倒在地。“玛丽亚！”唐娜·康斯坦彻叫喊起来，想逃到她姐夫的身边；可是一片叫骂声，已经响起：“修道院里的淫妇！”从另一边又打来一棒，把她打死在赫罗尼莫的旁边。“魔鬼！”一个陌生人叫喊起来：“她是唐娜·康斯坦彻·哈莱斯啊！”鞋匠回答说：“他们干吗要欺骗我们！快去找出真正的淫妇，把她弄死！”唐·费尔南多一眼瞥见康斯坦彻的尸体，不由得怒火中烧；他拔出宝剑，挥动着，向引起这一惨事的杀人狂砍去，如果后者不是转过身体避开这愤怒的一击，必定被劈成两半。但是因为唐·费尔南多根本不可能制服向他涌来的人群，何赛法便喊道：“唐·费尔南多，您带好您的两个孩子，再见吧！”——又道：“杀死我吧，你们这些嗜血成性的野兽！”说着自动跳到那群凶手中间，为了结束这一场争斗，佩德里约师傅举起大头棒把她打死，何赛法的鲜血溅得他满身都是，“快把这个私生子跟她一起送进地狱去！”他嚷道，不嫌杀人不够又重新逼了过来。

唐·费尔南多，这位天神般的英雄，现在背靠着教堂站着；他的左手抱着两个孩子，右手握着宝剑。一剑砍下，寒光所至就有一个人倒在地上；一头狮子也不可能比他防卫得更好。已经有七个嗜血成性的人死在他的面前，这群魔鬼般的暴徒的头目自己也受了伤。但是，佩德里约师傅不肯罢休，直到他从唐·费尔南多的怀中抱过一个孩子，抓住孩子的脚在空中旋转，然后把他在教堂柱子的一个棱角上摔得粉身碎骨方才住手。这时广场上鸦雀无声，所有的人都纷纷离去。

唐·费尔南多看见他的小胡安，脑浆迸裂，躺在自己的面前，举目仰望天空，感到不可名状的痛苦。那位海军军官又出现在他的身边，想法安慰他，并向他声明，在这次不幸事件中，他袖手旁观，没有挺身而出，虽然也有一些情况可以为他辩解，但还是感到十分后悔；可是唐·费尔南多说，对他是无可指责的，他只是请求海军军官，现在帮他把尸体搬走。

夜幕初降的昏暗中，他们把所有的尸体都抬到唐·阿隆索的家里，唐·费尔南多跟在后面，在小菲利普的脸上滴了许多眼泪。他也在唐·阿隆索家里过夜。对于这次不幸事件的全部经过，长期以来他用了许多虚构的情节，瞒着他的夫人，一则因为她在病中，二则因为他也不知道，她对于他在这次意外事件中的态度将作如何评价；但是过了不久，偶然间来了一个客人，把这件事情的全部经过都告诉了她，这位贤惠的夫人只是暗地里痛哭一场，宣泄她母性的悲痛。一天早晨，她带着残余的晶莹的泪水投入丈夫的怀抱后吻他。于是，唐·费尔南多把菲利普同胡安相比较时，想到他如何获得这两个孩子子的经过，他似乎觉得应该高兴才是。

答 题 纸

基础写作作业 3

姓　　名：________

学　　号：________

得　　分：________

教师签名：________

1. 教材中谈到写作要“言之有文”，这里的“文”包含多层次的内涵，请结合教材内容，作简要分析、梳理。

2. 写作是一种运用书面语言形式将写作者运思谋篇的思维成果外化为具有阅读交流功能的文本的活动。从保证阅读交流的有效性角度来看，书面语言表达应具有相应的基本特征和美学特征，结合自己的写作、阅读实践，谈谈你对书面语言特征的理解。

3. 写作者的写作目的和文本的表现内容要求语言运用一定的手段和方法，我们称之为表达方式。请结合不同的文体，有所侧重地谈谈你对不同表达方式的理解。

4. 表达方式在其具体运用过程中，会因写作的具体需要而在写作者的灵活运用中形成许多特殊方法，即通常所说的“表现技巧”。请结合相应的表达方式，分别介绍最主要的表现技法。

5. 运用教材有关“言之有文”的相关理论解释，阅读散文《雪野里的精灵》，对文本的语言、表达方式、表达技法等方面的特点进行分析。

雪野里的精灵

李存葆

东坡居士面对邈远天昊，苍茫坤舆，曾浩叹“寄蜉游于天地，渺沧海之一粟”。我真正体味出这两句话的奥义，是在多次晋谒了一棵巨树之后。

那是莒县城西定林寺中的银杏树。它苍劲葱郁，主枝周逸旁出，状若硕大无朋的莲花。我第一次站在它下面时，顿被一种强大的生命光波所震慑，所征服，所溶解。它那腾游时空的气魄，吐纳古今的恢宏，剪裁春秋的博大，抽黄谢绿的顽强，都使我感到自己的渺小和卑微。

后来，我又多次拜谒它，每每都会对苏轼的话产生新的感悟。它的前句喻生命短暂如蜉蝣，后句指生命渺小如沧海一粟。人类虽然可以嘲笑“朝菌不知晦朔，蟪蛄不知春秋”，但站在这棵古树前，仰望着无涯无际的时空，我们便会感到：在宇宙间，地球仅是一粒微尘，人生更如蜉蝣、朝菌，只不过俄尔一瞬，稍纵即逝。

博大与渺小，久远与暂短，都是相对而言的。定林寺里的古银杏无疑是一支巍峨峥嵘的生命进行曲。后来我在雪野中两次偶然所见，则又领略了弱小生命吟出的生的礼赞。

那是七十年代末的一个暮冬，我到崂山顶峰的驻军观察哨采访。大雪后的崂山，峰若玉雕，石似晶铸。我与哨长扶石踏雪，拽枝腾挪，来到一向阳处的山坳。这里，我猛然发现，向阳的竹林边，竟有柔草如茵，毛茸茸，青翠翠，密匝匝，在这银色的世界里，织出了一小片绿毯。

哨长在这绿毯边沿旁的一巨石前，小心翼翼地用双手扒开雪层，并唤我过去观看。当我走至巨石下，呈现我面前的竟是一片美妍的小花。小花一株株、一簇簇，攒攒挤挤，比肩争头。这些小花仅比米粒儿稍大，白的、紫的、蓝的、红的、黄的，五颜六色，星星点点。看到如此众多的小生命，坚忍不拔而又蓬蓬勃勃地活在这雪地里，我的眼睛被染得灿烂起来。我惊异地看着这些小生命，它们也仿佛睁着深情的眼睛凝望着我……这些米粒般大小的生命，像是在告喻我：希冀、渴望、追恋、向往，是一切生命的本质。即使天冷了地冷了宇宙的一切都冷了，它们也会顽强地举起美的萌芽，决不肯把生命的蓬帆轻易降落。

这些美的萌芽，是春的启明星，正在呼唤着春蕊的艳丽，春树的繁茂，春蚕的吐丝……

前年元宵节前夕，我应长白山林场友人之邀，曾到雪国一游。一日下午，我和友人在莽莽的安睡着的一片杉林里漫游。蓦地，有几点蓝色的彩光在雪地里闪动，一下跃入我的眼帘，燃亮了我的双瞳。我趋前蹲下细瞧，竟是几朵蓝色的小花。这蓝色的小生命，由纤纤的细茎挑着，那吹弹得破的花萼，显得那样稚嫩和孱弱。

这雪国中的蓝色小生命，纤细里充溢着坚韧，孱弱里蕴藏着刚强，微小里含纳着博大；这小小的生命里，也浸透着星的璀璨，月的妩媚，日的明丽。它们以小小的蓝色火焰与巨大的寒流搏击，它们以火热的心律终于鼓破了厚厚的冰窖，它们是这漫漫雪国里生命的精灵！友人告诉我，这蓝色的小花名叫“白头翁”。

定林寺中的银杏树，崂山雪地的小花小草，还有这雪国中的“白头翁”，都是造物主无与伦比的杰作，都是生命的奇观……

人们惯常喜爱吟诵参天的大树，喜爱聆听它们博大生命的浩歌。但浩歌是一种境界，寂寞也是一种境界。浩歌是夏的宣言与旗帜，寂寞则是春的预报和序曲。

天无私覆，地无私载。对憧憬着春天却不能轰轰烈烈、大红大紫的众多的小花小草，谁也没有权利去有意或无意地践踏它们……

答 题 纸

基础写作作业 4

姓　　名：__________

学　　号：__________

得　　分：__________

教师签名：__________

1. 教材认为，只有在一种文体的特定要求范围之内来讨论“言之有物”“言之有序”“言之有文”的问题，才具有实际的和实践的意义。请结合教材，谈谈你对文本构成要素中的文体差异问题的理解。

2. 简述意识功能的三种基本方式与文体的三大类别。

← 每次作业做完后，由此剪下，请自行装订。

3. 结合教材关于三种基本文体类型的相关知识，分别找出一篇例文，有针对性地结合文本分析各自的文体特征。

4. 结合自己的阅读或写作实践，谈谈你对散文、诗歌、小说等审美性文体特征的理解。

5. 阅读下面这篇微型小说《烛心》，尝试写一篇不少于 600 字的文艺短论。

烛　　心

李丰春

乔迁新居，还没收拾完毕，突然停电了，室内一片漆黑。

“笃、笃、笃——”，小薇刚摸到蜡烛和火柴，门外便传来了敲门声。

打开门一看，原来是一个小男孩，仰着小脸，背着手：“阿姨，你家有蜡烛吗?”

怎么？刚搬进来第一天就支使孩子来借东西！真是欺负新来的，这怎么行？今天借给他家蜡烛，说不定明天又来借葱、蒜之类的。不，不行！小薇的脑筋急速地转着。

“哎呀，真不巧，阿姨刚搬来，也没有蜡烛。”说完就准备关门。

“阿姨，你看，我妈妈让我送来的。”小男孩变戏法似的从背后抽出手，高高地举着两根粗粗的蜡烛。

面对孩子澄澈的眼睛，小薇一下子惊呆了，继而无力地倚着门，双手捂面，不敢与孩子对面……

答 题 纸